公共事业管理概论与案例

主　编　陶芳铭　孟　莹
副主编　周朝成　任佳萍

浙江工商大学出版社 杭州
ZHEJIANG GONGSHANG UNIVERSITY PRESS

图书在版编目（CIP）数据

公共事业管理概论与案例 / 陶芳铭，孟莹主编；周
朝成，任佳萍副主编. — 杭州：浙江工商大学出版社，
2023.12
　　ISBN 978-7-5178-5892-8

　　Ⅰ.①公… Ⅱ.①陶… ②孟… ③周… ④任…
Ⅲ.①公共管理 Ⅳ.① D035

　　中国国家版本馆 CIP 数据核字（2023）第 249656 号

公共事业管理概论与案例
GONGGONG SHIYE GUANLI GAILUN YU ANLI

主　编　陶芳铭　　孟　莹
副主编　周朝成　　任佳萍

责任编辑	沈敏丽
责任校对	夏　佳　韩新严
封面设计	胡　晨
责任印制	包建辉
出版发行	浙江工商大学出版社
	（杭州市教工路 198 号　邮政编码 310012）
	（E-mail：zjgsupress@163.com）
	（网址：http://www.zjgsupress.com）
	电话：0571-88904980，88831806（传真）
排　　版	杭州浙信文化传播有限公司
印　　刷	杭州高腾印务有限公司
开　　本	787 mm×1092 mm　1/16
印　　张	13.75
字　　数	252 千
版 印 次	2023 年 12 月第 1 版　2023 年 12 月第 1 次印刷
书　　号	ISBN 978-7-5178-5892-8
定　　价	69.80 元

PREFACE 前 言

公共事业管理与我们的生活息息相关，其内容涉及科技、教育、文化、卫生、体育等领域。它包含了与技术进步相关的科技事业管理，与个人成长相关的教育事业管理，与物质精神生活相关的文化事业管理，与身体健康相关的卫生事业管理，与竞技娱乐相关的体育事业管理……通过学习，可以领会公共事业管理的内容，汲取公共事业管理学的知识，掌握公共事业管理的方法，从而更高效率地管理和享受公共物品。

2018年，我们团队开始建设"公共事业管理"课程。它是一门专业基础课程。我们采用团队授课的形式，在教学中运用人本主义和建构主义融合的教学理念，选取经典案例与社会热点结合的教学内容，采用线下授课与线上资源联动的教学方法，提升学生围绕公共事业管理理论分析现实问题的能力。经过几年的建设和实践，如今，我们在这门课的课程体系建设、案例教学和方法实践等方面都积累了一定的经验，多门相关课程已获批浙江省省级一流课程。团队成员围绕公共事业管理专业建设，主持或参与了浙江省普通本科高校"十四五"教学改革项目、绍兴市高等教育教学改革研究项目、浙江树人学院教学改革项目等各级各类教学改革研究及实践工作，教学学术研究成果丰硕。本教材分为理论篇和案例篇，共十一章。其中：理论篇包含导论，公共事业管理的理论基础、主体、原则、目标、方法、技术，公共事业管理的现代化等内容；案例篇围绕科技、教育、文化、卫生、体育五大领域的案例展开论述。

本教材是浙江省省级线下一流课程"公共事业管理"建设的阶段性成果，由浙江树人学院管理学院公共事业管理系的陶芳铭和孟莹担任主编，负责提出并拟定编写大纲，组织协调全部编写工作，最后统稿、改写和定稿；周朝成和任佳萍担任副主编，参与大纲的拟定和校稿工作；上海哲寻信息科技有限公司姜宁等参与案例篇的编写工作，提供公共事业管理案例和分析素材；浙江树人学院管理学院公共事业管理专业2020级、2021级共30余名同学参与了案例的编写工作。教材具体的编写分工如下：陶芳铭负责编写第五章、第六章、第九章、第十章，孟莹负责编写第一章、第二章、第七章、第十一章，任佳萍负责编写第三章、第四章、第八章，其余参与撰写案例的同学在教材中另有标明。

本教材的主要使用对象为高等院校公共事业管理专业及其他相关专业的本科生。此外，本教材对实际从事公共事业管理的工作人员和相关领域的研究人员也有一定的参考价值。

本教材在编写过程中，参阅了大量的优秀著作和文献，使用了很多案例，在此对有关作者致以诚挚的谢意。感谢浙江树人学院公共管理学科对教材出版的资助，感谢各位领导对教材出版工作的支持和帮助，感谢浙江工商大学出版社编辑的辛勤付出。由于作者水平有限，本书错漏缺点在所难免，敬请读者批评指正。

陶芳铭　孟莹

2023年8月于杭州

CONTENTS 目 录

第二篇　案例篇

第一篇　理论篇

第一章 导论

学习目标

掌握公共事业、公共需求、公共物品等相关概念，了解公共组织的基本分类，明确公共事业管理的内涵和特征，能够辨别公共事业管理和其他管理概念的关系，了解公共事业管理研究的对象和意义。

学习重点

1. 公共事业的定义和特点。
2. 公共物品的概念和分类。
3. 公共组织的分类。
4. 公共事业管理与其他管理的区别。
5. 公共事业管理学的研究意义。

第一节 公共事业相关概念

在社会生活中，人需要各式各样的产品和服务，对这些产品和服务产生的需求包括私人需求和公共需求两类。私人需求是每个人特有的需求，如与个人相关的对衣食住行、教育、医疗卫生、职业、婚姻家庭等的需求。在社会生活中，还有全体公民都需要的国防安全、环境卫生、教育医疗、公共设施等公共物品。与公共需求相对应的公共物品并非个人所有，但与每个人的生活息息相关，不可或缺。

公共事业管理的产生源于这样的逻辑：社会成员产生公共需求，为满足公共需求又相应地产生了公共事业，对此必然有相应的公共事业管理机构、设施、人员及制度。

公共事业管理是一门古老但又年轻的学科。要深入学习了解公共事业管理，有必要先知晓公共需求、公共物品、公共事业、公共组织等基本概念。

一、公共需求

公共需求是相对于私人需求而言的。自从人类有规模地聚居以后，就有了公共需求。早期人类社会生产力水平低下，社会能提供的公共物品也极其有限。在原始社会，人们聚居生活，就是为了依靠集体的力量来获得公共安全。在日常生活中，德高望重的长者运用道德力量来调处社会矛盾，裁决社会纠纷，形成了相对稳定的社会秩序。

随着社会生产力的发展和社会文明的进步，社会成员对公共物品的需求也发生了很大变化：质量上有提高，覆盖范围也更广泛。

在现代社会，公共需求主要表现为对以下公共物品的需求：

（1）良好的公共秩序与安全秩序，如完善的法律法规、良好的社会治安等；

（2）公平公正的社会发展环境，拥有规范有序的经济秩序和市场交易秩序，如法律制度健全的市场监督管理、有效的知识产权保护和公正的司法环境等；

（3）优质的社会福利保障，如较高水平的公共医疗保健、免费的教育、高质量的公共文化产品、高质量的公共图书馆和博物馆等；

（4）便捷的公共设施，如四通八达的公共交通设施；

（5）美好宜居的生活环境，如蓝天、碧水、洁净的空气；

（6）社会保障与救济体系，如对社会弱势群体的扶助等。

公共需求系社会成员共享，来源于人们对美好生活的追求。对公共需求的满足程度主要取决于社会生产力发展水平与分配制度的安排。一般而言，社会越进步，满足程度越高。不同社会制度下生活的人群，都有公共需求。人们的公共需求不因社会制度的差异而不同。

二、公共物品

（一）公共物品的概念

为更清楚地了解公共事业的含义，我们有必要借助西方经济学中的公共物品理论。公共物品理论是美国学者萨缪尔森在 20 世纪 50 年代中期创立的。公共物品理论认为，世界上任何物品在消费上都具有两个方面的特征，即消费上的排他性和消费上的竞争性。公共物品是指具有非竞争性和非排他性的物品。非竞争性是指一个使用者对该物品的消费并不减少它对其他使用者的供应，非排他性是指使用者不能被排除在对该物品的消费之外。

举一个最典型的公共物品例子，灯塔。灯塔是为航船指引方向的，在对灯塔的消费过程中，绝对不会出现排他性和竞争性。灯塔点亮以后，不会因为有一艘航船看见它了，其他航船就无法看见它。同样，也不会因为一艘航船看见它一次，它就被消费完了。类似灯塔的公共物品在现实中并不在少数，比如国防、法律等。

经济学家们通过研究还指出了公共物品效用的不可分割性特征。私人物品在消费中都具有可分割性，而公共物品在消费中都具有不可分割性。私人物品以食物为例，食物可以一部分一部分地被消费，而灯塔、国防等公共物品，只能被作为一个整体消费。

公共物品在存在形态和作用方面有三个重要的特点：第一，公共物品一般包括有形物品、无形物品，比如灯塔、国防、法律、制度、教育、医疗等；第二，许多公共物品规模巨大，投资收回缓慢，甚至难以收回，如地铁、高速公路等；第三，公共物品可能不是最终消费品，而只是中间必需品，比如天气预报、卫星通信等。

对于公共物品的定义，著名经济学家斯蒂格利茨认为："公共物品是这样一种物品，在增加一个人对它的分享时，并不导致成本的增长，而排除任何个人对它的分享都要花费巨大成本。"本书认为公共物品是具有消费的非排他性、非竞争性及效用的不可分割性特征的物品。政府有提供公共物品的基本职责。而私人物品是相对于公共物品而言的，是具有消费的排他性和竞争性的物品。我们所谓的公共物品是广义的公共物品，不仅包括实物形态的公共物品，还包括非实物形态的公共服务。

（二）公共物品的分类

根据公共物品消费上的非排他性和非竞争性的不同，可以将公共物品划分为纯公共物品和准公共物品。

在现实生活中，存在大量的消费上的非竞争性或非排他性并不完全的公共物品。有的公共物品虽然在消费上具有非竞争性，但却可能是排他的，比如公路、公园。在不是过分拥挤的前提下，公路上、公园里增加一辆车或几个人，并不增加边际成本，所以具有非竞争性。但要阻止车辆或人员的任意通行也是容易做到的，管理部门只要在路上设置收费站，在公园门口设检票口就可以了，所以它们又是有排他性的。另有一些公共物品虽然在消费上具有非排他性，但却可能具有一定的竞争性，比如教育、医疗。所有需要的人群都可以接受教育、享受医疗服务，所以是非排他的。但是由于提供教育和医疗服务需要一定的设施，它们的边际成本是固定的，不能无限制增加，所以实际上具有一定的竞争性。这些消费上的非竞争性和非排他性并不完全的公共物品被称为准公共物品，而消费上完全具有非竞争性和非排他性的物品则被称为纯公共物品。

另外，公共物品的公共性实际上是有地域限制的，不是所有的公共物品都能够在不受限制的地域范围内显示它的非竞争性和非排他性，也就是说，公共物品的受益范围是不一样的。根据受益范围的不同又可分为全国性的公共物品和地方性的公共物品。例如国防、法律、国家高速公路等，受益者处于全国范围内，因此其是全国性的公共物品。地方性法规、桥梁、地方公路等则是地方性的公共物品。

三、公共事业

"事业"一词在《现代汉语词典》中的解释是："人所从事的，具有一定目标、规模和系统而对社会发展有影响的经常活动。"在公共领域研究的"事业"，通常包含两个方面：一是计划经济体制下与企业相对的，由国家经办的事业单位或事业体制；二是市场经济体制下的社会公共事业。在我国，公共领域的"事业"是国家为了社会公益目的，由国家机关举办或者其他组织利用国有资产举办的，从事教育、科技、文化、卫生等活动的社会服务。由于这些社会服务具有突出的公共性和公益性，我们称之为"公共事业"。

公共事业的含义可以用公共物品理论来解释，但又不能把公共物品等同于公共事业。

在中国，公共事业是一个专有名词，它是与中国特有的"事业单位"这一名词联系在一起的。中国的事业单位所提供的公共物品中有相当一部分是准公共物品，这些准公共物品中公共服务又占很大比重，比如教育等。在现代社会，随着市场经济发展，公共事业也不断发展，涉及领域也在扩大，除传统事业领域外，还包括基础设施、社会保障、城市交通、公共危机处理程序等。

综上所述，所谓公共事业就是以满足社会公共需求为基本目标、直接为社会经济的发展和人民生活的提高创造条件或提供服务、不以营利为目的的社会活动。本书将公共事业的外延确定在教育、科技、文化、卫生和体育五个领域。

四、公共组织

公共组织是以实现公共利益为目标的组织。公共组织一般得到公众（组织成员）的授权，以法定的形式或按照自己确定的形式，为公众或组织成员提供公共物品和公共服务。

众所周知，政府是公共组织。从组织的性质、职能、目的、权力来源等方面看，政府都具有公共性。在现代社会里，政府不是唯一的公共组织，公共组织多样化了。按照公共组织的权力来源、基本职责的不同，可以将公共组织划分为政府（狭义）、事业单位、社会团体、民办非企业单位和基金会五种类型。

狭义的政府是最主要的公共组织。经济和社会管理是政府的基本职能，在现实生活中，政府除了需要制定国家发展的方针、政策、规则等之外，还必须承担大量具体的社会管理事务，包括为社会直接提供公共物品和管理公共物品的供给。政府的行政权力来自选民的授权，其最大的特点就是具有强制力，即可以在必要的时候动用强制力进行管理和提供服务。

目前，事业单位还没有确定的与之对应的英文译文。现在一般有"public service unit""public institutions""institutional units"及"non-profit organizations"几种不同的译法。由于中国的事业单位是国家机构编制管理部门审查批准的、人员列入国家事业编制、财产及活动经费列入国家资产、由国家财政拨款的、不直接创造物质财富的单位，所以也具有公共性。事业单位除行政授权部门外，一般不具有强制力，是提供公共物品和公共服务的主体。

社会团体是公共组织中的一种类型，它是社会成员自发组成的、为公众服务或成员互助的组织形式，西方国家一般称之为非政府组织。社会团体按照成员共同制定的组织章程活动，组织的资产、活动经费等都由成员筹集，它们在确定组织目标、活动内容和活动方式方面有很大的自主权。由于社团的工作实际上分担了政府的职责，所以社团的工作一般也可以得到政府的资助。中国的社会团体从产生方式、性质、职能到活动方式都有自己突出的特点。

民办非企业单位在组织性质、活动方式等方面与社会团体有许多共性，也是社会自我服务的一种组织形式，一般也可以得到政府的扶助。

基金会是世界各国都普遍存在的社会组织形式。与金融领域的基金是指具有特定用途的资金不同，基金会的基金专指捐赠的用于慈善事业的财产的存续形式，即通常所谓的财产结社。正是基金会这种特殊的性质，使它也成为公共组织。在中国，政府的职能转变与事业单位、社会团体、民办非企业单位和基金会的发展成熟程度密切相关，而社会团体、民办非企业单位和基金会的发展成熟程度又体现了社会的成熟程度。

在我国，按照社会分类管理原则，社会组织大体可以分为政府机关、事业单位、社会团体、企业、基金会和民办非企业单位六大类。依此分类，公共事业组织这个概念在我国应当包括事业单位、社会团体（不包括民主党派等政治组织）、民办非企业单位和基金会。社会团体、民办非企业单位和基金会又合称民间组织。所以，我国公共事业组织主要包括事业单位和民间组织。

第二节　管理与公共事业管理

在日常工作中，管理无处不在。只要有人、有财、有物，就有管理。人之所以要管理，是为了提高效率，达到某种预期的目的。这也是人作为高级智慧动物与一般动物的根本区别所在。正是这样，一般意义上的管理，就是"使人把事做好"。

一、管理的定义

有关管理，学者们从不同的角度给出了不同的定义。按照学者们所强调的重点的不同，我们可以将几种有代表性的观点列举如下。

过程派认为，管理是一个过程。其代表人物、行为科学之父法约尔认为，管理是由计划、组织、指挥、协调及控制等职能组成的活动过程。

决策派认为，管理就是决策。美国诺贝尔经济学奖获得者西蒙是其代表人物。

目标派认为，管理是设计和维持一种环境，使集体能够有效地达成目标。现代著名管理学家孔茨是其代表人物。

另外，还有学者把管理定义为提高效率的一整套现代的方法等。

综合这些观点，本书给管理下的定义是：管理是为了实现组织的特定目标，科学合理地配置各种资源，协调各种关系的活动过程。这个定义至少包含了以下几方面的内容：

（1）管理一般是针对组织而言的，管理的目的是实现组织在特定时期、特定环境下的预期目标。

（2）管理的本质是对资源进行配置和协调。

（3）管理的中心是人，是管理者和被管理者之间的管理活动。

（4）管理的实施是管理职能的行使，随着科技的发展，管理职能的行使方式将越来越丰富。

二、管理的基本职能

尽管在管理学研究领域中关于管理基本职能的观点有很多，如：早期的管理理论关于计划、执行和控制三大基本职能的观点；法约尔把管理活动分为计划、组织、指挥、协调和控制五项职能的观点；古利克提出管理有七项职能，即计划、组织、人事安排、指挥、协调、报告和预算；孔茨和奥唐奈在他们的管理学畅销书中，把计划、组织、人员安排、配备、指挥和控制作为管理的基本职能。纵观管理的发展历史，横看当今的管理派别，本书采用学界广泛认可的观点，即认为管理包括计划、组织、领导和控制四大职能。

（一）计划职能

计划职能是各级管理的首要职能，是其他管理职能的基础。计划是为了实现决策而预先确立目标。计划的目的是经济、合理地使用组织资源。计划需要解决组织的目标问题，还要解决组织实现目标的方式问题，例如财务计划、人事计划、业务计划等。传统的计划方法以定性计划为主，如目标管理法和滚动计划法。随着科技发展和社会进步，逐步将计算机、运筹学引入管理学，加强了管理的科学性和客观性，计划的方法也发展为定性和定量结合的形式，如网络计划法和盈亏平衡分析法。

（二）组织职能

组织职能的目的是实现目标，它是又一项重要的管理职能。组织的主要内容就是建立管理系统和被管理系统，在这个过程中需要对有形的资源，如人、财、物进行科学合理的配置，同时也要对各种无形的资源，如权力、品牌、关系等进行有效的配置。组织职能的高水平行使，可以建立管理系统和被管理系统内部明晰的责权关系、高效优化的组织结构及协调有序的工作秩序。而组织的科学性又往往和管理幅度、管理层次、集权与分权、职位与职权等概念密切相关。

（三）领导职能

领导职能是管理中最常运用的职能。因为从行为方式上看，领导与管理都是通过影响他人行为实现组织目标的过程。当然如果从行为结果看，领导与管理的区别还是明显的。与管理一般注重控制协调不同，领导总是立足于主动创新和最终目标的实现。领导影响他人的方式主要是带领、指挥（或引导）、激励。领导职能实现的前提是有追随者、有职位、有专长或有人格赋予的影响力、有明确的目标。在现实中，不同组织层级的领导职能是不一样的，而且领导职能的行使效果与领导者个人的素质有密切的关系。

（四）控制职能

控制职能是对管理过程进行调节的职能。控制是保证静态的计划与实际动态的作业稳定结合的职能，所以也是管理中十分重要的职能。在计划的执行过程中不可避免地会受到诸多因素的影响，尤其是内外部环境的不断变化常常会导致组织或成员的行为偏离组织目标，因而需要行使控制职能。控制的主要内容包括制订行为和行为结果的衡量标准，纠正偏差。管理中最主要的控制方法是经费控制、过程控制和人员控制等。在行使控制职能时，最关键也最困难的是适度分权和授权。集权固然可以保证控制力，但难以充分发挥各级部门和各员工的积极性，所以适度的分权和授权是提高组织效率所必需的。但在分权和授权时又要保证可控性，避免因分权和授权不当给组织造成不必要的损失。

三、管理的要素

管理是一个由若干要素组成的复杂的有机系统，它的主要构成要素有管理主体、管理客体、管理目标、管理职能和管理方法等。

（一）管理主体

管理主体是指从事管理活动的人员，回答"谁来管"的问题。管理人员分为高层管理者、中层管理者和基层管理者。高层管理者主要负责制订目标、分解目标并分配任务，以及监督控制。他们处于管理的最高层，是组织的核心人物。中层管理者和基层管理者一方面是具体指挥、激励、监督一般人员工作的人员，另一方面也是高层管理者的管理对象，接受高层管理者的领导和控制。也就是说他们既是管理主体，又是管理客体。不同层次的管理人员共同构成组织的管理主体。

（二）管理客体

管理客体是指管理活动所作用的对象，也就是管理的对象，回答"管什么"的问题。一般说来，管理客体包括了组织可以动用的所有有形和无形的资源，如人力资源、物力资源、财力资源、信息资源、关系资源等。管理的核心是"人"。人力资源的开发与管理已经成为现代社会组织提高竞争力的一个重要方面。因为人是可以实现价值增值的生产要素，是创新的源泉，也是利润和效益的直接创造者。伴随着信息社会的到来，信息资源的价值体现在各个方面，也成为各类组织日益关注的对象。

（三）管理目标

管理目标是组织为自己确定的、在特定时间范围内利用各种可利用的资源要求取得的成效，回答"为何而管"的问题。从一般意义上说，管理目标是组织行动的基础和依据，所有管理活动都有目标，没有目标的管理是无效的。管理目标既包括短期的、可量化的具体目标，也包括涉及组织长期发展规划的、不可量化的战略目标。前者为后者服务，后者的实现有赖于前者。一般来说，管理目标的实现，有赖于管理的计划、组织、领导和控制各职能的科学行使。

（四）管理职能

管理职能是指管理作为一个过程，由管理者在其中发挥重要作用，回答"在哪些维度管"的问题。具体地说，包括了计划职能、组织职能、领导职能和控制职能。四项基本职能相互依赖、相互补充，成为管理活动的主要表现。

（五）管理方法

管理方法回答的是"怎么管"的问题。科学的方法体系是现代管理的特征之一。管理方法从广义上说包括了三个层次：一是哲学意义上的方法，它指认识论和方法论，如我们坚持的唯物辩证法、自然辩证法等；二是宏观领域上的方法，如经济方法、法律方法、行政方法、思想教育的方法等；三是具体操作层面的方法，如平衡计分法、量表考绩法等。

四、公共事业管理的定义与特征

（一）公共事业管理的定义

所谓公共事业管理，就是在一定的环境中，以政府为核心的公共组织，为促进社会整体利益和协调发展，采取一定的方式对公共事业，即关系到社会公众整体的生活质量和共同利益的特定的社会公共事务进行调节控制的过程，或对关系到社会公众整体生活质量和共同利益的，由纯公共物品和准公共物品构成并以准公共物品为主的物品进行生产和供应的调节及控制过程。

公共事业管理这一定义应该包括如下基本内涵：

（1）公共事业管理的主体是公共组织。在公共事业管理这一特定领域内，公共组织的核心是政府，同时还包括非政府组织等。

（2）公共事业管理的对象是一种特定的社会公共事务。从社会产品的角度看，公共事业管理的客体包括纯公共物品和准公共物品，但主要是准公共物品。这决定了公共事业是永久存在的，而且随着社会发展经常进行调整，其趋势是公共事务的内容不断丰富，公共事务对社会公众的影响不断增强。

（3）公共事业管理的基本目标是社会公众利益得到保证，因此，其工作绩效不能简单地用利润或效率做标准，而必须用服务数量、质量、满足社会需求的程度等多种尺度做标准。

（4）公共服务市场化是公共事业管理的发展方向。公众对社会事务管理和公共服务的要求日益提高，需求范围越来越广。公共事业管理中的分层管理及管理与实施的分离，决定了可以引进市场化机制来解决问题。

（二）公共事业管理的特征

公共事业管理的定义与内涵表明，它不同于一般的管理。公共事业管理具有自己的特征，具体表现在以下几方面：

1. 公共性。

公共事业涉及社会的方方面面，影响社会整体的运行目标和进程，服务对象是所有的社会成员，涉及所有社会成员的共同需求。公共事业的公共性在一定程度上决定了它需要公共部门参与统筹和管理。

公共事业管理的公共性，不仅表现在其管理目标上，还表现在管理的手段上和管理的过程中。公共事业管理的基本目标是更好地满足社会的各种公共需求。公共事业管理的起点就是社会的公共需求。公共事业管理旨在运用公共权力和公共资源为社会的生存和发展创造条件。虽然，它也讲效益，但这种效益是社会的整体效益和长远利益，如环境保护、科技、教育、基础设施等领域的投资和管理都需要投入大量的人力、物力、财力，而其效益往往不易立即显现，甚至不易度量，但它们对社会的发展和进步的作用却是不言而喻的。一般的工商企业不愿在这些领域发展是可以理解的，但是，社会对此又有客观需求。

公共事业的兴办和管理旨在填补市场的缺口，为社会的全面进步奠定基础、提供动力、解决困扰。公共事业的这一特点决定了它的管理不仅需要主管部门与有关部门的配合及协同行动，也需要社会的广泛支持和参与。

2. 强制性。

公共事业管理的主体通常是政府及其有关部门，是公共权力部门，而强制性正是公共权力的基本特征，也是公共权力得以成立并运行的基本保证。公共权力的强制性特征主要是由社会的性质和政府的功能决定的。社会生产力的发展、阶级的产生、利益的分化势必导致社会陷入不可解决的自我矛盾，分裂为不可调和的对立面而又无力摆脱这些矛盾。在这种情况下，强制性的公共权力应运而生。因此，它的基本功能一方面是维护社会的秩序；另一方面，就是承担起社会的其他公共责任。当政府的公共权力主导社会公共事业管理的时候，公共事业管理就自然带有一定的强制性特点。因此，公共事业管理过程中大量的法律、政策以及规章制度等，都体现着程度不同的强制性，如基础设施的价格管制，基础教育、社会保障、卫生服务的法律规定，其他公共事业的政府投入等，往往带有强制性。

3. 非营利性。

是否以营利为目的，是区分市场行为与政府行为的重要标志。当政府从事社会公共管理的时候，其行为必须以非营利目标为依据。也就是说，政府在履行具体的社会职责时，并不计算也不能计算直接的成本和收益。在实际的社会生活中，政府从事着社会的公共管理，向社会成员提供公共物品，这就决定了政府活动的基本倾向必须是非营利的。否则，它就可以凭借其特殊的地位和角色，轻而易举地获取非经济意义上的利益。反过来说，政府如果把营利作为其政策目标，那么，它就无以从事社会的公共管理，而且会直接影响政府的合法性。公共事业管理既然是政府公共管理的重要组成部分，自然，也不以营利为基本目标。

公共事业管理的非营利性特征并不意味着政府的公共事业管理可以不计成本，因为公共事业管理的经费源自国民的捐税，其经费支出的多少，会影响国民税负的轻重。而古往今来任何国家的国民都希望承担尽量轻的税负，尤其在现代社会，政府的公共事业日益拓展，管理的内容不断增加，财政压力越来越大，削减管理成本已是大势所趋。但这只是改革公共事业管理，转变管理职能的动力，而不能成为公共事业管理直接收费的依据。公共事业管理既然是非营利性的，其管理主体就不能靠出售产品或服务来维持其生存，其合法性源自立法机关的授权，其经费主要依赖财政拨款。

4. 服务性。

公共事业管理本着公正的精神，应公共利益的需要，进行适当管理，使公益和私利两全其美，保障社会和谐安定。如公共事业中的价格管制、质量检查、法律监督、行政管理、经济手段的运用等，都是不可或缺的，但从广泛的意义上说，任何一项行政管理工作都是为公众服务的，这不仅取决于国家的性质，也取决于公共权力的目的和性质。科学、教育、文化、邮政、电信、交通、市政管理、气象服务、医疗卫生保健、社会救灾、社会救济等公共事业因为特别强调满足社会公共需求这一目标，其服务性更为突出。

因此，一方面，加强管理要立足于提供更好的服务；另一方面，在推动社会化的同时，要变单向度的监管为多方位的服务。建立完善的公共基础设施，改革管理体制，增加服务项目，提高服务水平，是以服务促管理的前提和条件。

第三节　公共事业管理与其他管理的区别

一、公共事业管理与企业管理

从共性来说，两者都属于管理类，遵循管理学一般原理，都是社会经济发展中不可或缺的必要组成部分。都有管理的主体、客体及相关考核法则。其管理过程一般都涉及计划、组织、协调、控制、监督等几个环节。

两者的区别也是很明显的。

其一，追求的目标不同。企业管理追求利润最大化，获得最大经济效益是其永恒的动力源泉。公共事业管理为社会提供公共产品和公共服务，追求公平公正，非营利性是其本质要求。

其二，绩效评价方式不一样。企业管理讲究成本收益。公共事业管理主要由政府财政投资，社会大众的满意度是其评价标准。

其三，权力来源不一样。企业管理者行使的管理权来源于企业资产所有者。公共事业管理者的权力并不来源于企业资产所有者。

其四，权力运行方式有差异。企业管理者行使权力自由度相对较大，决策权力相对集中，决策速度也快。可以根据市场行情的变化及时做出应对。而公共事业管理者受到的监督约束较多，有一整套的权力运行约束机制，对外部环境变化的反应速度相对较慢。

其五，两者收入来源不同。企业的收益完全来自其生产经营所得，消费者为购买企业的产品或服务而支付的对价是企业收益的基本源泉。而公共事业组织则不依靠市场来维持运营，除了较小比例的服务性收费外，它的大部分经费来源于政府补助、社会捐赠等多种形式。

二、公共事业管理与行政管理

公共事业管理与行政管理是一对既有区别又有联系的概念。

（一）联系点的表现

第一，两者目的相同。都是维护社会公众的利益，实现公平公正的价值目标，增进社会公众的福祉，而不是营利。

第二，行政管理组织居于公共组织的核心地位，决定着整个公共事业管理的基本方向。公共事业管理组织遵守行政管理组织制定的规章制度，为行政管理组织的管理、监督和考核服务。

第三，公共事业管理是对行政管理的补充和协助。公共事业组织承接行政管理机关在深化改革过程中转移的部分职能，为行政组织"减负"提供帮助。

（二）不同点的表现

第一，管理主客体不同。行政管理的主体是国家行政机关，具有决策性职能；客体是依法管理的国家事务、社会公共事务。公共事业管理的主体不仅包括政府，还包括事业单位、非政府组织等公共部门，主要行使具体的执行性和服务性行为；客体是具有社会公益目的的各种社会公共事务。

第二，权力来源不同。行政管理机构依靠宪法和法律授权，上下级按照科层制形式构建，为领导与被领导关系。而公共事业管理机构内部主要依靠各自的章程来进行内部管理。

第三，管理方式不同。行政管理机构可以采用法律强制手段、行政手段及舆论手段进行社会管理。而公共事业管理解决争端的方式更多的是协商、诉讼或仲裁等。

第四，管理范围不同。行政管理范围广，既包括对国家事务的管理，也包括对社会公共事务的管理。公共事业管理比行政管理的范围要窄得多，主要包括对教育、科技、文化、体育、环境保护等各类事务的管理。

第五，研究对象不同。行政管理研究的对象是国家事务、社会事务及政府内部事务。而公共事业管理的研究对象除了行政管理的研究对象之外，还包括非政府组织等的事务。

第六，人才培养模式不同。行政管理专业侧重培养全面的理论与实践人才，而公共事业管理专业则强调培养应用型人才。

三、公共管理与公共事业管理

为了更好地学习本教材，有必要厘清公共管理和公共事业管理这对概念的异同之处。

（一）联系点的表现

两者都属于管理学范畴，均适用管理学一般原理、方法与原则。从管理的目标来看，两者都致力于协调社会公共利益关系，服务社会大众，提高公共利益。从管理主体来看，两者的基本管理主体都是社会公共组织。从管理的对象来看，两者都以公共事务作为管理对象，而从社会产品的角度来看，两者都是通过提供纯公共物品和准公共物品来满足公共需求，解决公共问题。

（二）不同点的表现

从范围来说，公共管理与公共事业管理是整体与部分的关系。公共管理包含由国家承担的社会管理和由公共事业组织承担的社会管理。而公共事业管理仅仅是指对公共事业组织自身的管理和由公共事业组织承担的社会管理。所以，公共管理的范围比公共事业管理的范围大一些，两者一般被认为是包含与被包含的关系。

从管理对象来看，两者的范围有大小之分。公共管理对象的范围是广义的公共事务或一般的公共事务，即包括涉及社会整体利益的政治事务、经济事务和狭义的社会公共事务。而公共事业管理的对象是狭义的社会公共事务。

从学科层次来说，公共管理学是隶属于管理学的一门二级学科。而公共事业管理学则是公共管理学下的一门三级学科。

从管理手段来说，公共管理将刚性手段（如行政、法律、经济手段等）和柔性手段（如传播、情感、心理手段等）相结合。而公共事业管理则大多以偏柔性管理手段为主，强调管理的服务性和技术性。

第四节　公共事业管理学

一、公共事业管理学的定义

公共事业管理学是研究公共事业管理现象及其发展规律的学科。公共事业管理学主要研究公共事业组织和管理者在一定的条件和环境下，如何动员和运用有效资源，采取计划、组织、领导和控制等方式对公共事业组织的活动进行管理，以提高效率并保证社会公众利益的实现。作为一门学科，公共事业管理学在管理学特征的基础上，具有跨学科性、应用性、实证性、公共性等特征。

二、公共事业管理学的研究意义

公共事业管理内容丰富、涉及面广，直接关系着公民的物质和精神生活质量，对增进民生福祉、实现人民对美好生活的向往具有十分重要的作用。在我国经济快速发展、国际地位日益提升的今天，学习和研究公共事业管理具有深远的意义。

（一）有利于满足社会公共需求，提高人民的生活质量

公共事业是关乎人民生活质量的事业。满足社会公众需求、提高人民生活水平是政府的职能和努力目标之一。研究公共事业管理，就是要通过科学化的方法，建立有效的公共事业管理体制，健全相关法律法规，充分利用公共资源，发挥各类公共组织的作用，保障公共物品的供给，以满足人民不断增长的科学、教育、文化、健康等领域的需求，提高人民科学和文化素质，以整体提高人民的生活质量。

（二）有利于促进现代制度形成，推动社会的整体发展

改革开放以后，我国的公共事业管理体制面临改革，以适应新时代社会主义事业的发展。研究公共事业管理，一方面有助于促进现代的、科学的公共事业管理体制的建立和完善，促进政府职能转变，重新界定政府和非政府组织在公共事业领域的角色和职能，实现公共服务的多元化、社会化和市场化，提高公共事业管理的效率。另一方面，探寻公共事业发展的路径和方法，总结公共事业管理的先进经验，有助于消除社会公共事业发展中的困扰，为国家发展提供智力支持、文化支持和科学动力，提高全民族的创新能力和自我发展能力，以推动社会的整体发展和进步。

（三）有利于促进公共事业健康发展，形成国家和社会的良性关系

在公共事业管理体制改革的同时，公共事业发展的动力也被激活了，公共事业步入商品化和社会化的轨道。对公共事业管理的研究，有助于探索新的改革思路，有助于针对现存的问题提出改革方案和对策，助推国家公共事业健康发展。同时，公共事业管理研究为政府和非政府组织在不同领域的合作提供理论、制度、规范和经济支持。

📖 本章思考题

1. 如何区分纯公共物品、准公共物品和私人物品？

2. 公共事业管理的特征有哪些？

3. 公共事业管理与公共管理、企业管理、行政管理的主要区别是什么？

4. 为什么要学习和研究公共事业管理学？

📖 **案例分析 1-1** --

灯塔效应

罗纳德·哈里·科斯，新制度经济学创始人、英国经济学家，于 1974 年发表了《经济学上的灯塔》，成为全世界经济学家研究"公共物品的私人提供与政府提供"的典型案例。灯塔在经济学里是公共物品的代名词，关于灯塔的故事也就成为公共经济学的经典故事。在经济学家的圈子里，"科斯的灯塔"或者"灯塔经济学"可谓无人不知、无人不晓。

什么是灯塔效应

私有商品都可以在市场交换，并有市场价格和市场价值，但公共商品不参与市场交换，也没有市场价格和市场价值，因此消费者都不愿意一个人支付公共商品的费用而让别人都来消费。就像海上航行的船只一样，虽然大家都离不开灯塔，但很多船长都不愿意为了自己的航行而去修建一个所有船只共用的灯塔。西方经济学将这种现象称为"灯塔效应"。灯塔效应所反映的是人们的一种普遍的行为心理，许多时候，人们的行为都会受到这种心理的影响。

灯塔效应与"搭便车"

灯塔效应不等于"搭便车"。灯塔效应是资源的合理配置，符合经济学原则；"搭便车"应属于不当得利，违背经济学原则。

灯塔效应案例

某地区的蚊虫肆虐，引起了多种疾病流行，危害着当地人的健康。在当地，有一个有钱人，面对这个问题，有几套解决方案：首先，他可以选择暂时离开本地，外出度假一段时间；或者购买高效的灭蚊药，在自己家中使用，保护自己和家人不受侵害；同时，他还想到一个办法，能彻底解决这个问题，即花钱雇人驾驶飞机对该地区喷洒灭蚊剂。

按照一般人的心理，这个有钱人不会采用最后一种办法，因为这样做的话，便等于由他一个人支付了所有人的公共福利费用，整个地区的人都"搭了他的便车"。从人的经济学心理来说，这个有钱人是不会采用最后一个方案的。

在公共经济学领域，灯塔效应是最基础的理论之一，在很大程度上决定了政府应该具备什么样的职能，即代表公众对公共事业进行管理。比如修建公园，奖励为集体做出贡献的人，惩治罪犯，等等。另外，由于公共物品的生产和消费具有非排他性和非竞争性，往往导致人们无节制的"搭便车"行为，因此，政府还应该对每个人的公共物品消费权限进行规范。

思考与启示

为什么灯塔这种物品最后必须由政府来提供，而大多数一般的物品和服务，譬如汽车这种产品或者搬运工的服务，都可以由私人企业提供呢？原因就在于，灯塔是公共物品，而汽车或者搬运服务都是私人物品。

政府经营的灯塔起初一切如常，但时间一长，人们发现，作为公共物品的灯塔总是维护不善，管理不良，风吹日晒也没人去及时维护，设备损坏的频率比私人经营时高得多，有些灯塔常年失修，有些只能勉强使用。虽然不用再专门雇人来维持收费，过往船只也不用再额外交费，似乎是节约了社会资源，但是，由于经常损坏，实际上政府花在灯塔上的钱比私人经营时的成本（包括雇人的费用）还要多。建造灯塔的费用来自税收，仍然是社会的财富。这些资源的使用，从社会角度来讲，是低效率的。由此看来，由政府来提供灯塔这种公共物品并不一定就是有效率的。

正是因为看到了政府提供公共物品的低效率，科斯特意从美国跑到英国，实地考察英国灯塔制度的历史演变，看看在政府经营之前英国的灯塔制度是如何运转的。他了解到英国早期实行的是私人灯塔制度，只是由于收费困难才被公共灯塔制度取代。

在分析了私人灯塔制度和公共灯塔制度的利弊得失之后，科斯提出了一个新观点，即公共灯塔制度对资源的浪费和低效率表明，由政府代替私人生产公共物品并不一定是最好的解决方案。实际上，英国早期的私人灯塔之所以演变为公共灯塔，原因就在于制度的缺失。只要有关制度足够完善，私人灯塔的效率是很高的。譬如，政府应该制定有关对灯塔使用强制收费的制度，对逃避付费的行为予以严厉惩罚以保证制度的顺利执行。

同时，在由哪家私人企业提供灯塔服务这一问题上引入竞争机制，对私人经营灯塔的收费水平予以监督和核查，使其不至于利用垄断地位牟取垄断超额利润，侵害船运公司的利益。这样，通过完善制度，政府监管下的私人经营就可以既解决私人经营交易成本过高的问题，又解决政府经营效率低下、浪费资源的问题。即政府要做的不是代替私人经营灯塔，而是提供制度，并对制度的实施予以监督。（案例来源于王跃生：《没有规矩不成方圆：新制度经济学漫话》，生活·读书·新知三联书店2000年版。）

第二章　公共事业管理的理论基础

📷 学习目标

掌握公共事业管理的相关理论，了解新公共管理理论的发展背景和基本内容，了解公共物品理论的特征和评价，了解公共选择理论的核心观点，了解公共治理理论的内涵和特征。

📖 学习重点

1. 公共事业管理相关理论的基本内容。
2. 公共事业管理相关理论的研究意义。

第一节　新公共管理理论

新公共管理理论是近年来相当流行的一种公共事业管理理论。该理论强调市场化和企业化的管理方式，认为政府管理应该以公众和结果为导向。新公共管理理论将政府看作一个服务机构，政策制定者应该尽力满足公众的需求，同时在政策制定过程中注重效率和效益。这种管理方式的目标是通过专业知识、创新思维和管理技能来提高效率，提升效益。

一、新公共管理理论的历史背景

自二十世纪中叶开始，西方发达资本主义国家普遍实行"福利国家"制度。它们运用凯恩斯主义经济学指导国家的经济活动，试图依靠政府的作用来弥补市场的不足。然而过了多年，"福利国家"制度并未取得预期的经济增长和社会满意度。二十世纪六七十年代以来，经济滞胀、政府扩大支出产生高税收、政府公共服务低效率，造成社会普遍不满，人们开始批判"福利国家"的政策基础，主张以自由市场、个人责任、个人主义来重塑国家和社会。

在此基础上崛起的新的经济思想，主要来源于自由经济思想、新制度经济学和公共选择经济学。它强调自由市场的价值，批评政府干预的弊端，主张用市场过程取代政治或政府过程来配置社会资源并且做出相应的制度安排。它认为国家和政府作为非市场力量，会扭曲社会资源的有效配置。高税收将资源从"创造财富"的私营部门转移到"消费财富"的公共部门，会妨碍经济增长，削减社会福利。只有让市场进行资源的最佳配置，让消费者和生产者决定福利的供给和需求，才能促进社会和经济的繁荣。于是，市场化成为政府改革的必然选择。公共企业的私营化，公共服务的市场化，引入公共部门之间、公共部门与私人部门之间的竞争机制，广泛进入西方国家的政府改革策略。

市场化改革，从一定意义上讲，是在为政府减负，同时也意味着政府放权。在现代国家，政府扮演着双重角色，即"社会福利的提供者"与"经济稳定和增长的主舵手"。政府在社会保障、维护社会公平、保证教育平等、提供医疗保健服务、环境保护等方面依然承担着不可推卸的责任，仍然支配着大量的社会资源。社会要求政府"花费更少、做得更好"，更有效地使用公共财政资源。对此，政府必须积极从内部管理上挖潜，寻找新的管理理念和管理工具，提升政府的管理能力。私营企业优良的管理绩效和先进的管理方法，自然地成为政府进行管理创新的改革选择。西方国家的政府改革鼓吹市场化，效法私营企业管理，最终促使新公共管理理论的诞生。

在这场改革运动中，英国是先行者。1980年，撒切尔政府推行以缩小政府规模和进行"财政管理创新"为中心的改革，其后的梅杰政府、布莱尔政府继续推进政府改革，进一步发挥市场作用；新西兰则在1988年开始以《政府部门法案》为依据的改革；加拿大在1989年成立"管理发展中心"，并于次年发布题为"加拿大公共服务2000"的政府改革指导性纲领；美国于1993年成立"国家绩效评估委员会"，用来指导政府改革。这些改革的重要特征就是，发挥市场机制在公共服务领域中的作用，积极借鉴私营部门管理的技术和方法，提升政府的管理能力和公共服务能力。

在新公共管理理论中，形成了以"理性经济人"为表征的个人主义的理性思维方式，以及以市场为取向的竞争式管理方法，以效率为取向的战略管理方法，以结果为取向的绩效目标管理方法，以"顾客"为取向的回应性管理方法。这些管理方法的运用，在当代西方公共管理实践中发挥了重要的作用。

二、新公共管理理论的基本内容

（一）以"顾客"为导向，奉行"顾客至上"的全新价值理念

新公共管理理论完全改变了传统模式下政府与公众之间的关系，政府不再是发号施令的权威官僚机构，而是以人为本的服务提供者，政府公共行政不再是"管治行政"而是"服务行政"。公民是享受公共服务的"顾客"，政府以"顾客"需求为导向，尊重"顾客"权利，坚持服务取向。新公共管理理论关注政府项目实施的有效性，表现出一种目标导向的趋势，行政权力和行政行为从属和服务于"顾客"的满意度这一中心。政府以提供全面优质的公共产品、公平公正的公共服务为其第一要务。在新公共管理理论看来，政府是负责任的"企业家"，而公民是其"顾客"。这是公共管理理念向市场法则的现实复归。作为"企业家"的政府并非以营利为目的，而是要把经济资源从生产效率较低的地方转移到生产效率较高的地方。由"顾客"驱动的政府是能够提供多样化和高质量公共服务的政府。对公共服务的评价，应以"顾客"的参与度为主。注重换位思考，通过"顾客"介入，保证公共服务的提供机制符合"顾客"的偏好，并能产出高效的公共服务。

（二）治道变革，政府职能由"划桨"转为"掌舵"

新公共管理理论主张政府在公共行政中应该只是制定政策而不是执行政策，政府应该把管理和具体操作分开。用《改革政府》的作者奥斯本等人的话说，就是政府的角色应是"掌舵者"而不是"划桨者"。他们认为传统政府低效的一个重要原因就是忙于划桨而忘了掌舵，做了许多做不了、做不好、舍本求末的事情。正如德鲁克在其著作《不连续的时代》中所写的："任何想要把治理和实干大规模地联系在一起的做法只会严重削弱决策的能力。任何想要决策机构去亲自实干的做法也都意味着干蠢事。"至于掌舵的主要途径，新公共管理理论认为要通过重新塑造市场，不停地向私人部门施加各种有利的影响，让其以"划桨"的方式来进行内部管理。

（三）在公共管理中引入竞争机制

传统公共行政力图建立等级森严的强势政府，强调扩张政府的行政干预。新公共管理理论则主张政府管理应广泛引入市场竞争机制，通过市场测试，让更多的私营部门参与公共服务的提供，提高服务供给的质量和效率，实现成本的节省。以竞争求生存，以竞争求质量，以竞争求效率。竞争性环境能够迫使垄断部门对"顾客"的需求变化做出迅速反应。相对于动用政府本身的公务资源来说，项目外包是允许政府实验各项政策的全新供给体系，通过市场测验可以判断出新政策的合意性。

（四）重视效率追求

追求效率是公共行政的出发点和落脚点。新公共管理理论在追求效率方面主要采取三种方法：（1）实施明确的绩效目标控制。与传统公共行政重遵守既定法律法规、轻绩效测定和评估的做法不同，新公共管理理论主张实行严明的绩效目标控制，既确定组织、个人的具体目标，又根据绩效目标对完成情况进行测量和评估。（2）重视结果。传统的官僚主义政府注重的是投入，而不是结果。他们往往只会花掉总预算分解到每个项目的资金，对结果和收益毫不关心。新公共管理理论根据交易成本理论，重视管理活动的产出和结果，关注公共部门直接提供服务的效率和质量，主张对外界情况的变化以及不同的利益需求做出主动、灵活、低成本、富有成效的反应。（3）采用私营部门成功的管理手段。新公共管理理论强调政府应广泛采用私营部门成功的管理手段和经验，如重视人力资源管理、强调成本－效率分析和全面质量管理、强调降低成本、提高效率等。

（五）改革公务员制度

新公共管理理论主张对公务员制度的一些重要原则和核心特征进行瓦解：（1）推行合同用人制等新制度。（2）废弃公务员价值中立原则。新公共管理理论"主张放弃政府的与逻辑实证论相联系的表面上的'价值中立'"，它正视行政所具有的浓厚的政治色彩，认为不应将政策制定和行政管理截然分开。强调公务员与政务官之间存在着密切的互动和渗透关系，主张应对部分高级公务员实行政治任命，让他们参与政策的制定过程，并承担相应的责任，以保持他们的政治敏锐性。新公共管理理论认为正视行政机构和公务员的政治功能，不仅能使公务员尽职尽责地执行政策，还能使他们以主动的精神设计公共政策，使政策能更加有效地发挥社会功能。

（六）创建有事业心和有预见性的政府

新公共管理理论认为：政府必须以收费来筹款，通过创造新的收入来源以保证未来的收入。不仅如此，政府还必须转变价值观，在把利润动机转向公众的基础上，尽可能使公共管理者转变为企业家，学会通过花钱来省钱、为获得回报而投资。与此同时，新公共管理理论认为，传统公共行政只注重提供服务而不注重预防问题发生，结果当问题变成危机时，再花大量的金钱、精力去进行补救。新公共管理理论认为社会更需要预防问题发生，即解决问题而不是只提供服务。为此，政府应该把更多的工作放在预防上。有远见的政府会做两件根本的事情：（1）使用少量钱预防而不是花大量钱补救；（2）在做出重要决定时，尽一切可能考虑到未来。

三、新公共管理理论的意义

新公共管理理论在发展的过程中遭到了不少的批评，但这并不影响它成为公共行政发展的总趋势。它通过推进改革，促进管理主体的多元化和公共管理手段的企业化，促使政府不再成为公共产品和服务的唯一提供者，而是成为公共事务的促进者和管理者，它有助于提高公共管理的有效性，促进社会可持续发展。

新公共管理范式的出现构成了对传统的公共行政学范式的严峻挑战，它改变了传统行政学的研究范围、主题、方法、学科结构、理论基础和实践模式，日益成为当代西方公共管理尤其是政府管理研究领域的主流范式。新公共管理范式有其新颖、合理之处，它反映了当代西方公共管理实践的发展趋势，体现了公共部门管理研究的新成就。与传统的公共行政学相比，新公共管理范式具有其创新之处，主要表现在如下四个方面：第一，新公共管理范式为公共部门管理尤其是政府管理研究奠定了更广泛、坚实的理论基础；第二，新公共管理范式开阔了公共行政学的理论视野，具有一系列的创新主题；第三，新公共管理范式建立起一个更加全面、综合的知识框架；第四，新公共管理范式提供了一种当代公共部门管理尤其是政府管理的新实践模式。

新公共管理范式在三个方面表现出了防止行政权力腐败的趋向：（1）新公共管理理论的服务定位将导致特权的消失和特权意识的弱化；（2）新公共管理理论的"顾客至上"理念改变了原先行政体系的主体中心主义，这种主体的边缘化使腐败丧失了发生的根基；（3）新公共管理由于实行公共服务的公开竞标，将增加行政行为的透明度，使不透明地行使公共权力的机会最小化。总之，新公共管理范式已经显示出这样的趋势，即建立起一种以公共利益为中心的管理体制。此外，新公共管理范式还力图从根本上解决行政管理公平与效率不可兼得的矛盾。新公共管理范式可能代表着一种全新的公共行政模式的方向。

第二节　公共物品理论

根据公共经济学理论，社会物品（亦称产品）分为公共物品和私人物品。按照萨缪尔森在《公共支出的纯理论》中的定义，纯粹的公共物品或服务是这样的：每个人消费这种物品或服务不会导致他人对该种物品或服务消费的减少。公共物品或服务具有与私人物品或服务显著不同的三个特征：（1）效用的不可分割性；（2）消费的非竞争性；（3）受益的非排他性。相反，私人物品或服务可以由个别消费者所占有和享用，具有：（1）敌对性；（2）排他性；（3）可分性。介于二者之间的产品称为准公共物品。

一、公共物品理论的发展过程

早在19世纪末，奥地利和意大利学者将边际效用价值论运用到财政学研究上，论证了政府和财政在市场经济运行中的合理性、互补性，形成了公共物品理论。

1919年产生的林达尔均衡理论是公共物品理论最早的成果之一。林达尔认为公共物品价格并非取决于某些政治选择机制和强制性税收，恰恰相反，每个人都可以根据自己的意愿确定价格，并按照这种价格购买公共物品。处于均衡状态时，这些价格使每个人需要的公共物品量相同，并与应该提供的公共物品量保持一致。因为每个人购买并消费了一定量公共物品，按照这些价格供给的公共物品量恰好就是所有人支付价格总和对应的公共物品量。林达尔均衡使人们对公共物品的供给水平问题取得了一致，即分摊的成本与边际收益成比例。

萨缪尔森在《公共支出的纯理论》和《公共支出理论的图式探讨》中提出并在一定程度上解决了公共物品理论的一些核心问题，如：如何用分析的方法定义集体消费产品？怎样描述生产公共物品所需资源最佳配置的特征？他在《公共支出的纯理论》中将公共物品定义为这样一种产品：每一个人对这种产品的消费并不减少任何他人对这种产品的消费。这一描述成为经济学关于纯粹的公共物品的经典定义。

1956年蒂伯特发表了论文《一个地方支出的纯理论》，随即出现了大量关于地方公共物品的文献，地方公共物品指：一些公共物品只有居住在特定地区的人才能享用，个人可以通过迁居，来选择他要消费的公共物品。布坎南在1965年的《俱乐部的经济理论》中首次对非纯公共物品（准公共物品）进行了讨论，公共物品的概念得以拓宽，他认为只要是集体或社会团体决定的，为了某种原因通过集体组织提供的物品或服务便是公共物品。同年，贝冢最先引入了公共物品要素的概念。1969年，萨缪尔森对林达尔均衡理论提出了批评，指出：因为每个人都有将其真正边际支付愿望予以支付的共同契机，所以林达尔均衡产生的公共物品供给均衡水平将会远低于最优水平。

1973年，桑得莫发表了《公共物品与消费技术》，着重从消费技术角度研究了准公共物品。20世纪70年代以后，公共物品理论的发展主要集中在通过设计机制保证决策者提供公共物品的效率。

二、公共物品理论的基本内容

（一）公共物品的特征

被广泛接受的公共物品定义是由经济学家萨缪尔森提出的，他认为公共物品与私人物品相比，具有消费的非排他性、消费的非竞争性和效用的不可分割性三大特征。

1. 消费的非排他性。

所谓非排他性，即物品一旦被提供，就不可能排除任何人对它的不付代价的消费（最起码从合理成本的角度来看是如此的），典型的公共物品有灯塔等。严格而言，这包含三层含义：

第一，任何人都不可能不让别人消费它，虽然有些人有心独占它，但或者在技术上是不可行的，或者在技术上可行但成本过高，因而是不值得的；

第二，任何人都不得不消费它，即使有些人可能不情愿，也无法对它加以拒绝；

第三，任何人都可以恰好消费相同的数量。

2. 消费的非竞争性。

所谓非竞争性，指的是一旦公共物品被提供，增加一个人的消费不会减少其他任何消费者的受益，也不会增加社会成本，其新增的消费者使用该产品的边际成本为零。仍以国防为例，一经提供，多保护一个人不会减少其他任何人的受益，也不需要额外追加资源投入。再如电视节目，增加一个用户消费不会影响到其他人收看同样的节目，也不会给其他有关方面带来成本的增加。

3. 效用的不可分割性。

公共物品是向整个社会提供的，具有共同受益或联合消费的特点。其效用为整个社会的成员共享，而不能将其分割为若干部分，分别归属于某些个人或厂商独享；或者，不能按照谁付款、谁受益的原则，限定为之付款的个人或厂商享用。

4. 消费的非排他性和消费的非竞争性之间的关系。

显然，非排他性和非竞争性之间存在着某种相关性，许多非竞争性的物品也是非排他性的，例如前面指出的关于国防的例子就是如此。但是，这两个特征也并不总是同时出现的。对有些物品而言，它可能只具有以上两种属性中的一种。例如对某些桥而言，从桥上通过是非竞争性的，但是却可以通过收过桥费而实现排他性。反过来，当到了高峰期，假设没有收费亭，虽然在大多数情况下桥是非排他性的，任何人都可以从桥上通过，但是由于"拥挤"，其消费当然是具有竞争性的了。

针对以上定义，应注意以下几点：

（1）即使每个人消费该产品的数量都一样，也不必要求所有的人对这种消费的评价都相同。例如，当一个导弹系统建造好之后，每个人都别无选择，只能消费这项服务。但是，对于那些认为该系统可以增加安全性的人来说，它的价值是正的；而对于那些相信增加导弹只会使军备竞争升级，从而危及国家安全的人来说，增加导弹的价值是负的。当然，他们也不情愿为增加导弹系统付钱。

（2）对公共物品的划分不是绝对的，而是由市场和技术条件决定的。例如，一个大的图书馆阅览室一般而言是公共物品，但是随着读者数量的增加，就产生了经济学上所谓的"拥挤"问题，从而使消费的质量下降了。在这种情况下，公共物品的非竞争性条件就没有被很好地满足。

（3）许多在传统上不被认为是商品的事物具有公共物品的特征。例如诚实。如果每个市民在商品交易时都是诚实的，整个社会就会因为节省了商业交易成本而获益。这种成本的减少当然既表现为非竞争性，又表现为非排他性。

（4）私人物品并不一定完全由私人部门来提供，公共物品也并不一定要求必须由公共部门来提供。在现实中，很多私人物品往往是由公共部门来提供的——即由政府提供的竞争性物品。例如在某些场合下，人们认为，提供保健服务和住房就是两个由公共部门提供私人物品的例子。而当一个人把自己的私家花园捐赠给社区的时候，这种公共物品就是由私人来供给的。

（5）公共部门要提供某种物品或服务并不一定意味着必须由公共部门来生产该物品或服务。例如对废物回收来说，有些社区是自己负责这项业务的，即由社区公共部门主管购买垃圾车，雇用工人，安排日程；而在另外一些社区，由政府提供这项服务，它往往雇用私人企业来做这项工作。再比如，政府可能通过征税来为人行道的清洁付费，或者可能要求各单位"各人自扫门前雪"。

纯公共物品在消费上不存在竞争性，任何一个消费者对该物品的消费都不会对其他消费者产生影响；同时对该物品的消费无法实现排他，消费者"搭便车"行为不产生任何成本；市场机制在纯公共物品领域无法发挥其"看不见的手"的功效，所以个人或企业都不愿意提供这种无法回收成本和无法获利的产品。基于此，纯公共物品只能通过非市场机制来提供，目前世界各国的普遍做法是由政府提供。

准公共物品中的公共资源型公共物品的特点是消费上具有竞争性，但是却无法实现有效的排他。如公共渔场、公共牧场等就属于这类物品。俱乐部型公共物品的特点是消费上具有非竞争性，但比较容易排他。如可以直接收费的公共游泳池、电影院和公共图书馆等。

表 2-1 对纯公共物品、准公共物品和私人物品的特点进行了区分。

表 2-1　纯公共物品、准公共物品和私人物品的特点区分

类型		效用的不可分割性	非竞争性	非排他性
纯私人物品		无	无	无
纯公共物品		有	有	有
准公共物品	俱乐部型公共物品	有	有	无
	公共资源型公共物品	有	无	有

（二）公共物品的有效供给

实现公共物品的有效供给需要政府、企业和社会各界的共同努力，需要加强政府监管，确保公共物品的供给符合社会需求，同时也要发挥市场机制的作用，鼓励企业创新供给。以下是一些可能的方法。

1. 政府供给。

政府作为公共政策制定的主体，应在政策制定时广纳民意，更好地保障人民权益。政府供给公共物品的优势在于其具有强制性和稳定性。政府可以通过税收、财政支出等手段来提供公共物品，确保公共物品的供应稳定且可持续。

2. 企业供给。

企业可以通过市场机制，自愿对公共物品进行捐赠或投资。例如，一些公司可能会为公共事业捐赠资金，或者为社区提供免费的公共服务。企业供给公共物品的优势在于其灵活性和高效率，但同时也需要注意企业的营利性质，避免过度追求商业利益而损害公共利益。

3. 政企联合供给。

政府和企业可以合作，通过政府和社会资本合作模式等方式共同提供公共物品。这种方式可以发挥政府和企业的优势，实现资源共享、风险共担、利益共享，提高公共物品供给的效率和质量。

4. 社会组织供给。

社会组织如非营利组织、志愿者组织等也可以提供公共物品。这些组织具有灵活性、创新性和草根性等优势，可以提供政府和企业无法覆盖的公共物品。

5. 鼓励创新供给。

政府还可以通过政策引导、财政支持等方式，鼓励创新供给。例如，一些地方推出了公共服务创新奖，鼓励企业和社会组织为公共物品提供创新供给方案。

三、公共物品理论的评价

公共物品理论用来分析在实际经济生活中的公共物品分配的三个共同问题：使用成本、生产成本和覆盖成本。它们表明，开发、分配和使用公共物品都存在潜在的外部性，这意味着对公共物品的分配、使用会产生社会影响。

从财政学视角来看，公共物品的存在给市场机制带来了严重的问题：即使某种公共物品带给人们的利益要大于生产的成本，私人也不愿提供这种物品。因为公共物品非排他性和非竞争性的特征，在对公共物品的消费中，人们存在一种"搭便车"动机。每个人都想不付或少付成本享受公共物品。只好由政府出面担此职能，但公共物品的价值如何确定？边际效用价值论便赋予无形的公共物品以主观价值，从而使社会能采用统一的货币尺度去衡量对比公共物品的供应费用与运用效用之间的关系。公共物品理论还提出，遵循效用—费用—税收的程序，税收使公共物品拥有"税收价格"，其是人们享用公共物品和劳务所应付出的代价，从而将公共物品供应的成本和收入有机地结合起来。依据市场经济理论和公共物品理论，政府不仅要为市场经济运行提供必要的外部条件，还要在市场经济中发挥填空补充、矫正和调节作用。政府成为公共经济活动的中心，为社会提供越来越多的公共物品和服务。财政上筹集收入和分配支出的活动，不再是一般意义上的分配，而是为社会提供公共物品和服务，进行资源配置和市场需求的调节。这就超越了亚当·斯密把财政理解为一种分配活动的范围，财政已经成为一种生产活动，使西方经济学尤其是财政理论有了突破性的发展。

从现代意义上看，公共物品理论对中国改革的实践有一定的借鉴作用。在1992年党的十四大提出建立社会主义市场经济体制以后，"什么是政府应该管的""什么是应该由市场内在运行机制解决的"以及"政府如何才能管好"始终是重要的课题。从广义上讲，"制度""政策"也是公共物品，在国家的过渡转型时期，运用公共物品理论分析制度变迁，分析市场选择与"公共选择"两种资源配置方式，尤其是对政府行为边界及其公共物品生产效率进行研究有很强的现实意义。

📖 案例分析 2-1 --

公共物品的有效供给

公共物品的有效提供，其本质是在不完善的政府和市场之间，寻求建立一种相互协调的机制，以合理优化资源配置，减少交易成本。

某幢旧式楼房，屡次发生失窃事件。每次发生失窃后，住户们都提出希望装上一扇单元防盗门。他们向单位房管部门反映，但房管部门说住在楼里的已经不完全是本单位的人，费用不能由单位出，再说这些住房已经出售给私人，装防盗门应当由住户自己出钱。于是，该居民楼一直处于一种"无政府状态"，没有一个机构出面负责解决防盗门的安装问题。

老旧小区安装防盗门，首要的就是辨析防盗门是否属于公共物品。从案例来看，安装防盗门，它的消费包含着公共性，但"公共"的范围是有限的，仅限于小区住户。防盗门具有对外排他性。在安装防盗门后，防盗门仅仅由小区居民共同使用，小区居民平等分摊物品的供给成本。同时，防盗门也具有非竞争性。在2楼居住的居民并不会影响在3楼居住的居民对防盗门的使用。因此，防盗门介于纯私人物品和纯公共物品之间，属于俱乐部型公共物品。

案例中，防盗门的安装可以有两种选择——私人提供和公共提供。第一种私人提供的方式，是指每户都给自己家安装防盗门或经过楼栋业主协商后，由业主集体出资购买安装单元防盗门，产权归业主集体所有，大家共同受益；第二种是公共提供，由政府部门负责防盗门安装及费用支付。

首先，从私人提供分析。相较于公共提供，私人提供的效率往往较高。安装防盗门，私人提供主要有两种情况。

一种情况是每户都给自己家安装防盗门。由于没有安装单元防盗门，富有的居民最担心家里被盗，率先给自己家安装了防盗门。由于富有的居民安装了防盗门，小偷就会光顾不装防盗门的家庭。这样，原先没有装防盗门的居民也不得不安装防盗门。最后导致家家都安装了防盗门。在这种情况下，每个家庭安装防盗门，总共支出远大于统一安装单元防盗门。每户安装防盗门和安装单元防盗门的效果基本相同，但是显然，前者的做法造成了较大的社会资源的浪费。

另一种情况是经过楼栋业主协商后，由业主集体出资购买安装单元防盗门，产权归业主集体所有，大家共同受益。这种方式最大的矛盾在于每户居民承担相同的安装成本，但每户居民的边际收益不同。虽然每户居民都是单元防盗门的受益者，但是由于每户居民存在贫富差距，所以他们实际的边际收益是不同的。贫困的居民财产被偷的损失较小，边际收益较低，因而安装防盗门的意愿较弱，只愿意付较低的价格；富有的居民财产被偷的损失较大，边际收益较高，因而安装防盗门的意愿较强，愿意付较高的价格。由于该居民楼一直处于一种"无政府状态"，如果用这种私人提供的方式解决防盗门安装问题，就需要有一个居民站出来作为领导者，与各户居民进行协商。如果安装费用各户居民平均分摊，相对贫穷的居民有可能不愿意承担平均的费用。所以，可以每户根据自己的心理预期提出自己愿意缴纳的费用，安装防盗门意愿较强的多缴纳，安装防盗门意愿较弱的少缴纳，通过合理的协商调整，实现相对公平。

第二种是公共提供，由政府部门负责防盗门的安装及费用。由政府负责安装，虽然安装效率可能不及私人提供高，但是由于是政府财政支出，公平性得到了保障。

政府的一项重要职能便是维护社会的治安秩序。该小区盗窃事件屡次发生，每次公安机关的立案调查都需要一定的物力、人力和财力。政府在社会治安上投入的成本很大。政府征收的税款本来就取之于民，用之于民。政府将税收用于安装防盗门，维护社会治安，居民们也都是乐意的。因而，安装单元防盗门虽然在短期内增加了财政支出，但是从长远看，既减少了每年在社会治安上的投入，又增加了人们的幸福感，因而是必要的。对于政府而言，防盗门可以采取私人生产、公共供给的方式。由于该居民楼一直处于一种"无政府状态"，没有一个机构出面负责解决防盗门的安装问题，所以政府应该挺身而出，采用公共提供的方式安装防盗门，小区居民也会更加理解和支持。（案例来源于互联网：《案例分析：公共产品的有效供给》，https://zhuanlan.zhihu.com/p/545662684。）

第三节　公共选择理论

公共选择理论是当代经济学领域中一个相对较新的理论分支。它帮助人们加深对公共物品、公共权力、公共选择等核心概念的认识，主要从新政治经济学理论的视角介绍国家的起源、政府的职能、公共所有权、公共资源、公共政策、市场与国家等方面的基础理论与基本知识。

一、公共选择理论的诞生

公共选择理论迈出了传统公共管理改革的步伐，可以说，公共选择理论的诞生是公共管理发展的一个重要分水岭。公共选择理论将公共管理建立在经济学理性人假设的基础上，为公共管理找到了一条颇具实践性的分析路径。

公共选择理论诞生于 20 世纪中期，这一时期较为特殊的时代背景，促成了公共选择理论的诞生。在 20 世纪 30 年代，整个西方世界的市场经济面临着前所未有的萧条局面，社会中也开始传播对市场经济制度不满的声音。福利经济学和凯恩斯经济学此时在西方经济学领域兴起，这为政府干预市场经济提供了相应的理论基础，美国、英国等一些国家以这类理论为依据，逐渐加强对经济市场的干预。在第二次世界大战期间，根据战时需要，大多数参战国家 1/3 甚至 1/2 以上的产品和服务，从原来的通过市场分配转为了由政府分配。然而，当时的主流经济学家没有关注政治－集体决策的，其注意力都集中在对市场层面的解释和说明上。政治科学领域也同经济领域的研究类似。而在此时，针对已日渐重要的政治－集体决策，迫切需要一种理论来对之进行解释，同时该理论要建立在可证伪的假设基础之上，正是在这样的时代背景之下，公共选择理论应运而生了。

公共选择理论的领袖人物当推美国著名经济学家布坎南。布坎南从 20 世纪 50 年代开始从事公共选择理论研究，他发表的第一篇专门研究公共选择理论的文章是《社会选择、民主政治与自由市场》。与塔洛克合著的《同意的计算——立宪民主的逻辑基础》被认为是公共选择理论的经典著作。布坎南因在公共选择理论方面的建树，尤其是提出并论证了经济学和政治决策理论的契约与宪法基础，获得 1986 年的诺贝尔经济学奖。

二、公共选择理论的核心观点

公共选择，是指为人们提供怎样的公共物品，怎样提供和分配公共物品以及设立相应匹配规则的行为与过程。公共选择理论期望研究结果影响人们的公共选择过程，从而实现其社会效用的最大化。

公共选择理论的研究对象是集体的非市场决策过程；其使用的研究工具和方法为经济学的工具和方法，尤其是价格理论；它把政治舞台理解为市场，把选民、官僚和政治家视为政治市场中的博弈者，把选票看成货币。

公共选择理论的主要假设是理性经济人假设，它的含义是人都是理性的自利主义者，即人们会在约束条件下使自身利益最大化。这实际上是把经济学中的基本假设运用到政治学中。公共选择理论讨论的是政治市场中的理性经济人行为。政治市场中的理性经济人可以细分为三类：

第一类，选民，他们手中的选票相当于经济市场中消费者手中的货币。

第二类，政治家，是博取选民选票而生活的人。

第三类，官僚，即作为政策的职业执行者的理性经济人。

一般来说，公共选择的两大基本问题是集体行动和偏好加总问题。由于不管是集体行动还是偏好加总都取决于规则，因此规则才是最根本的。公共选择理论的最终目的就是寻找一种规则，使理性经济人在自利的同时也造福社会。

概括来讲，公共选择理论的主张主要包括以下几个方面：

（1）公共选择理论试图通过经济学中的理性经纪人的假设来诠释政治运作及决策过程。

（2）在公共选择理论看来，由于理性自私是所有人的共性，所以国家只是一个工具，人们以这个工具为依托，在一起进行公共决策并执行。如果回报大于付出，人们就会参与决策，否则人们就不参与。若参与的人少，则做出决策的成本会降低，但执行成本会变得相对较高；相反，随着参与的人增多，做出决策的成本也越来越高，但执行的成本则会越来越低。

（3）公共选择理论认为，所谓的公共利益仅仅只是个人利益的总和，故其理论核心是否定公共利益的存在。

（4）公共选择理论以经济学理性人的假设为出发点，通过对政治参与的逻辑假设进行推演，得出了个人利益最大化的结论，即综合的个人利益的最大满足等同于公民的满意度及民主政治的效益。

三、公共选择理论的评价

公共选择理论在几十年的公共管理实践中，显示出了巨大的优越性。从某种程度上讲，公共选择理论开启了公共管理由传统向现代转型的大门。

政府与社会的关系问题是公共选择理论的核心。它倡导通过设立私营企业、非营利机构等非政府组织，取代具有垄断性质的政府官僚体制，以实现各个公共组织之间的良性竞争和公共服务组织的扁平化等。

公共选择理论的贡献在于找到了一个衡量组织运作的描述和测量的方法，该方法定义清晰、逻辑连贯，具有很好的预见性及可操作性。具体来说，一是政治市场学说，其将政府的决策过程看成类似市场化的、由公共产品的供求双方相互决定的过程，论证了在公共选择过程中不同规则所存在的缺陷，分析了由个人偏好推演出集体偏好所存在的问题，从而提出了一致同意原则的效率判断标准（可与市场帕累托最优标准类比）；二是对官僚主义行为的分析，其认为政府一旦形成，内部的官僚集团也是一个理性经济人，同样会有自己的利益并追求自身利益的最大化，由此会大量滋生寻租行为与腐败现象，甚至导致政府的变质。

公共选择理论存在的问题在于其认为组成国家的仅是经济学意义上所假设的理性经济人，但实际上还有非理性的社会人、复杂人，其假设不能囊括全部。首先，自利和理性并不是人类永存的行为动机，从历史时间轴上看，随着商品交换的出现，人的自利和理性动机伴之形成，直到商品经济和市场制度有了相当程度的发展，到亚当·斯密时代，经济人概念才逐渐形成，并且也将随着市场制度的消失而消失。其次，经济人假设忽略了政治活动和经济活动之间的差异性，相较于经济活动，个人参与政治活动往往是出于抱负、信念和归属感等非经济因素。再次，经济人假设认为人的一切行为都是为了趋利避害、谋求自身利益最大化，这是不全面的，随着现代社会科学尤其是行为科学的发展，学者提出了社会人、复杂人等关于人性的种种其他假设。最后，人是在一定的社会制度环境下做出各种行为的，故一定受当时社会制度和环境的塑造和制约，因此分析人的行为不能脱离当时的社会制度和环境。

此外，公共管理学面临的挑战是将复杂多变的人作为它的研究对象，而人的情感变化和特定条件下所迸发的自我牺牲精神（道理理性）是公共选择理论所难以解释的。另外，对传统自由主义思想中公共利益的否定亦是公共选择理论的一个弱点。

第四节　公共治理理论

在公共行政领域中，治理体现为公共治理。公共治理是指政府及其他组织组成自组织网络，共同参与公共事务管理，谋求公共利益的最大化，并共同承担责任的治理形式。公共治理不仅限于政府治理，还需要更多社会主体的共同参与。

一、公共治理的兴起

公共治理理论的发端及其在全球范围内的流行有着深刻的政治、经济、历史背景和时代内涵。伴随全球化时代的到来和公民社会的勃兴，各国的政治、经济和社会生活发生了重大变化，政府财政危机与政府失灵成为公共治理思想萌发和兴起的直接原因。

（一）全球化为公共治理理论的产生推波助澜

"全球化"一词起源于经济领域，是指当经济发展到一定阶段，资源可以在全球范围内自由流动与配置。市场化成为世界经济运行的主导规律，也是全球经济紧密合作、相互依存的一种必然趋势。经济全球化使人们活动的疆域超越了国家界线，跨国公司成为经济领域最为活跃的要素，催生了权力主体多中心、多元化的趋势。跨国公司的成长以及全球资本主义的扩张，使国家变得力不从心。为了对全球经济进行调控，依赖任何一个单一国家的力量都是行不通的，多个国家，乃至全世界各国共同参与、通力合作的治理模式呼之欲出。由此，政府主导一国社会、政治、经济的传统能力在全球化背景下受到较大的冲击。全球化首先打破了传统的权力中心统治格局，即打破政府对公共事务管理的垄断，为全球治理的兴起提供权力合法性的可能。自国家产生以来，代表并行使公共权力的政府始终处于主导地位。全球化直接导致公共事务管理的部分权限由政府转向非政府组织，如国际非政府组织、大型跨国公司等参与公共事务的管理。非政府组织同政府分享公共权力和政治权威，是全球化对国家和政府在人类社会生活中的绝对主导地位提出的挑战。公共事务的管理权从政府转向非政府组织，意味着公共权力从国家转移到社会。其次，全球化进程锻炼了国际经济组织，它们的迅速发展为全球治理提供了组织基础，也为其他非政府组织和公共社会发展提供了样板。伴随着全球化进程的不断深入和全球公共问题的出现，以各种非政府组织为代表的全球公民社会的兴起，为全球治理的产生提供了客观必要性和可能性。

（二）西方社会普遍面临的福利国家危机与政府失灵

第二次世界大战以后，由于福利国家的过度发展，政府被称为"超级保姆"，其职能无限扩张，机构异常臃肿，服务质量差，效率低下，财政危机遍布各国，西方国家的表现令人失望。20世纪80年代以来，西方国家的政府预算赤字和债务迅速增长，经济增长速度减缓，一些国家甚至出现了经济负增长。保守主义者批评社会公共领域史无前例的扩张、税收的大幅度提高以及通过公共政策对社会财富进行重新分配。而多数自由主义者对政府的表现同样感到失望。越来越多的人开始怀疑政府达成理想目标的能力，政府陷入信任危机。与此同时，在一些发展中国家，伴随全球化、区域一体化进程的加快，传统主权观念遭遇危机，一些国家政权纷纷垮台，这些国家和地区陷入无政府状态。政府改革势在必行，公共治理理论强调公私部门之间的功能互补和资源共享，恰好迎合了公众在价值层面和功利层面的期望。

（三）市场的观念转变及大规模的政府改革

政府转向市场的观念转变及由此引发的政府改革是促使公共治理理论兴起的又一因素。20世纪70年代以来，"改革"浪潮风靡全球，世界上多数国家——无论是发达国家，还是发展中国家——都开始酝酿面向未来的改革运动。发达国家的改革具有示范效应，得到积极与广泛的回应，一些发展中国家也提出了行政改革的具体方案。

二、公共治理理论的基本内容

（一）公共治理的内涵

"治理"一词是英文"governance"的翻译，英语中的"治理"一词可以追溯到古希腊时期，原意主要是控制、引导、操纵等。自 20 世纪 90 年代开始，西方政治经济学家赋予"治理"更加丰富的含义。联合国全球治理委员会在《我们的全球伙伴关系》中对"治理"概念的界定是：治理是各种机构或个人管理其共同事务多方面的总和，调解不同利益主体的矛盾并使其相互合作、实现目标的持续过程。既包括要求人们服从的正式制度，也包括各种人们为实现共同目标而达成的非正式的制度。其特征是：治理不是一整套固定的规则，也不是一种活动，而是相互协调的过程；治理过程并非建立在控制之上，而是建立在协调之上；治理不仅涉及公共部门，也包括私人部门；治理不是一种政治制度，而是持续的互动。简·莱恩认为，公共治理理论是关于政府运作方式的一系列理论。因此，它不仅提供分析政府政治决策的理论框架，而且对政府提供社会服务的方式进行研究。

1. 公共治理的主体。

作为一种新兴的社会公共事务治理方式，公共治理打破了政府才是唯一合法管理主体的局面，公共治理主体呈现多元化趋势。公共治理的主体范围逐渐扩大，除了政府、公共机构以外，非政府组织、非营利性组织、民间组织、私人机构，甚至辖区单位、社会个人都可以参与治理，成为公共治理的主体。公共治理注重多元管理主体之间的相互依存，打破政府是唯一的权力中心的治理格局。随着经济社会的发展，各种非政府组织和私人组织，在社会公众的认可的前提下，都可以成为社会公共问题治理的主体和权力中心，在社会公共问题领域，释放出超越政府的活力。

2. 公共治理的客体。

公共治理的客体也就是公共治理的对象，是一个十分宽泛的概念。公共治理的客体可以是社会性公共事务，如教育、科技、卫生、环境保护等；也可以包括政治性公共事务、经济性公共事务。从某种意义上说，公共治理的客体范围遍及国家和社会生活的各个领域。

3. 公共治理的目标。

公共治理的目标在于最大限度地增进公共利益，满足社会公共需求，真正地实现"善治"。在公共治理过程中，治理主体的多元化、权力的多中心化保证了多元主体的利益实现。

4. 公共治理的手段。

治理主体的多元化、治理客体的广泛性，要求公共治理的手段丰富化。对社会公共事务的管理，公共治理并不完全放弃行政强制手段和市场机制的发挥，而是增加协商、合作等管理方式来实现对社会公共事务的管理。一方面用完善的法规对复杂的社会公共事务进行正式的强制管制；另一方面通过各治理主体之间的民主协商和谈判，增强各治理主体之间自愿平等的合作意识，建立伙伴关系来实现对社会公共事务的管理。

（二）公共治理的特征

1. 公共治理主体多元化。

公共治理主体是包括一系列政府、多种公私机构在内的公共管理机构，政府只是多元主体中的一个主体，社会组织、私人部门、国际组织及公民个人都可以成为公共治理的主体。公共治理打破了传统的二分法思维方式，在社会公共事务管理、公共服务方面存在着多个中心。各种社会组织在政府与社会关系的调适方面，发挥着越来越大的作用。

2. 公共治理的权力呈多中心网络化运行。

公共治理的权力呈网络化分布，权力多中心化，政府不再是唯一的权力中心。在治理过程中，它所依靠的是合作治理网络，而非强制性权威，权力运作向度由单一的自上而下转向组织网络式的多互动模式。它的运作逻辑是以谈判为基础的，强调行为者之间的对话与协作。治理是一个上下互动的管理过程，它主要通过合作、协调、建立伙伴关系，以及确立、认同共同的目标等方式实现对公共事务的管理，是建立在市场原则、公共利益和各方认同之上的合作。其管理机制所依靠的不是政府的权威，而是合作网络的权威，其权力内容是多元的、相互的，而不是单一的和自上而下的。

3. 信任、合作是公共治理的实现基础。

公共治理的实现主要依靠多元主体之间的信任与互惠，而非依靠政府的权威。公共治理是一个上下互动的管理过程，它十分注重在公共事务的治理过程中吸纳治理的利益相关人、专家学者以及关心公共事务的组织和个人的参与。公共治理主体间相互协调，形成合作的价值共识，建立合作伙伴关系，通过良性的互动实现对公共事务的管理。

4. 公共治理手段的多样性。

公共治理指综合运用各种管理手段对社会公共事务进行管理。这些管理手段既包括传统的政治、法律等规制性手段，也包括运用了市场机制调节的经济手段，还包括创新型的、灵活多样的社会和文化教育手段。

三、公共治理理论的评价

公共治理理论的诞生与发展对现代社会产生了巨大影响，以至于被人们认为是继现代民主革命之后人类社会所经历的又一次社会变革——治理变革。公共治理理论体系庞大，对于多个学科理论的发展具有重要的推动作用，尤其是为发展中国家社会治理、全球性危机治理等领域提供了重要的理论基础，体现了其作为一种社会研究和问题分析视角的普遍性与独特性。它的产生使得传统的治理思想得以颠覆，也否定了传统的"国家—市场"二分法，以国家、市场、社会、企业的多主体组合取代政府的单一权力中心社会形态，使得社会的作用空间得到提升。

公共治理理论虽然兴起于西方发达国家，但其理论对于发展中国家的改革与社会发展也具有适用性。治理理论的多元化主体思想对于发展中国家的政府体制改革与行政体系建设具有一定的借鉴意义，在发展中国家，社会组织没有发挥其应有的社会管理功能是广泛存在的现实问题，公共治理理论的应用为社会组织的发展以及公民社会的构建提供了理论依据。

📖 本章思考题

1. 新公共管理理论是在什么样的背景下提出的？

2. 公共物品理论的特征有哪些？

3. 我们该如何评价公共选择理论？

4. 公共治理的主体和客体分别是谁？

第三章　公共事业管理的主体

学习目标

理解公共事业管理的主体，熟悉公共事业管理主体中的事业单位和社会组织。

学习重点

1. 事业单位的内涵、特征和分类。

2. 事业单位的改革方向。

3. 社会组织的类型。

第一节　公共事业管理主体中的事业单位

一、事业单位的内涵、特征和分类

（一）事业单位的内涵

事业单位是中华人民共和国成立后，在公共服务需求扩大和特定历史背景下产生的，是与经济体制相配套的一类组织形式。我国对事业单位的认识，随着历史的发展不断深化。1998 年，《事业单位登记管理暂行条例》将事业单位界定为："国家为了社会公益目的，由国家机关举办或者其他组织利用国有资产举办的，从事教育、科技、文化、卫生等活动的社会服务组织。"这一说法也是目前对事业单位的基本定义。

（二）事业单位的特征

1. 服务性。

我国的事业单位分布在教育、科技、文化、卫生、体育等领域，为社会公众提供了必要的公共服务。事业单位的存在和服务目标的实现，可以促进公共资源的合理配置和利用，提升社会公众的参与感和幸福感。

2. 公益性。

事业单位的服务对象不只是某个具体的部门或团体，而是社会公众整体，其服务行为和决策非常注重社会效益和公共利益。不同于企业组织以营利为目的，事业单位遵循的是不同的经济和社会规律，更加强调公共服务和社会责任。

3. 公有性。

我国大部分的事业单位从建立后即由国家机关或其他国有机构举办和所有，少数由集体举办和所有的组织，其经费也来源于国家财政，因而事业单位是我国公共部门的重要组成部分。

4. 知识密集性。

绝大多数事业单位是知识密集型组织，主要依靠专业人才为社会提供服务，运用文化知识和科技是其主要的服务手段。因而，能否吸引高素质人才，并且对其进行合理的激励和管理成为影响事业单位发展的重要因素。

（三）事业单位的分类

参考《国民经济行业分类》（GB/T 4754—2017），事业单位可分为以下 11 类：

（1）教育事业单位。主要有：基础教育单位，包括中小学、幼儿园、托儿所等；中等教育单位，包括各类中等专业学校、中等职业技术学校、技工学校等；高等教育单位，包括各类大专院校、本科院校等；成人教育单位，包括各类教育（进修）学院、党校、团校、函授学校等；特殊教育单位，包括各类特殊教育学校等。

（2）卫生事业单位。主要有：医疗事业单位，包括各类医院、卫生院、保健院（站）等；卫生防疫检疫事业单位，包括各地的疾病预防控制中心、各类地方病防治机构、防疫站、检疫站等；血液事业单位，包括各地的血液中心、血库等；卫生检验事业单位，包括药品检验机构、食品检验机构等；卫生监督单位，包括各地的卫生监督所等。

（3）农业事业单位。主要有：农业技术推广事业单位，包括农业技术推广站、农经站、林业站、水利站、畜牧兽医站、水产站等；良种培育事业单位，包括种子（苗圃）站、实验站、良种繁育站等；综合服务事业单位，包括土肥站、水土保持站、植物保护站（所）、农业（林业）自然保护区管理机构等；动植物防疫检疫事业单位，包括动植物防疫机构、检疫机构等；水文事业单位，包括水文测站、水流域管理机构等。

（4）科技事业单位。主要有：自然科学研究单位，包括基础型科研院（所）、应用型科研院（所）等。社会科学研究事业单位，包括基础理论研究院（所）、人文历史研究院（所）、综合性科学研究单位。

（5）文化事业单位。主要有：演出事业单位，包括各类演出团等；艺术创作事业单位，包括艺术创作院、艺术制作中心、音像影视制作中心等；图书文献事业单位，包括图书馆、档案馆、文献情报中心等；文物事业单位，包括文物保护站、文物考古工作队、博物馆、纪念馆等；群众文化事业单位，包括群众艺术馆、文化馆、青少年宫等；广播电视事业单位，包括广播电台、电视台等；报纸杂志事业单位，包括各类报社、期刊社等；编辑事业单位，包括各类编辑部、党史研究室、地方志编纂室等；新闻出版事业单位，包括部分图书出版社、音像出版社、电子出版社等。

（6）体育事业单位。主要有：体育竞技事业单位，包括各类运动队、俱乐部等；体育设施事业单位，包括各类训练基地、比赛场馆等。

（7）城市公用事业单位。主要有：园林绿化事业单位，包括园林绿化队（站）、公园、游乐园等；城市环卫事业单位，包括环卫所、清洁卫生队（站）、管道疏通队（站）；市政建设事业单位，包括市政工程队、市政工程维护队等；房地产服务事业单位，包括住房公积金管理中心、房屋建设服务中心、房产交易中心、房屋安全鉴定所等。

（8）交通事业单位。主要有：公路建设维护事业单位，包括公路养护站、公路工程质量监理站、公路工程造价管理站、公路管理处等；公路运输管理事业单位，包括公路运输管理处、汽车检测中心（站）等；交通规费征收事业单位，包括稽查征费管理处等；航务事业单位，包括航道养护管理处等。

（9）社会福利事业单位。主要有：福利事业单位，包括养老院、福利院、孤儿院等；康复治疗事业单位，包括疗养院、休养所、残疾人康复中心、残疾人用品用具供应站等；殡葬事业单位，包括殡仪馆、火葬场等。

（10）机关后勤服务事业单位。主要有：后勤服务单位，包括食堂、车队、小卖部、医务所等；修缮事业单位，包括修缮队等；文印通信事业单位，包括总机班、文印室、印刷所等；接待服务事业单位，包括招待所、宾馆等。

（11）社会中介事业单位。主要有：信息咨询事业单位，包括信息中心、咨询服务中心等；技术咨询事业单位，包括技术创新中心、技术交流中心、计算机中心等；职业介绍（人才交流）事业单位，包括职业介绍中心、人才交流中心等。

二、事业单位管理的改革历程与趋势

事业单位是我国公共服务的重要承担者。我国事业单位的基本活动方式是在各自领域内，依靠自身的专业人员和技能，为服务对象提供事业产品。

（一）事业单位改革的历程

中华人民共和国成立之初，政府办、政府管、政府养的事业单位在特殊的历史条件下承担了集中一切资源解决国内外重大公共事务的历史使命。改革开放以来，伴随着经济管理体制和行政管理体制的改革，我国的事业单位管理体制改革逐步展开。

改革开放后，我国开展了经济、政治和社会的全面改革，强调政企分开、企社分开，让社会性公共事务走向社会，整合资源搞好社会管理和公共服务。在此背景下，为提高事业单位的公共服务效率，破解传统事业单位存在的条块分割、规模偏大、财政负担偏重等难题，事业单位改革不断深化。

事业单位改革的出发点是通过改革减轻财政负担，提升事业单位公共服务效率；落脚点是优化事业单位的人事制度和绩效制度。事业单位改革的主要做法包括："简政""搞活"，逐步扩大各类事业单位的人权、事权、物权和财权等；"让利""免税"，鼓励和支持各类事业单位挖掘潜力；分类管理，将事业单位划分为"全额拨款""差额拨款"和"经费自理"等不同形式，还有一些事业单位转为企业化管理。

（二）事业单位改革的趋势

我国事业单位集聚了大量的研究人员、教师、医生等专业人员，具有不可替代的人才和技术优势。改革开放以来，我国积极推进事业单位改革，但改革具有一定的复杂性，有些问题没有得到根本性的解决，社会长期形成的对事业单位的认识需要一个转变过程。在我国社会主义市场经济体制和行政管理体制逐步完善，公众基本公共服务需求日益增加的情况下，继续深化事业单位改革成为趋势。

首先，事业单位社会化。事业单位社会化的内涵有两大要点：一是社会事业社会办，二是资源配置与服务社会化。其中，社会事业社会办是指社会事业兴办主体从以往以国家为主转变为多元化主体多方兴办，构建国家办、民办和社会办等多方兴办事业的新格局，形成提供社会公共物品和配置公共服务的新模式。而资源配置与服务社会化则是指事业单位应当在为社会服务的同时，更加透明公开，加强社会监督，实现资源配置与服务公正合理。

其次，深化事业单位分类改革。以往的改革主要依据财政负担和事业单位的自我生存能力进行分类。在深化事业单位改革的过程中，为确保事业单位的公益性服务定位得以体现，应从事业单位所提供的服务是否为纯公益性服务或互益性公共服务的角度进行分类，或重新对其进行定位，或将其纳入提供纯公益性服务的事业组织，或确定其为主要从事互益性公共服务的事业组织，或改为行政组织，或转型为企业组织。

再次，建立我国现代公共事业管理体制下的事业单位管理体制。需着重考虑以下两个方面：一是建立整合公共服务资源的机制，使政府、社会力量和市场机制共同参与事业单位的管理和运作，不受行业和地域的限制，为公众提供更丰富和高效的服务资源。二是按照政事分开、事企分开和管办分离的要求，落实事业单位独立的法人地位，使其成为独立的社会公共服务组织。通过内部的人事制度和绩效制度改革，建立一套开放、流动、公平、有竞争和有活力的新型人事管理制度，包括用人制度、工资分配制度、考核晋升奖惩制度、组织领导制度、组织运行和管理制度等，提高公共服务效率。

最后，推进事业单位运行的法治化和民主化。随着事业单位分类和职能范围的确定，以及政事关系的明确，事业单位成为独立进行公共事业服务和管理的主体。因此，为了确保公共事业规范、稳定地发展，必须加强公共事业立法，建立和完善科学技术、教育、文化、卫生、体育等方面的法规和制度。此外，现代事业制度要求建立完善的事业法人治理结构和法人制度，必须通过各种明确、具体的法律法规，对承担社会事业职能的机构在设立、组织、活动和与政府的关系等各个方面做出明确保障。此外，事业单位还需要遵循事务向社会公开的原则，接受政府和社会的监督，强化事业管理的法治化和民主化。

第二节　公共事业管理主体中的社会组织

一、社会团体

（一）社会团体的含义

社会团体简称社团。改革开放后，中国的社会团体数迅速增长，但对社会团体的界定还存在模糊之处。1989 年颁布的《社会团体登记管理条例》并没有对社会团体的内涵进行直接界定，而是通过列举方式，将名称当中具有"协会、学会、联合会、研究会、基金会、促进会、商会"等的各种组织都归为社会团体。但随着社会团体种类的增加，这种列举法已无法满足实际的需要。1998 年颁布的《社会团体登记管理条例》对社会团体做出了更为明确的界定：社会团体是指中国公民自愿组成，为实现会员共同意愿，在遵守其章程的情况下开展活动的非营利性社会组织。

根据上述界定，社会团体存在四大特征。

一是组成自愿性。社会团体是由一群志同道合的人自发创立的，根据自身的需求和利益来共同开展活动。这里的自愿体现了参与团体活动的基本条件。在这个过程中，社会团体的成员并非被强制要求参加，而是积极主动向团体组织提出申请并设法满足组织入会的要求，从而树立志同道合的价值观和氛围。社会团体的经费来源多种多样，可以是自筹自给，也可以来自社会捐助，或者来自成员所交纳的会费等。另一方面，社会团体的宗旨是实现会员的共同意愿。社会团体通过讨论、咨询、合作等方式来明确团体宗旨和工作内容，并以此作为活动的核心。社会团体除了为会员提供服务和交流平台之外，更重要的是能够发挥团体优势，共同促进某一方面的发展，实现会员们的共同愿望。因为社会团体是以志愿为基础组织的团体，相对于其他组织形式，在具有共同目标的前提下，更容易达成共识和统一规划，协调各个方面力量，有效推进团体活动的开展。

二是内部互惠互利。社会团体的宗旨是实现会员的共同意愿，为了实现这一宗旨，社会团体不仅把满足会员的需要和为会员提供服务作为首要目标，而且在内部建立了互惠互利的关系。因为社会团体成员之间拥有共同的兴趣和目标，他们之间的相互支持和协助是团体活动能够持续开展的重要条件之一。社会团体作为一个共同体存在，能够为其成员提供与个人能力和意愿相符的交流平台，并通过与其他社团组织和政府等机构的合作，创造更多的机会，促进其进一步发展。同时，社团还通过内部成员之间资源的分享、共享等方式来实现成员在团体中的互惠互利，让成员在团队中感受到彼此之间的温暖和支持，形成一种成员间的合作共赢和互助互爱的共同价值观念。

三是非营利性。社会团体的目的不是获利，而是实现会员的共同愿望和公共利益。社会团体是一个由志愿者自愿参加，以实现会员共同愿望为目的的组织，其主要收入来自团体会费、捐款和活动收益等，这些收入用来支持社团的活动和发展，以及给社团会员提供更好的服务和资源。社会团体的非营利性不意味着社团不能进行任何收费或开展营利活动。社会团体可以通过收取一定费用来支付其日常开支、项目支出，也可以开展类商业的活动，如举办专业会议、聚会活动、专业奖项评选等，从而获取一定的收益。但是这些利润不能用于管理者或成员的个人收益分配，必须用于促进社团自身的发展和提高服务质量，并且取得收益的活动也必须是团体活动，符合团体的宗旨和发展方向。

四是双重性。1989 年后，我国政府对社会团体实行双重管理体制，社会团体的行为处于行政机制和自治机制的双重支配之下，其需要借助官方和民间双重渠道获取资源。社会团体活动领域通常是社会和政府双方共同认可的交叉地带，因此也需要同时满足社会和政府的双重需求。在这种情况下，社会团体须建立自己的自治机制和合理规范，既顺应政府的管理理念和政策导向，也要尽可能维护社会团体的独立性和自治性。同时，社会团体应为成员提供更好的服务和资源，保证其自身的发展和完善，更好地为其成员和社会公众服务。

（二）社会团体的分类

依据不同的标准，社会团体可划分为不同的类型。

1. 以与服务对象的关系为分类标准。

依据与服务对象的关系，社会团体可划分为公益性社会团体和互益性社会团体两类。公益性社会团体的服务对象是社团成员之外的某些特殊社会群体，提供的服务是公共物品或社会物品。互益性社会团体的服务对象则仅限于团体成员，提供的服务被称为"俱乐部物品"。公益性社会团体较为依赖志愿者的支持，其出现可以促进社会道德的进步，目前的资助者主要是各种基金会。而互益性社会团体则代表成员的利益，通过健康发展对社会产生正面影响。在我国的互益性社会团体中，经济领域的行业协会是发展最快、作用最大、受政府重视和支持最多的一类。

2. 以社团成员的地域分布为分类标准。

依据社团成员的地域分布，社会团体可划分为全国性社会团体和地方性社会团体。全国性社会团体的成员来自全国各地，其服务范围覆盖全国，具有较大的规模和影响力，其服务内容和质量普遍较高。地方性社会团体的成员则主要集中在特定的区域内，例如一个市、一个县、一个镇等，其服务范围相对较小，但在特定区域内往往具有很高的地位和影响力。

3. 以与政府的关系为分类标准。

依据与政府的关系，社会团体可划分为官办、半官办和民办三种类型。官办社会团体的主要领导人和工作人员一般由政府组织部门批准并任命，其经费通常来源于政府预算拨款和会费收入等，包括工会、妇联、文联和侨联等。半官办社会团体的领导人可能由政府职能部门或官方企业、事业单位的管理人员担任，且经费由政府财政拨款和自筹资金两部分组成，包括行业协会、科技团体等。半官办社团是社团中数量最多的一类，而且主要是经济、科技领域的团体。民办社会团体是与政府机构基本不存在人员交叉的社团，其资金来源主要依赖于团体自身的经营和募捐活动，如一些慈善团体、非营利性机构等。

4. 以社团的职能为分类标准。

依据社团的职能，社会团体可划分为政治性社会团体、经济性社会团体和社会性社会团体三种类型。政治性社会团体的主要职能是管理社会和担负特定的政治任务，其目的在于支持特定的政治主张，如工会、共青团、妇联、侨联等。经济性社会团体的主要职能是为企业和商业服务，致力于信息、技术和管理等方面的交流和协调市场行为，如企业协会、质量管理协会、经济信息协会、消费者协会等。社会性社会团体主要履行提供社会生活服务的职能，在各个领域组织文化、艺术、体育、科技、学术活动，如文化协会、体育协会、学术协会等。

（三）社会团体的内外部管理

1. 政府对社会团体的监管。

政府对社会团体的监管主要包括业务管理和违法处置。

（1）业务管理方面。政府明确规定了社会团体的登记范围、条件和程序，并负责相关的业务主管工作。社团登记管理机关主要通过培训、交流和宣传教育等方式，为政府部门和社团工作人员提供业务指导。同时，社团登记管理机关和业务主管单位会建立一定的机制，以对社会团体的日常活动进行管理和监督检查。

（2）违法处置方面。政府对社会团体违法行为的处理方式主要有刑事处罚、行政处罚和民事处罚三种类型。以行政处罚为例，政府对社会团体的行政处罚方式包括警告、限期停止活动、撤销登记、没收违法经营所得或违法所得、罚款、依法取缔和没收非法财产。

2. 社会团体自身内部制度建设。

社会团体作为提供社会服务的重要组织，内部制度的健全是保障其管理和服务质量的必要前提。建立和完善社会团体制度包括以下几个要点：

一是制定章程。制定章程是社会团体内部制度的核心工作。章程应当包括社团的组织性质、宗旨、业务范围、规模、成员资格、领导机构的职权和职级，以及成员的权利和义务等内容。

二是建立组织机构。社会团体应该建立适当的组织机构，以确立权责和分工明确、规范的运作机制。

三是设置社会团体分支机构和代表机构。为更好地推动社会团体工作，社会团体可以建立各种分支机构和代表机构。如：在行政区域广泛、社团影响力强的地区可以设置分支机构；在特定领域开展活动的、反映某种特定利益的社会团体可以建立代表机构。

四是完善财务制度。建立、完善国有资产管理制度和财务制度是实现社会团体合法权益、提高自我管理水平、保证财产安全的必要手段。

五是优化奖惩制度。建立一套科学、完善的奖惩制度有助于提高社会团体工作人员的积极性和努力程度。良好的奖惩制度可鼓舞社团成员向更好的方向发展。同时对一些不良现象也要采取合理的批评和纠正措施。

二、民办非企业单位

（一）民办非企业单位的含义

国务院在1998年颁布的《民办非企业单位登记管理暂行条例》中明确了民办非企业单位的内涵。所谓民办非企业单位是指企业事业单位、社会团体和其他社会力量以及公民个人，利用非国有资产举办的从事非营利性社会服务活动的社会组织。民办非企业单位的出现，一定程度上能够弥补国家公共服务的不足，为社会和人民群众服务。

民办非企业单位具有实体性，其运营活动是连续性、经常性的。在实践过程中，民办非企业单位拥有自己的固定场所、工作领域和固定人员。这种确定的实体性可保证其服务项目的稳定性和连续性，以及保证其服务质量和效果。具体而言，民办非企业单位在日常运营中，需要有固定的办公场所和专业人员，这些人员一般都拥有专业的知识和技能，从事各种社会服务的提供。

（二）民办非企业单位的类型

依据不同的标准，民办非企业单位可划分为不同的类型。

1. 以实体类型为分类标准。

依据实体类型，民办非企业单位可以分为三种类型：法人型、合伙型和个体型。其中，法人型民办非企业单位由两人或两人以上举办，或由企业事业单位、社会团体和其他社会力量举办，或由上述组织与个人共同举办，具有法人身份，有独立的民事权利和义务。合伙型民办非企业单位则由两人或两人以上合伙举办，不具备法人身份，由全体合伙人承担民事责任，合伙人的债务按照协议或出资比例的约定以各自的财产承担清偿责任，对合伙责任承担连带责任。个体型民办非企业单位由个人出资担任单位负责人，同样没有法人身份，其债务由个人财产承担无限连带责任。

2. 以领域分布为分类标准。

民办非企业单位的服务领域主要分为十个方面：教育事业领域、医疗卫生事业领域、文化事业领域、科技事业领域、体育事业领域、劳动事业领域、民政事业领域、社会中介服务业和法律服务事业领域以及其他类别的民办事业领域。这些领域涵盖了社会发展的多个方面，包括教育、医疗卫生、文化传承、科学技术研发、体育健身、劳动用工、社会福利保障、法律服务和其他社会需求等多个领域，这也是民办非企业单位在社会公益事业中发挥重要作用的体现。

（三）民办非企业单位的成立与变更登记

1. 民办非企业单位的成立。

民办非企业单位申请登记需具备五个方面的条件，包括经业务主管单位审查同意，有规范的名称、必要的组织机构，有与其业务活动相适应的从业人员，有与其活动相适应的合法财产，有必要的场所。

民办非企业单位的成立通常经历两个步骤：向业务主管单位提出申请、向登记管理机关申请登记。在第一步中，申请人需要提交相关文件向业务主管单位提出申请，并等待业务主管单位给出答复。具体的申请程序、所需文件和业务主管单位答复的时间均需要根据法律法规来确定。在第二步中，申请人需要向登记管理机关提供登记申请材料，包括业务主管单位的批准文件、场所使用权证明、验资报告、拟任负责人的基本情况和身份证明、章程草案等。最终，登记管理机关收到申请材料后，将审核其材料的真实性、完整性以及是否符合相关法律的规定，再决定是否予以登记。

2. 民办非企业单位的变更登记。

当民办非企业单位需要变更登记时，其需要向登记管理机关提交一系列文件进行申请。这些文件包括变更登记申请书、变更理由说明、业务主管单位审查同意文件、原始纪要等，申请人需要确认这些文件符合相关规定，签名后加盖公章。如果因为某种原因法定代表人或单位负责人无法签署变更登记申请书，则申请人还需要提供相关的证明文件。如果民办非企业单位的住所、业务范围、法定代表人或单位负责人、开办资金等发生变更，则申请人还需要提交变更后新住所的产权或使用权证明，变更后的业务范围、法定代表人或单位负责人的身份证明以及变更后的验资报告等材料。申请人需要确保所提供的所有文件和材料符合相关的法律法规的规定。

（四）对民办非企业单位的监管

对民办非企业单位的监管主要包括登记管理机关的监管、业务主管单位的监管，以及其他主体的监管三类。

民办非企业单位的成立、变更、注销登记及年度检查等事项由登记管理机关进行管理和监督。登记管理机关负责对民办非企业单位进行审批和登记，以确认其合法性和合规性。一旦民办非企业单位的登记证书到期或发生变化，申请人需要在规定的时间内向登记管理机关办理登记变更或注销手续，以确保其合法性和及时性。

民办非企业单位为了保障其在登记和运营过程中的合法性，必须定期进行相关的检查。登记管理机关负责对民办非企业单位的相关情况进行审查，以确认其业务符合法定要求并遵守相关规定。如果发现问题或疑点，登记管理机关将对企业进行进一步的调查。

如果民办非企业单位违反了相关的登记管理法规，登记管理机关也将对此进行监督检查和行政处罚。登记管理机关将密切关注这些民办非企业单位的运营情况，以确保其合法运营。同时，登记管理机关也将采取行政和法律手段来处罚那些没有遵守登记管理法规的民办非企业单位。

业务主管单位对民办非企业单位的成立、变更、注销登记进行审查，并监督民办非企业单位严格遵守法律、法规和国家政策，在其章程允许的范围内开展活动。业务主管单位的审查主要是为了确保民办非企业单位的成立、变更、注销符合法律的规定，并在运营过程中遵守法律法规。同时，业务主管单位还要协助登记管理机关和其他有关部门查处民办非企业单位的违法行为。对于民办非企业单位的年度检查，业务主管单位负责初审，以确认企业是否按照其章程开展相应的业务，是否按照法定要求进行业务公示等事项。除此之外，业务主管单位还会指导民办非企业单位的清算事宜，以便按照法律法规对企业进行监管和处理。

民办非企业单位在管理自身资金时需要遵守国家法律法规规定的财务管理制度。由于民办非企业单位的资金主要来自社会捐赠或者国家资助，因此这些单位的财务透明性和规范性尤其需要得到关注。在此，财政部门就有必要对这些单位的资金管理进行监督，以避免出现不当的资金使用或其他违规行为。同时，审计机关也会对资金来源于国家资助或社会捐赠和资助的民办非企业单位进行监督，以确保其资金使用的合规性和规范性。这种形式的监督在一定程度上可以防止民办非企业单位出现资金侵占和贪腐行为，促进其透明化和规范化管理。同时，在管理资金过程中，各种资金的用途、支付方式以及结算标准也应该符合相关规定，并与财政部门、审计机关进行及时的沟通与交流。

三、基金会

（一）基金会的含义

根据《基金会管理条例》规定，基金会是指以从事公益事业为目的，利用自然人、法人或其他组织捐赠的财产成立的非营利性法人。基金会的管理注册机构包括国务院民政部门和省、自治区、直辖市人民政府民政部门。注意，由政府支持或组建、用于特定支持科研和其他各种特殊基金管理团体的基金会不属于本部分所指称的基金会。

基金会致力于推动社会公益事业的进步和发展。通过捐赠的资产，基金会可以开展一系列的公益活动和服务，并为社会公益事业的发展和进步做出贡献。因此，与企业和其他社会团体相比，基金会的目的和使命更具有公共性和社会意义。而在基金会的运作和管理中，公益性和社会效益也应当是最核心的推动力。

基金会作为一种公益性组织，其资金的来源需要遵循一定的规则和法律要求。虽然基金会有许多资金筹集的方式，但其中最为重要的方式是向社会捐赠者募集资金，以支持所从事的公益事业，满足社会需求。由于基金会致力于推动社会的公益事业，因此必须保证资金的来源具有合法性和透明性，并且能够充分获得社会的信任和支持。除了社会捐赠以外，政府资助在特定情况下可能也是一种重要的筹资途径，但是应该确保政府资助的使用符合相关规定和法律要求。

作为一种公益性组织，基金会的运作模式、财务结构、资金来源和使用均受国家相关法律法规的约束和管理，以确保其公开、透明、负责、合法和有效。其中，基金会的募捐行为需要遵循一定的法律和制度规定，以确保募捐的透明度和合法性。总体而言，根据是否允许向公众募集资金，基金会可以被划分为两大类：一类是面向公众募集资金的基金会，另一类是不允许向公众募集资金的基金会。面向公众募捐的基金会通常会吸引来自不同地区的捐赠者，以捐赠资助的方式支持其所从事的公益事业。而非公募基金会则不允许向公众募捐，通常由特定团体、企事业单位或政府机构投入资金或进行资产划拨。在募捐方面，公募基金会通常会分为全国性和地方性两种类型，全国性公募基金会的募捐范围一般覆盖全国，地方性公募基金会则主要在特定地区展开募捐活动。

（二）基金会的成立

基金会实行"统一登记，双重负责，分级管理"的体制。据此，国务院民政部门和省、自治区、直辖市人民政府民政部门是基金会的登记管理机关；国务院有关部门或者国务院授权的组织，是国务院民政部门登记的基金会、境外基金会代表机构的业务主管单位；省、自治区、直辖市人民政府有关部门或者省、自治区、直辖市人民政府授权的组织，是省、自治区、直辖市人民政府民政部门登记的基金会的业务主管单位。

成立基金会需满足几个基本条件：第一，为特定的公益目的而设立，从而保证基金会的运作具有一定的目标和针对性。第二，全国性公募基金会的原始基金不得低于800 万元人民币，地方性公募基金会的原始基金不得低于 400 万元人民币，非公募基金会的原始基金不得低于 200 万元人民币，并且这些资金必须以到账的货币形式存在。对于基金会而言，原始基金的要求是财务和资产管理的重要基础，这也为基金会提供了一定的保障和支持。第三，有规范的名称、章程、组织机构以及与其开展活动相适应的专职工作人员，这有利于建立一个透明、合法、有效、公正的基金会机制和管理体系。第四，有固定的住所。有固定的住所是基金会成立的必要条件，它为基金会提供了相对稳定的运作环境和物质基础。第五，能够独立承担民事责任。上述条件的落实不仅为基金会的成立提供了保障，而且使得基金会能够更好地实现公益事业的目标和任务，实现社会价值的最大化。

（三）基金会的组织机构

理事会是基金会的决策机构，其在依法行使章程规定职权的同时，行使基金会的管理职能。理事会一般由如下人员组成：首先是基金会的创始者本人或其家族成员，他们代表所有捐建该基金会的捐建者的利益，常常掌握决策权，对于基金会的发展方向具有决定性影响；其次是工业、金融领域的知名代表，他们的参与旨在加强基金会的实力，同时参与有关经营活动；再次是各领域专家和学者代表，他们的作用在于为资助项目提供专家咨询和决策支持，以确保决策具有科学性和专业性；最后是媒体代表，他们的参与旨在扩大基金会的社会影响力，使基金会更好地与社会联系和互动。基金会理事会的组成人员和职能方向的多样性，使得基金会的管理具有更加广泛、多元、专业化的特色，能够更好地适应和满足社会对基金会的期望和需求。

基金会设有监事，监事的任期通常与理事相同。为了确保监事的公正性和独立性，理事、理事的近亲属和基金会财务人员不得兼任监事。监事按照章程规定的程序，检查基金会的财务和会计资料，并监督理事会是否遵守法律和章程的规定。监事可以列席理事会会议，有权向理事会发表意见和建议，并应及时向登记管理机关、业务主管单位以及税务与会计主管部门反映相关情况。基金会设立监事，是为了保证基金会的合法性和透明性，防止在基金会的财务和会计管理方面出现不当行为。监事的职责主要包括对基金会的财务和会计资料的审计与监督，以及反映监事会发现的不合规行为和问题，使基金会的管理更加规范和公正。监事依法独立行使职权，遵守章程和法律的规定，不受理事的控制和影响。

（四）基金会的财务制度

我国基金会筹集资金的渠道主要有募捐、获得存款利息和投资有价证券三种。

一是募捐，包括捐助和捐赠。捐助通常是指基金会的创始人或其家族成员捐赠资金，而捐赠则指基金会成立后由社会各界或政府等捐赠款项。募捐是基金会获取财产和资金的主要途径，也是基金会顺利开展公益事业的关键因素。只有吸引更多志愿者和捐赠者的参与，才能使基金会以更为专业有效的方式推进其公益事业。基金会必须遵循法律法规和规章制度，确保募捐合法、透明，确保募捐过程中的资金管理和使用规范、合理。

二是获得存款利息。基金会可以通过将资金存入金融机构获得存款利息的方式，增加基金会资产的收益。将资金存入金融机构取得利息是一种较为稳健的资产管理方式，但在此过程中需要注意金融机构的信誉度，进行风险管理排除，通过资产管理的方式保证资金的安全与稳定性。因此需要基金会在多方面进行考虑和规划，并与政府有关部门积极沟通协作，以确保基金会的资产安全及风险控制的有效性。

三是债券、证券投资。基金会可以通过购买债券、股票等各种有价证券的方式进行投资，以增加基金会的资产收益。但需要注意，基金会在投资股票方面应注意控制风险。基金会在选择投资对象和投资方式时，要进行充分的市场调研和风险评估，以避免投资风险超出承受范围，保证投资收益和风险控制的有效性。基金会从事股票投资需要遵循相关法律法规和章程，确保依法依规开展证券投资活动，推进基金会的长期健康发展，增强基金会的社会公信力。

基金会在进行财务管理时，必须遵循国家统一的会计制度，建立健全内部会计监督机制，保证会计核算的合法性和规范性。同时，基金会针对公益资助项目，还需公布类型、评审流程、申请流程等项目信息，以提升管理的公开度和透明度，加强基金会的公正性和公信力。基金会的财务支出也需要受到一定的限制。例如，基金会工作人员的薪资、福利和行政办公支出不得超过当年总支出的 10%。公募基金会的年度公益事业支出必须不低于上一年度总收入的 70%，而非公募基金会的年度公益事业支出不得低于上一年度基金余额的 8%。这些规定旨在确保基金会的经费使用和财务管理得到有效的监管和控制，以增加公众对基金会管理的信任和支持。此外，基金会可以与受助人达成资助协议，规定资助方式、金额、目的和使用方法，并对资助使用情况进行监督。若受助人没有按照协议规定使用资助或违反了协议规定的其他事项，基金会有权解除其资助协议。这些规定有助于确保基金会资助的公正性和有效性，防止不当使用和滥用资助的情况产生，同时为基金会的公益事业提供更为科学、高效、透明的支持和服务。

基金会在使用财产时，必须遵循其宗旨和与业务范围相匹配的原则。若存在捐赠合同或承诺书，则必须按照规定履行协议内的要求。基金会在资助相关领域的项目时，通常会采用一定的原则和流程。例如，对于作家、剧作家、诗人、音乐家和画家等个人，基金会可以直接向他们提供资助，而不必考虑他们的工作单位，但对于自然科学家、人文科学家和社会科学家的项目资助，则一般会通过他们所在的大学或研究机构进行资助，通常不直接给予个人。

📖 本章思考题

1. 简述事业单位的含义与类型划分。
2. 分析事业单位改革的必要性与改革的趋势。
3. 阐述社会团体的内涵与管理要点。
4. 试述民办非企业单位的特征与分类。

📖 案例分析 3-1

宁夏优化事业单位岗位设置　激发人才活力

2023 年，宁夏回族自治区人力资源和社会保障厅印发《关于优化完善事业单位岗位设置和聘用管理有关政策的通知》(以下简称《通知》)，聚焦新时代人才强区战略目标，坚持规范和优化并举、放权和监督并行、激励和引导并重，创新性地提出一系列优化完善事业单位岗位管理和聘用管理的举措，持续为事业单位放权松绑，激活事业单位人才干事创业"一池春水"。

《通知》明确了事业单位岗位类别、数量动态调整和统筹设置的情形。规模小、人员少、专业领域相近的事业单位，以及实行"县管校聘"改革或县域医共体改革的事业单位，可按规定统筹设岗。"双定向"岗位实行"总量控制、职数单列、动态管理"，已聘用人员在岗位职数总量内按规定正常晋级，定向岗位可聘用取得职称较长时间未聘人员和临近退休人员。对"双肩挑"岗位实行双岗位考核机制。统一新进人员试用期满考核聘用标准，自治区、市、县（区）三个层级事业单位新进人员聘用条件进一步优化细化。

宁夏回族自治区将进一步扩大岗位设置和岗位聘用自主权，事业单位可按规定自主确定主体岗位以及其他两类岗位结构比例，自主确定专业技术岗位是否分设主辅系列岗位及数量，专业技术岗位聘用允许"高岗低用"，初级专业技术岗位内部不再实行结构比例控制，专业技术岗位内部等级晋升条件和年限可按规定自主制定。全面下放工勤技能岗位聘用权限，工勤技能人员取得岗位职业技能等级证书的，事业单位主管部门可按规定自主聘用。加强监督管理，明确事业单位人事综合管理部门、主管部门、事业单位三方管理责任，对违反岗位设置和聘用管理规定的单位和个人，将依法依规追究责任并严肃处理。

针对事业单位存在的评聘矛盾等制约事业单位发展的实际问题，实行周期性全员岗位竞聘激励机制，岗位"能上能下"效果明显的事业单位给予政策上的倾斜突破，允许通过竞聘跨级晋升和等级内跨档晋升，专业技术正高级和副高级岗位比例可适当倾斜。自治区全职引进和自主培养的博士研究生及以上学历的专业技术人才，取得职称资格的，可不受岗位结构比例限制而聘用。根据人才引进和事业发展需要，对人才密集事业单位持续优化岗位聘用政策供给，开展自主确定专业技术岗位结构比例试点，对高等院校建立实施"预聘—长聘"制度，引导高校完善人才竞争和流动机制，为人才创新提供人事政策新支撑，全面激发事业单位人才干事创业活力。（案例来源于马照刚：《我区优化事业单位岗位设置激发人才活力》，https://www.nx.gov.cn/zwxx_11337/zwdt/202302/t20230207_3946478.html。）

第四章 公共事业管理原则与目标

理解公共事业管理的原则。掌握公共事业管理目标的内涵与分类。

📖 **学习重点** --

1. 公共事业管理的原则及其指导意义。

2. 公共事业管理目标的分类及其实践应用。

第一节 公共事业管理的基本原则

公共事业管理的基本原则是公共事业管理活动所需遵循的基本准则和价值观，遵循的目的是促进公共事业长远发展和全面提高公众福利水平。公共事业管理的基本原则主要包括公众为本原则、服务性原则、公共利益优先原则和市场化原则。

一、公众为本原则

公共事业管理应以全体社会公众的共同利益为核心，以推动公共事业的发展和管理为目的。这一原则是公共事业管理公共性本质特征的重要体现，也是贯穿公共事业管理全过程的基本遵循。公共事业管理是国家和政府职能的重要组成部分，旨在提供公共服务，保障公共利益，并推动社会公共事业的长远发展。在实现这些目标的过程中，公共事业管理必须面向全体社会公众，以满足公众需求和适应社会发展的需要为核心。

在公共事业管理中落实公众为本原则存在三个方面的要点。一是公共事业管理的出发点和归宿必须是维护公众利益，满足公众需求。管理主体应当以公众利益的基本要求为准绳，认真分析和区分真正需要解决的社会问题并将其纳入公共事业管理的范畴，以维护和提高公众利益为目的，确立管理目标并开展管理。二是公共事业管理应以公众的特点和需求水平为管理依据。在开展管理的过程中，公众作为被管理者的主观能动性能否被调动，很大程度上与管理措施等是否与公众的特点和需求相适应密切相关。三是公共事业管理应当激励管理者的工作积极性。管理人员的工作效率不仅与其知识水平和能力水平有关，还与其价值取向和工作态度有密切关系。在激励管理人员积极性方面，既有物质层面的激励，又有精神层面的鼓励。让管理人员，尤其是基层管理人员清楚地认识到公共事业管理的基本价值，将其所从事的工作与维护和提高公众利益相联系，无疑可以极大地促进其工作积极性的发挥。

二、服务性原则

现代市场经济环境下的公共管理，其实质是服务，而非管制。虽然在管理过程中，可能会涉及如价格管理等需要用强制手段进行管理的内容，但本质上其仍然是为社会公众提供服务，保障公众的基本生活质量，维护公众的根本利益的。作为带有管制职能的公共事业管理机构，在管理过程中必须树立"管理就是服务"的理念，站在社会与民众的立场，以公众的需求为出发点和归宿，为公众提供有力的服务。因此，公共事业管理主体特别是政府应该注重从为社会公众服务的角度，而非仅从管理主体的角度来考虑如何进行管理。

公共事业管理的基本理念和态度受到服务原则的约束。宏观公共事业管理主要以制定政策和法规为主要手段，重在创造良好的支撑环境，从而为社会或公众提供优质的公共产品和服务。中、低层公共事业管理机构则直接将为社会或公众提供优质的公共产品和服务视为基本职能。落实到具体实践中，服务原则的实践就是建设服务型政府。"服务型政府"是相对于传统的管理型、权力型和命令型政府而言的，指在公民和社会本位理念的指导下，通过法定程序，在整个社会民主秩序的框架内为公民服务并承担服务责任的政府。随着市场经济的发展，社会公共需求不断增长，公众要求政府提供公共物品和服务以满足物质与精神需求。只有通过提供充足和优质的公共服务，政府才能证明自己的存在价值和合法性。

三、公共利益优先原则

在公共事业管理中，公共利益优先原则意味着以社会效益为先，着重解决公平问题。效率和公平是公共事业管理需要认真考虑的两个基本元素，两者通常相互联系且相互依存。在现代市场经济的条件下，公共事业管理组织的基本职责主要是解决公平问题。公共事业管理中，必须优先考虑公共利益，特别是解决公平问题，确保实现社会公共利益的多元化和公平分配。

应在公共事业管理中落实公共利益优先原则。首先，要重视结果管理。公共事业管理的基本内容是管理社会问题，包括对问题提出、解决过程和结果的管理。为实现公共利益优先的原则，需要综合考虑资源管理、过程管理和目标公平性。在管理过程中，需要重视结果管理并更加强调公平分配。其次，要重视外部管理。尽管为解决与社会公众基本生活相关的公共问题，加强公共组织的内部管理是必不可少的，但是公共事业管理的最终目的还是更好地进行外部管理，即对社会公共事业的管理。最后，要将社会效益作为衡量绩效最重要的内容。为突出社会效益，衡量公共事业管理绩效的标准通常包括行为的合法性、各类冲突的减少度、公众舆论的好坏、公共项目的实施效果等。

四、市场化原则

随着公众对社会事务管理和公共服务需求的广度不断拓展，仅仅依靠公共财政将难以支撑整个公共事业发展，因而需要引入市场的力量缓解政府的财政压力。同时，由于公共事业所包含的社会事务存在不同层次和范围，公共事业管理本身也是分层次的，这也决定了公共事业管理需要引进市场化机制，从而提高公共物品和服务的质量。此外，随着现代民主的发展，调动社会各方力量，让社会各方在力所能及的范围内自行管理，也是形成政府与社会间良性互动的题中应有之义。

根据具体领域的不同，在公共事业管理中引入市场化机制的实现方式也有差异。例如，对于出版发行、大众娱乐项目、体育活动等能够进行经营性投资和市场竞争的领域，以及本来就具有营利性的传统公共事务，可以交给社会资本经营。对于博物馆、图书馆等不适宜市场化经营的领域，可以在管理活动中引入效益和效率机制。市场化机制的引入实现方式包括公私合作、民间资本进入等。当然，具体的实施方式需要综合考虑具体领域情况以及社会发展的实际需求。公共事业管理应采用多种适当的功能机制，最大限度地发挥市场力量和社会长处，保障公共事业的稳定和长期发展。

第二节 公共事业管理的目标

一、公共事业管理目标的内涵及特征

管理目标是确保管理过程和管理结果能够取得最好效果的关键要素。公共事业管理的目标与私营企业管理的目标有所不同，或者说，它独具特点。公共事业管理目标的制订必须以公共利益和公共需求为核心，同时也必须兼顾协调、平衡和实效。

（一）公共事业管理目标的内涵

管理目标是指管理者在特定条件下，基于一定的价值观所确立的管理活动预期达成的结果。管理目标不仅是管理活动的出发点，指导着管理者制订计划和组织工作的方向；同时也是管理活动的归宿，概括了管理活动的预期结果。同时，管理目标也是衡量管理活动绩效的重要标准。公共事业管理的目标是管理人员或机构根据公共事业管理的基本原则，从客观需求出发，希望通过管理活动来达到的预期结果。对管理主体而言，管理目标是评估管理活动的标准，可以帮助管理者及时发现问题、分析问题，并有针对性地采取正确的行动，提高管理效率和水平。对公众而言，管理目标不仅是自己行动的指南，也是监督和评价公共事业管理者的依据。

公共事业管理的目标不仅受到社会经济发展水平和具体体制的制约，也需要体现社会共同利益。公共事业管理的具体目标是根据不同管理主体的需求而确定的。不同管理主体所处的环境、地域以及发展阶段都各不相同，因此公共事业管理的目标也是各具特点的。在实际管理中，针对不同的管理对象和管理过程，还可以制订不同的公共事业管理目标，或将一个总目标分解为若干个子目标，以形成公共事业管理的目标体系。

（二）公共事业管理目标的特征

公共事业管理目标的制订是管理过程的核心内容，对公共事业的发展至关重要。公共事业管理目标呈现出总目标和子目标相统一、前瞻性和现实性相统一、定性和定量相统一、组织利益和社会利益相统一、原则性和灵活性相统一等几大特点。

第一，总目标和子目标相统一。公共事业管理的目标需要全面考虑各种因素和需求，而且要将总目标划分为不同层次的子目标。整体性体现在管理目标的总体要求不是孤立存在的，而是综合反映了不同层次的具体需求。可分性体现在，总目标通常可以划分为更具体和更易操作的子目标，以更好地指导管理活动的实施和评估。公共事业管理的整体性和可分性并不矛盾，两者最终统一于全局。针对社会整体发展的要求，公共事业管理的子目标存在着统一的原则和内容。只有这种统一，才能形成一个完整的目标体系，并引导各种管理措施发挥同向作用。

第二，前瞻性和现实性相统一。前瞻性是指对未来的事物或事件进行预测，预见未来的趋势，以便发现机会和挑战，为决策制定提供更好的依据。公共事业管理目标的前瞻性要求管理主体根据对未来发展走向的判断确定管理目标，通过管理活动实现社会的良性发展，提高公众生活质量，增强社会服务能力。现实性是指目标是否具有实际可行性，以及它是否可以在组织、资源和时间等有限制的条件下实现。公共事业管理目标的现实性要求管理目标在确定后转化为具体的可操作的目标，通过公共组织的活动使之成为现实。因此，合理的公共事业管理目标是来源于现实，又高于现实的，是现实和未来的统一。

第三，定性和定量相统一。公共事业管理目标的制订需要定性和定量相结合，以满足管理活动对于客观实际情况的要求。定性指标可以用来描述目标、反映需求，对帮助实现管理目标具有重要作用。定量指标可以用来衡量目标实现的效果，监督和控制管理活动的实施，是实现管理目标的重要手段。

第四，组织利益和社会利益相统一。公共事业管理目标需要考虑组织的自身利益和社会的公共利益的统一，以实现组织持续发展和公共福利的双赢。公共事业管理目标的成功实现既需要考虑组织的正当利益，又需要考虑社会的公共利益，以建立起长期稳定的合作发展机制，赢得公众的信任和支持。

第五，原则性和灵活性相统一。原则性是指公共事业管理目标应当具有权威性、固定性，不应出现相互矛盾的情况，目标一旦确定，原则上是不得随意更改的。灵活性是指公共事业管理目标拥有应对不同环境和情况的变通性，公共事业管理目标在实际中应当具备灵活性，以便适时调整。公共事业管理目标的制订与实施应平衡原则性和灵活性，从实际情况出发，兼顾各方面的需求，适当调整计划以解决各种矛盾。

二、公共事业管理目标的分类与作用

（一）公共事业管理目标的分类

依据不同的标准，公共事业管理目标可划分为不同的类型。总体而言，公共事业管理目标的划分标准主要包括实施时间、性质、层次、内容四种。

1. 以实施时间长短为标准的分类。

根据实施时长的不同，公共事业管理目标可划分为长期目标、中期目标、中长期目标、短期目标、中短期目标、具体活动目标和当前目标。在这种分类方式中，公共事业管理目标的实施时间越长，目标越抽象笼统，实施时间越短，目标越具体可操作。公共事业管理活动的重要工作之一就是将长期目标具体化，变成实际可操作、可评估的行为。

公共事业管理的长期目标指需要花很长时间才能实现的目标，通常长达十年或更长。长期目标是比较抽象和笼统的目标，是对公共事业的整体趋势、方向和发展的全面规划和定向，也是组织未来发展的战略基础。

公共事业管理的中期目标是指在较长一段时间内实现的目标，通常为五年左右。中期目标是在公共事业管理的长期目标的基础上，将长期目标分解、细化和执行的目标。中期目标通常不能完全涵盖公共事业管理长期目标的全部内容，但可以在一个或几个方面实现长期目标或者为实现长期目标提供良好的基础和准备。

公共事业管理的中长期目标指在较长时间内实现的目标，处于长期目标和中期目标之间。

公共事业管理的短期目标是指在相对较短的时间内实现的目标，通常以一年为限，因而公共事业管理的短期目标也可成为年度目标。短期目标通常是中期目标的子目标，是对管理效率和效果的直接衡量，具有比较强的可操作性，比如规定本年度开展哪些具体的项目、完成哪些具体的任务、达成哪些具体的指标等。

公共事业管理的中短期目标是指在较短时间内实现的目标，介于短期目标和中期目标之间。

公共事业管理的具体活动目标也可称为操作目标，是指具体的、可操作的活动目标，往往具体到某一次活动所计划实现的预期目标。

公共事业管理的当前目标是介于短期目标和具体活动目标之间的目标，主要根据当前的工作重点来确定。实施期限通常为一个月或一个季度，也有以半年为限的。当前目标是紧急的工作计划，能迅速转化为实际执行的结果。实现当前目标的必要过程是将目标快速分解为具体活动目标并及时实施。

2. 以性质为标准进行划分。

根据实施性质的不同，公共事业管理目标可划分为定性目标和定量目标。

公共事业管理的定性目标是指无法或不需要用数字表示的，只能通过非量化指标和描述目标状态的语言从性质上说明管理活动应达到的基本要求的目标。定性目标重点在于阐述"质"，如长期目标、中长期目标等，以及一些具体目标中难以量化的部分，例如公共服务质量提高目标和管理人员服务态度目标等。

定量目标是使用量化指标来评估公共事业管理目标的绩效和进度的目标，其通常是基于经济和社会发展水平来制订的。公共事业管理的定量目标借助量化指标体现出公共事业管理活动的基本特征和要求。在公共事业管理中，定量目标占有相当大的比重。定量目标通过量化的方式来描述各种短期、具体和当前的公共事业管理目标，以及有关公共事业管理合格率、公共物品和服务数量、公共物品质量等的专门指标。

3. 以层次为标准进行划分。

根据层次的不同，公共事业管理目标可划分为高层目标、中层目标和基层目标。

公共事业管理的高层目标通常是与核心价值和长远发展规划相关的目标，具有战略性、综合性和前瞻性。在现代公共事业管理中，政府是核心的决策层，因此高层目标通常是政府的公共事业管理目标。高层目标通常涉及范围广，波及时间长，有长期的战略意义。

公共事业管理的中层目标常由高层目标分解而来，与具体战略任务和具体业务相关。中层目标具有指导性、协调性和一定的经营性。与高层目标相比，中层目标的范围更为具体和有限，变化幅度相对较小，时间周期相对较短。中层目标的制订需要充分考虑高层目标的要求和基层部门的实际情况。中层目标的范围、内容和规模通常比高层目标明确、具体，中层目标更加精细和可操作。对于实现公共事业管理的整体目标，用中层目标做分解是一个非常关键的步骤。指标体系的合理设计和具有可操作性的绩效目标的确定是分解的必要前提。

公共事业管理的基层目标是在公共事业管理中，基于高层目标和中层目标而制订的具体、可行、基础的目标。基层目标通常为短期目标，指向具体业务，这些目标可直接将高层目标分解为数值化目标和具体任务。与高层目标和中层目标相比，基层目标更加具体、实际，强调的是对日常运营管理工作的支持和指导。

4. 以内容为标准进行划分。

根据内容的不同，公共事业管理目标可划分为一般管理目标、具体工作目标和领导工作管理目标。

公共事业管理的一般管理目标是针对公共事业管理过程中不同要素制订的具体管理目标。公共事业管理的要素有人、物、财、时间和信息等，因此对应的管理目标有人员管理目标、资产管理目标、财务管理目标、时间管理目标和信息管理目标等。一般管理目标是公共事业管理目标的核心和基础。对于不同的管理要素，需要制订不同的管理目标和实施计划，以达到每个要素的最大利用度和最优化。人员管理目标是为了更好地管理和利用人的能力和才华；资产管理目标通常是保证公共事业的设施、建筑和设备得到持续的、高效的管理；财务管理目标通常是制定合理的经费预算、保证经费的有效使用、增加预算收入等；时间管理目标重点是提高工作效率和工作质量；信息管理目标通常是保护公共信息、加强信息的管理和传递、推动信息化工作等。

公共事业管理中的具体工作目标是指在特定的时间和空间范围内，某一类或某项特定工作应该实现的预期目标。这些目标通常与公共事业管理的不同领域或不同职能有关。例如，教育管理、医疗卫生管理、文化管理、体育事业管理等领域各自有不同的具体目标。制订和实施具体工作目标需要考虑多种因素，如时间限制、资源配备、制度规定等。在达成具体工作目标的过程中，需要进行组织内资源的整合，同时将目标转化为能够开展的具体行动计划，监测具体工作的完成情况，根据实际情况进行目标调整和反馈。

公共事业管理的领导工作管理目标是指公共事业管理机构的领导层为实现组织目标而设立的具体目标。这些目标通常包括公共事业管理领导班子结构的合理化、公共事业管理系统的建立和健全、公共事业管理工作的科学化和民主化、公共事业管理领导人员的素质培养和提高等。领导工作管理目标的实现对于组织的发展具有重要意义，对人员齐心协力和有效执行组织目标至关重要。设定和实施领导工作管理目标可以使不同领域和不同职能的部门以追求共同目标为导向开展工作。实现领导工作管理目标需要领导层根据实际情况制订特定的行动计划，以符合组织发展需要，实现资源最优化配置。在实现目标的过程中，领导层需要把握好时机，充分利用机会，同时要更加关注细节问题，以确保目标实现。

（二）公共事业管理目标的作用

公共事业管理目标的作用主要体现为：导向作用、激励作用、控制作用、协调作用。

1. 导向作用。

公共事业管理目标的导向作用是指公共事业管理目标能够引导公共事业管理活动沿着预设的方向前进。这种导向作用的内在机制在于，公共事业管理目标能够引导公共事业管理人员将目标转化为具体的行动，使管理流程变得更为明确、有序和规范，使管理者能够更好地制订规划、分配资源及布置管理活动。

2. 激励作用。

公共事业管理目标的激励作用是指其具有驱动管理者和被管理者内在积极性的功

能，使他们更好地完成工作任务。公共事业管理目标可以成为激励管理者和被管理者在工作、生活中超越自我的重要驱动力，从而推动管理过程的顺利实施。公共事业管理目标的设定可以激发管理者和被管理者的工作激情，提升他们的工作热情，积极开拓进取，在工作过程中付出更多努力。

3. 控制作用。

公共事业管理目标具有控制作用，即其可以有意识地和有针对性地影响被管理者的行为。公共事业管理目标的设定可以帮助管理者有效控制管理过程。在目标实现过程中，管理者可以分解目标为多个具体的工作任务，引导被管理者逐步实施。通过持续地测算和监测工作绩效，及时识别问题和疏通关键环节，进一步优化管理流程，从而确保整个公共事业管理过程中的行为与预期相一致。

4. 协调作用。

公共事业管理目标的协调作用是指公共事业管理目标能够实现公共事业管理主体系统中公共组织之间、组织内部人员之间以及公共管理机构与整体社会之间的协调关系。公共事业管理目标的制订旨在实现组织整体目标，对各个管理领域展开协调沟通，合理配置资源。在实现一系列公共事业管理目标的过程中，可透过各目标之间的相互联系，确保它们被有序合理地实现。

📖 本章思考题

1. 简述公共事业管理的核心原则，以及它们如何影响管理过程。

2. 分析公共事业管理目标在实践中的重要性体现在哪些方面。

3. 阐述在制订和实现公共事业管理目标的过程中，如何协调相关利益方的利益关系。

4. 试述管理者如何判断何时需要修改或重新制订公共事业管理目标。

📖 案例分析 4-1

晒在政府大院里的粮食

政府大院，几乎每个地方都有；敞开大门的政府大院，近年来也越来越多。然而，敞开大门，把政府楼前整片空地都腾出来给农民晒麦子的政府大院，恐怕并不多见。近日，河南、山东等省份的多个县市纷纷开放政府大院等公共场所，向正处于"三夏"

抢收时节的农民提供晒粮服务，以此保障小麦"轻装"入囤。

据澎湃新闻等媒体报道，在河南安阳、山东德州等地，被临时用作粮食晒场的，除了政府大院，还包括村级组织活动场所、文化广场、党群服务中心等。在一段广为流传的视频中，河南安阳滑县瓦岗寨乡政府在大院门口最醒目的地方挂起了"院内可以晒粮"的横幅，并对内要求"停的车全挪走"。向院内望去，满地的麦粒仿佛一片金色的海洋，把石碑上"为人民服务"5个大字衬得格外鲜红，也生动诠释了"服务型政府"的题中应有之义。

提起政府职能，许多人脑海中首先浮现的，可能是一个"管"字。对政府而言，对各方面公共事务加以统筹并展开管理，当然是其最基本的职能，人民通过民主程序授予政府一系列行政权力，也正是为了让政府能有效管理社会。然而，正如写在各级政府机关门口的那5个大字所言，政府行使管理职能，归根结底是为了服务人民。要有力维护社会秩序，确保社会稳定，当然需要政府令行禁止，做好"管"的工作。而在管理之外，强化服务理念与服务意识，主动为人民群众提供贴心服务，想方设法满足民生与社会发展需要，同样是政府的重要职责。

事实上，政府大院不仅可以让农民进来晒粮食，也可以用来举办文化活动、给游客和市民免费停车。这些用途并不是笔者想象出来的，而是一些地方的政府在实践中已经尝试过的。从社会反馈上看，推出这类举措的地方政府，都得到了强烈好评，说明政府大院开放好处多多。当然，各地政府还需结合工作需要与实际情况，决定政府大院要不要开放、以何种用途开放，但其背后的指导思想是一致的，那就是全心全意为人民服务。（案例来源于杨鑫宇：《晒在政府大院里的粮食 为服务型政府写下注脚》，https://baijiahao.baidu.com/s?id=1768629974429340413&wfr=spider&for=pc。）

📖 案例分析 4-2

衢州市医疗保障事业管理中心：打造优质公共服务标杆

衢州市医疗保障事业管理中心于2022年9月荣获"人民满意的公务员集体"称号。为深入贯彻落实"最多跑一次"和数字化改革工作要求，衢州市医疗保障事业管理中心从2019年7月开始针对百姓就医报销跑腿多、多部门跑、手续烦、经济负担重等痛点堵点，创新整合工会、残联、退役军人事务局等部门职能，在全国率先上线医疗费用"3＋N"一站式结算平台，实现医疗费用报销"零材料""零跑腿""零等待""零垫付"。截至2021年底，共结算3600余万人次，涉及基金、资金支出96.77亿元，减少群众报销（补助）跑腿 70 余万次，减少提交材料 200 多万份。该做法得到"放管服"改革专刊宣传推荐，并入选浙江省公共服务优质共享典型案例。

2021 年，衢州市医疗保障事业管理中心牵头制定的《浙江省医疗救助服务规范》和《浙江省医疗保障数字化经办服务规范》，分别是全省医保领域首个省级地方标准和首个数字化标准。衢州医保服务标准上升为省级标准，实现参停保、零星报销等群众高频办理事项"提速快办"，平均办结时长不超过 3 分钟。

为维护群众切身利益，确保医疗保障制度健康持续发展，衢州在全国率先建成智能监控、智能审核、智能风控"三智融合"医保云管家平台，将基金支付管控从"事后"延伸到"事中""事前"，将医保管理由"出纳"转变为"经理"。2021 年 8 月，该平台在国家医保智能监控示范点终期评估时获评"优秀"。

衢州市医疗保障事业管理中心主任方燕琴说，最大的目标是让百姓不用再来窗口，各种关心的事项都实现主动服务，让优质公共服务惠及每个参保人员。（案例来源于胡宗仁：《打造优质公共服务标杆——记浙江省"人民满意的公务员集体"市医疗保障事业管理中心》，《衢州日报》2022 年 9 月 27 日第 2 版。）

第五章 公共事业管理的方法与技术

学习目标

掌握公共事业管理方法的概念及类型，了解刚性方法的主要形式和柔性方法的主要形式；掌握公共事业管理技术的概念及类型，了解目标管理、绩效评估和项目管理的主要手段。

学习重点

1. 公共事业管理的基本方法。
2. 公共事业管理的基本技术。

第一节 公共事业管理的方法

一、公共事业管理方法概述

公共事业管理作为管理科学的一部分，同样需要遵循管理学的一般规律，诸如管理中的计划、组织、领导和控制等基本职能也同样适用于公共事业管理，成为公共事业管理的基本方法和手段。同时，作为管理学的一个分支，公共事业管理如何结合自身的具体情况，选择科学、合理的管理方法和手段，是公共事业管理必须面对的重要问题。

随着信息化技术的迅猛发展，公共事业管理的方法和内涵已经发生了深刻变化，变得更加丰富多样。公共事业管理的方法，是公共事业管理者行使公共事业管理职能、实现管理目标的手段与途径的总称，是将公共事业管理者的管理行为有效地传导到管理对象处，以实现特定管理目标的各种中介环节的总和。

二、公共事业管理方法的类型

从当前情况来看，公共事业管理方法形式多样，传统的方法主要有行政管理的方法、法律的方法、经济的方法等。根据不同的分类方法，可以对公共事业管理的方法进行划分。一般而言，主要根据是否采用强制性手段，将公共事业管理方法分为刚性管理方法和柔性管理方法。

（一）刚性管理

所谓刚性管理，是指公共事业管理机构凭借其特定的权力，对公共事业管理对象实施强制性管理手段。企业中的刚性管理以规章制度为中心，凭借制度约束、纪律监督、奖惩规则等手段对企业员工进行管理，其典型就是 20 世纪通行的泰勒管理模式。同样，这样的刚性管理方法也可以应用到公共事业管理中。公共事业管理的刚性管理方法集中体现为法律方法、行政方法和经济方法三种形式。

1. 法律方法。

改革开放以来，全国人大于 1982 年修改了宪法，此后于 1988 年、1993 年、1999 年、2004 年、2018 年进行了 5 次修正。以宪法为核心的法律体系框架已经建成，社会生活的各个主要方面基本实现了有法可依。

公共事业管理的法律方法，指的是公共事业管理主体根据公众的根本利益及其对公共事业发展的需要，通过立法的形式，运用有关公共事业的法律法规来明确公共事业管理领域的行动规范，调整公共事业领域内各活动主体间围绕公共服务所产生的公共关系，处理公共矛盾，解决公共问题，惩办违法行为，维护公共事业活动的基本秩序和关系。

在现代公共事业管理活动中，要加强法律管理，需要在健全有关公共事业活动的法律法规体系和加强有关公共事业活动的执法力度上下功夫。第一，建立健全有关公共事业管理活动的法律法规体系。可以从公共事业管理主体和客体两方面来进一步强化和完善。第二，需要进一步强化有关公共事业管理活动的执法力度。根据公共事业管理的管理组织、管理目标、管理程序、管理方式、违章行为、处罚标准等方面的法律规定，明确公共事业管理机构（包括政府组织、非政府组织和事业单位等）和个人哪些事情可以做，哪些事情不可以做，有什么后果，需要负什么样的法律责任，从而强化执法力度和效果。

公共事业管理的法律方法具有普遍的约束性、严格的强制性、明确的规范性和相对的稳定性等特点。

（1）约束性。

有关公共事业活动的法律法规都是由国家制定的，是国家意志的体现，要求所有公共事业活动的参与者都必须严格遵守，依法执行，具有普遍的约束力。

（2）强制性。

有关公共事业活动的法律法规一经制定，便根据其强制性，要求所有公共事业活动的参与者不管主观上愿意与否，都必须遵行，不得违背，否则会受到法律的制裁。

（3）规范性。

有关公共事业活动的法律法规都是用严格规范的语言准确阐释，而且对条文的解释权都有明确的规定。它规定了公共事业活动参与者应有的权利和义务，即规定了公共事业活动参与者在一定条件下可以做什么、不可以做什么。

（4）稳定性。

公共事业管理的法律法规所调整的对象大多数是抽象的一般的人，有关规定在相同情况下可以反复运用，其是对最一般、最普遍的问题做出的规范。

对公共事业管理的法律法规的制定须慎重，必须经过一定的立法程序，一经确立颁布，就能在较长时间内保持不变，具有稳定性。

2. 行政方法。

公共事业管理的行政方法指的是通过运用行政命令（利用公共机构相互间的行政隶属关系和管理权限）和公共政策，按照行政方式来组织、指挥、调控和监督，对公共事业活动进行直接干预和控制的一种方法。主要表现为：通过制定不包括法律在内的公共政策来对公共事业活动进行管理；通过行政监督来督促公共事业领域内的活动者执行国家的方针、政策；运用行政方法对公共事业活动中的违法违章行为进行查处；等等。行政方法是传统的社会事务管理方法，一般具有强制性、直接性和时效性的特点。

（1）强制性。

强制性有时候也称为权威性。行政方法是通过国家赋予的权力，发布一定的规范性文件来实现国家对公共事业的管理，是建立在行政权力基础之上的。上级组织和部门发出的指令、指示、规定和要求，下级组织都必须认真执行。如果下级组织随心所欲，阳奉阴违，敷衍了事，上级组织有权追究其责任。相较于法律方法，公共管理中行政管理方法的强制性相对弱一些。

（2）直接性。

行政方法借助行政权威和行政服从，直接告诉人们允许做什么、不允许做什么。行政方法按照行政系统、行政层次、行政区划的上下级隶属关系来实施，不需要与被管理者协商，即可做出决定，因而存在直接性。这有利于迅速解决问题，提高工作效率。

（3）时效性。

行政方法在实施的具体方式上是因时间、地点、条件和对象的变化而变化的。因此，如果对象和时间变化，具体的实施方式也必须随之改变。

3. 经济方法。

公共事业管理的经济方法，是国家利用一定的经济手段影响公共事业活动参与者的经济利益，保证公共事业管理的发展按照国家意志进行的一种管理方法。经济管理方法可以分为宏观层面的管理方法和微观层面的管理方法。从宏观上看，经济方法是指政府或组织运用经济政策和计划，通过对经济利益进行调整而影响和调节组织内部经济活动的措施，主要包括利用价格、税收、信贷、财政调节来进行公共事业活动的管理。在微观层面，主要是利用物质奖惩手段，鼓励或禁止公众活动来达成管理。

经济方法一般具有间接性、诱导性和灵活性的特点。

（1）间接性。

经济方法的间接性是指公共事业活动的管理并不是通过对管理对象直接下达命令来实现的，而是通过诸如经济的杠杆作用，经过迂回的过程来达到管理和调节的目的的。

（2）诱导性。

公共管理主体通过经济杠杆的作用来刺激或诱导公共管理机构和参与公共事业活动的组织，以达到鼓励公众从事某些活动或禁止公众从事某些活动的目的。

（3）灵活性。

经济方法必须随着社会经济形势和市场的变化做出相应的调整，以此来实现国家或公共管理主体对社会经济的干预。同一经济杠杆对不同对象具有不同的诱导力，从而也就具有不同的管理效果。

图5-1展现了刚性管理方法是由法律方法、行政方法和经济方法组成的。

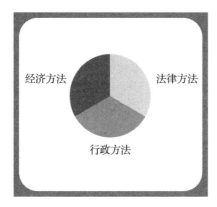

图5-1　刚性管理方法

（二）柔性管理

所谓柔性管理，主要是公共事业管理机构和管理人员采用信息传播、解释、劝说等方式来进行管理。公共事业管理与公众生活和公共利益密切相关，是为公众提供公共服务的一种管理形式，事关人民群众的共同利益，需要民众共同参与。相比于刚性管理方法，柔性管理方法有时候反而能更好地建立起人与人之间的理解和信任。随着民主化进程的不断发展和深化，人们对社会事务认识的加深，以及政府对社会管理方式的改变，柔性管理方法在公共管理过程中的作用也日益显现。

从宏观层面上看，柔性管理是一种兼顾"稳定"和"变化"的新型管理模式。

1. 柔性管理兴起的背景。

知识经济提高了人的创造力和思维能力，激活员工的隐性知识成为推动组织管理的重要手段；新的技术手段打破传统部门严格分工的界限，实现了职能的重新组合，提供"人尽其才"的机制和环境。

2. 柔性管理的特征。

柔性管理的最大特点在于它主要不是依靠外力，而是强调"以人为本"的管理思想。内在重于外在，身教重于言教，肯定重于否定，激励重于控制，务实重于务虚。管理者更加看重的是员工的积极性和创造性，更加看重的是员工的主动精神和自我约束。柔性管理主要体现管理决策的柔性化和奖惩机制的柔性化。

3. 柔性管理的具体方法。

在现代公共事业管理中，经常使用的柔性管理方法主要有传播方法、情感方法和心理方法等。

（1）传播方法。

传播是一种双向的信息交流与分享，是人与人之间为了共享信息、建立共同意识以及协调行动而进行的信息交流活动，是个人间、群体间或群体与个人间交换及传递新闻、意见、感情的过程。公共事业管理的传播方法，指公共事业管理主体通过与公众的双向信息交流而建立起相互信任、相互理解的关系，以便于达到预期管理目标。

（2）情感方法。

情感是与人的社会性需要相联系的，是对客观事物的态度体验，它表现和渗透在人类生活的各个领域。公共事业管理的情感方法，是利用人的情感因素来达成公共事业管理目的的方法。常见的情感方法包括舆论宣传和选树典型等。

（3）心理方法。

公共事业管理的心理方法指的是借助心理因素的影响来达到公共事业管理目标的管理方法。一般而言，心理因素涉及公众的个体心理和社会心理两个方面。公众的个体心理包括特定的认识、情感、意志等，是公众个体较为稳定的心理现象和内部构成；公众的社会心理是指一个社会在历史发展过程中所形成的由该社会成员共有的对社会生活所具有的一种不系统、不定型和自发的认知形式，主要包括传统思想、社会时尚、心理习惯和行为方式等。作为一种潜在的公众价值取向和特定的社会文化因素，社会心理对社会成员的思想和行为都有着非常重要的影响。

图 5-2 展现了柔性管理方法是由传播方法、情感方法、心理方法组成的。

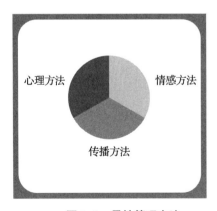

图5-2　柔性管理方法

（三）刚性管理方法与柔性管理方法之比较

刚性管理方法与柔性管理方法是两种不同的管理方式，在基础和适用对象等方面存在着一些差别。

1. 基础不同。

刚性管理的基础是组织权威，它所依靠的主要是组织制度和职责权力。管理者的作用主要在于命令、监督与控制。而柔性管理的基础则是管理对象对管理行为规范、规章制度的认知、理解与内化，它所依靠的是组织的共同价值观和心理文化氛围。管理者的作用主要在于启发、引导和支持。

2. 适用对象不同。

刚性管理适用于主要追求低层次需求满足的管理对象，适用于对创造性要求较低的、衡量标准容易量化的工作。而当管理对象的低层次需求基本得到满足，高层次需求成为优势动机，工作标准不易量化且对创新要求较高时，员工往往欢迎柔性管理以获得更多的自治责任和能够发挥个人创造性的机会。

总的来说，柔性管理与刚性管理各有优缺点，简单地评价孰优孰劣是毫无意义的，在实际工作中两者是相互影响、相互渗透的。刚性管理是管理工作的前提和基础，完全没有规章制度约束的组织必然是无序的、混乱的，柔性管理也必然丧失其立足点。一个组织是以刚性管理为主，还是以柔性管理为主，完全取决于管理对象的素质、工作的性质及组织的文化传统。同时，两种管理方法也不是完全对立的。在很多情境之下，刚性方法和柔性方法可以结合使用，也可以刚性方法为主、柔性方法为辅，还可以柔性方法为主、刚性方法为辅。究竟采用哪种手段或方法，应该根据公共事业管理的实际情况，结合公共问题和对象的性质、特点等来确定。

第二节　公共事业管理的技术

一、公共事业管理技术概述

技术和方法既有联系，又有区别。方法和技术是一个不可分割的有机整体，两者紧密相连，共同为达到解决问题的目的服务。方法是战略层面的，是为了解决问题而选择的一种途径，是方向和道路；技术是执行层面的，是在方法确定后所采用的具体措施，是落实和实施。公共事业管理技术包括为了实现公共事业管理活动目的所进行的计划、组织、控制、协调、预测、决策等工作。公共事业管理主要通过目标管理、绩效评估和项目管理等技术手段来实现管理目标。

二、公共事业管理技术的类型

根据公共事业管理的基本要求，可以将公共事业管理的技术手段分为目标管理、绩效管理、项目管理等。

（一）目标管理

管理学家曾经做过一次著名的"摸高试验"。他们把 20 个学生平均分成 2 组进行摸高比赛，看哪一组摸得更高。第 1 组 10 个学生，不规定任何目标，由他们自己随意决定摸高的高度；第 2 组则规定每个人首先制订一个标准，比如要摸到 1.70 米或 1.80 米。试验结束后，把两组的成绩全部统计出来进行对比，结果发现制订目标的第 2 组的平均成绩要明显高于没有制订目标的第 1 组。摸高试验证明了一个道理：目标对于激发人的潜力有很大作用。

"目标管理"的概念是管理学专家彼得·德鲁克于 1954 年在其名著《管理的实践》中最先提出的。德鲁克认为，目标最大的作用是设置目标的人，会为了实现目标而自觉自愿地发挥自己的最大努力，所以，应该将由员工为自己设置目标作为管理的手段。目标是管理的基础，构成了整个管理活动的方向和评价标准。所谓目标管理，是指通过目标设置、实施和评价等活动来管理组织的一种方法，目标管理实质上是一种面向成果的管理，它对人们提出的要求并不在于工作本身，而在于工作的成果，"一切为了成果"是目标管理最为响亮的口号。

目标管理是以目标的设置和分解、目标的实施及完成情况的检查、奖惩为手段，通过管理对象的自我管理来实现组织整体目标的一种管理方法。虽然目标管理的具体形式多种多样，但其基本内容是一样的。目标管理的心理学基础是目标对激发人的潜力有很强的心理暗示作用。目标可以起到引导、激励和考核的作用。第一，目标可以为管理者指明管理工作的方向，可以为组织成员指明工作努力的方向，起到引导作用。第二，明确的组织目标能够起到良好的激励效果，能够激励组织成员为个人和群体奋斗。第三，相比于其他绩效考核标准，目标考核的标准应该更科学且更易操作。

1. 目标管理的内容。

（1）明确目标。目标管理的首要要求就是确立明确的目标。具体而言，目标需要简明扼要，有着非常明确的定量规定，便于度量和监测，而且要具体，具有可操作性。

（2）参与决策。传统的目标制订一般都是自上而下的，由组织管理者直接制订，然后分解下达到组织的各个部门。而目标管理中的目标制订方法一般要求用多方参与的方式来确定目标，即通过上级组织与下级组织共同参与决策来确定各层级的目标，通过管理者与组织成员的上下沟通协商，逐级制订出整体组织目标、单位组织目标、部门目标和个人目标。

（3）规定时限。在明确的目标基础上，需要强调目标达成的时间期限，每一个目标都应该有明确的时间规定，如三个月、半年、一年甚至更长。有着规定的时限，对于管理者和组织成员来说，既是动力也是压力，会促使他们朝着目标努力，争取按期达成目标。

（4）成果评价。对目标的完成情况进行评价。成果评价应该具体化，对各个阶段性任务进行检测和反馈。通过及时给予组织各部门及其成员关于目标实现程度的反馈，及时了解工作的进展，最终如期完成预期目标。

2. 目标管理的过程。

完整的目标管理过程一般包括目标设置、组织实施、总结评估几个阶段。

（1）目标设置。

实行目标管理，首先需要建立一套完整的目标体系。第一，需要建立组织的总体目标，要求从组织最高管理部门开始设定。第二，逐级向下分解目标，如组织的各构成单位和部门目标，部门所有成员的个人目标等。如图 5-3 所示。

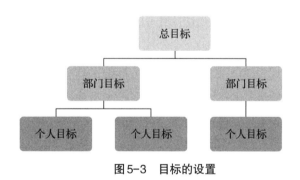

图5-3 目标的设置

（2）组织实施。

在设定好各级各类目标后，需要分解目标，明确责任，强化落实。将组织目标分解到具体的单位和责任人便于目标的落实。管理者需要指导、协助、提出问题、提供信息和为组织员工提供更好的条件，同时需要适当放权，让组织成员通过自我控制来实现组织目标。

目标的分解与实施过程如图 5-4 所示。

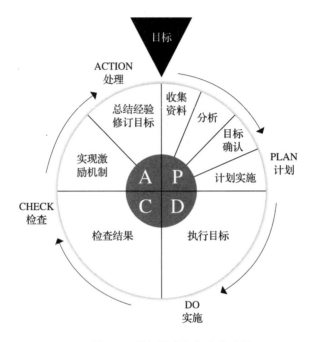

图5-4　目标的分解与实施过程

（3）总结评估。

依据各级指标，根据完成情况，进行总结评估。采用自我检查、相互检查、专门部门检查等形式了解目标的进展和完成情况，并将结果及时反馈给组织成员，既可以激励先进成员，还可以鞭策未按时完成目标的成员，促使他们适时调整和改进自己的行为。当达到预定的期限后，下级组织或成员需要进行自我评估，然后向上级提交报告，最后上下级一起考核目标完成情况。通过考核评估，对高质量完成目标者进行奖励，对未能完成目标者进行批评和处罚，从而使目标管理朝着新的阶段快速前进。

总体而言，目标管理的过程有助于把握进度，为目标的实现提供保证；过程管理意味着过程中的质量控制，可以帮助避免大的损失；考核指标及时反映过程的要求，使组织成员更加重视过程，并做出符合组织长远发展的行为，避免短视行为和偏离组织发展方向的行为。但在管理过程中也要做到人性化管理，注重对人力资源的开发。

3. 目标管理的优缺点。

每一种管理技术都具有双重性，既有其自身较为独特的优势，也有一些缺点或局限性。

（1）优点。

具体而言，目标管理和其他管理技术相比具有以下几方面的优点。

第一，可以提高组织管理效率，实现有效管理。相对其他管理技术而言，目标管理在推进工作进度和实现组织战略目标方面有着一定的优势。目标管理这种结果式管理方式能够促使组织的每个部门和每名成员将完成目标作为工作使命。而这些部门和成员目标的实现也意味着组织总目标的达成。

第二，有助于强化组织成员的自我管理意识，激励组织成员达到组织对他们的期望目标。目标管理也是一种自我管理，实现目标的过程，其实就是引导组织成员进行自我管理的过程。由于组织成员参与了目标的制订，并对目标做出了承诺，因此，他们不只是被动地执行上级管理部门发布的指示，而是成了有明确工作使命的主动工作者，在这样的管理方式下，他们的自我管理意识会得到较大的提升。同时，当目标成为组织的每个部门和每名成员的追求，且目标实现的可能性较大时，激励作用会被更好地发挥。

第三，有助于组织成员对自己的工作任务做到心中有数。目标管理可以使组织的各级主管和成员对组织的总目标、组织的结构体系、组织内部的分工与合作、成员的各自任务都有非常明确的认识，这样清晰的任务界定可以有效避免组织内部人浮于事、沟通困难。

（2）缺点。

目标管理的局限性主要表现在目标难确定、目标短期化、缺乏灵活性等方面。

第一，目标难确定。组织实际上等同于一个产出联合体，有时候很难界定每个成员贡献的大小，因此如果用具体量化的目标来确定就比较困难。一般而言，一个组织的目标可能更适合被定性地描述出来。

第二，目标短期化。通常情况下，目标管理所使用的目标都是短期目标，如三个月或更短期的目标，或者是年度目标，超过一年的目标虽然也有，但并不常见。由于短期目标过于重视短期效益，可能不利于组织的长远发展。为了组织的长远发展，管理者还是需要从战略的高度来制订长期目标，以便在总目标的指导下，制订出更适合组织发展的各级各类目标。

第三，目标修正缺乏灵活性。目标一旦制订，往往不能轻易改变，需要确保稳定性。但公共事业管理其实也是一个动态的过程，各种不确定因素层出不穷，管理环境也会随着形势的发展而发生变化，在这样的背景下，稳定的目标反而可能成为影响管理绩效的障碍。受目标管理的约束，很多管理者不愿意对原有目标做出修正，这可能会对公共事业管理工作造成不利影响。

（二）绩效管理

绩效是指构成员工职位的任务被完成的程度，它反映了员工能在多大程度上实现职位要求。绩效管理，是指各级管理者和员工为了达到组织目标，共同参与的绩效计划制订、绩效辅导沟通、绩效考核评价、绩效结果应用、绩效目标提升的持续循环过程，绩效管理的目的是持续提升个人、部门和组织的绩效。绩效管理又称绩效考评、绩效评价、员工考核，是一种正式的员工管理与评估方法，也是公共事业管理中一项重要的基础性工作，其旨在通过科学的方法、原理来评定和测量管理对象在职务上的工作行为和工作效果。

1. 公共事业绩效管理的基本内涵。

公共事业管理主体属于公共部门，因此，公共事业绩效管理一直被视为公共部门绩效管理。公共部门绩效管理是 20 世纪七八十年代以后在公共组织管理改革的实践中形成的。公共部门绩效管理是一个检查评估是否达到目标的完整系统过程，可以将其分为绩效目标的确立与分解、绩效目标的实施、绩效目标的评估等环节。首先，根据相关绩效信息和公共服务的要求，依据一定的指标和方法，将组织目标转化成可测量的绩效目标或指标；其次，分解上述绩效目标或指标；再次，进行管理绩效目标的实施工作；最后，在绩效管理实施过程中和结束后对是否达到绩效目标进行评估。从功能活动的角度看，公共部门绩效管理基本上由绩效评估、绩效衡量和绩效追踪三方面活动组成。

2. 公共事业绩效管理的价值。

绩效管理对于公共事业管理而言具有十分重要的意义，主要因为绩效管理既是公共事业管理部门提高绩效的重要管理工具，又是科学的评估工具。

第一，绩效管理是提高公共事业管理绩效的重要管理工具。绩效管理作为一个管理工具，最重要的是在公共部门的管理中引入效益机制，切合公共部门管理的基本需要。绩效管理凸显了"结果导向"，绩效管理的效果必须以公共物品的数量和质量能否满足公众的需求来衡量，并根据结果来组织、落实和协调管理，从而为减少或克服以往管理的种种弊端开辟一条路径。同时，绩效管理又明确了责任机制，在管理人员的责任落实、资源的优化配置及整个组织系统协调等方面，为提高绩效提供了可能。

第二，绩效管理是公共事业管理的科学的评估工具。确定科学的、可量化的指标进行管理目标分解和评估是绩效管理的基本方式。作为一个评估工具，绩效管理为科学地评估公共事业管理部门的内部管理水平提供了可能。随着时代的发展，公众要求公共组织对公共事业产品的生产和提供的总体框架构成负责，并希望公共组织在关于公共事业产品生产和提供的公共政策制定是合理的、公共支出必须获得公众同意并按正当的程序支出、资源的配置是有效率的、资源必须使用在预定的项目上等方面，承担起相应的责任。显然，绩效管理在公共事业管理部门中的应用，也同时为公众从组织外部正确地认识和评价公共事业管理的结果提供了可能，并在相当程度上成为公众对公共事业管理部门进行监督、促进公共事业管理部门提高绩效的有效工具。

3. 绩效管理在公共事业管理中的应用。

在公共事业管理中，绩效理念的树立和绩效管理的形成是社会发展的迫切要求。

随着公共物品理论尤其是其中的准公共物品理论的形成和发展，人们对公共事业管理规律的认识也更加深入；随着公共事业管理社会化改革的推行，以新型的公共事业产品的生产和提供方式为基础，以政府为核心，包括非政府组织等在内的多元管理主体系统开始逐步形成，绩效管理也随之成为必需品。

4. 公共事业绩效管理的优势与局限。

实践证明，绩效管理能够被成功地实践，能够被用来改进决策制订，提高绩效和增强管理对象的责任感。但同时，绩效管理也存在一些问题，如：绩效评估系统的形成需要花费大量的时间和精力；绩效评估的目的之一是为决策提供客观的、以绩效为导向的信息，但在更低的管理层面，相应措施可能被忽视或难以实际应用；绩效评估系统运行过程的风险容易被忽视；等等。

（三）项目管理

项目是必须在限定的资源及限定的时间内完成的一次性任务，具体可以是一项工程、服务、研究课题及活动等。与项目概念相对应，项目管理是在一个确定的时间范围内，为了完成一个既定的目标，通过特殊形式的临时性组织运行机制，通过项目经理和项目组织的努力，运用系统理论和相应的方法，对项目及其资源进行有效的计划、组织、领导与控制，充分利用既定有限资源的一种系统管理技术，旨在实现项目特定目标。简单地说，项目管理就是针对工作整合知识、技能、工具、方法的一系列管理手段，是运用管理的知识、工具、技术于项目活动中，来解决问题或满足需求。它有一个明确的目标或目的：必须在特定的时间、资源内，依据规范完成。

将项目管理理念引入公共事业管理领域，可以为公共事业从硬性管理向服务式管理转变提供一种可借鉴的技术方法，使公共事业管理从以政府管理为主朝着以政府和企业等的共同管理为主转变。

1. 项目管理的流程。

项目管理在公共事业领域的发展和运作一般需要经历项目立项与启动、项目计划与实施控制、项目绩效评价与验收、项目维护和项目经营等流程，每个阶段的流程均有其特定的内容和需解决的问题。

（1）项目立项与启动阶段。为顺利开展公共事业管理，项目正式立项后，即进入启动阶段。主要工作是建立项目管理组织以开展项目的管理工作，解决项目管理组织的构建问题。主要包括建立项目领导小组、建立项目管理小组和建立项目工作小组三个阶段。

（2）项目计划与实施控制阶段。这一阶段主要包括项目计划阶段和项目实施控制阶段两部分。项目计划阶段的工作是根据公共事业管理项目的具体目标和要求，制订一个完整、系统的项目进度计划，以保证公共事业项目的顺利完成。项目实施控制阶段的工作是追踪公共事业项目的进展情况，根据项目计划要求提出具体的改进对策，发挥诊断、分析和调整的功能。将实际进展和计划进度相比较，监控项目工作的各类情况，以便在出现偏差时及时采取相应的应对措施。

（3）项目绩效评价与验收阶段。这一阶段的主要工作任务是交付项目，包括项目的验收、工作质量的评估，以及项目成功或失败原因的分析等，以便确定今后公共事业管理的内容。

（4）项目维护和项目经营阶段。这一阶段的内容是项目业主委托项目管理组织维护和经营项目，在这个过程中，需要建立相对稳定的管理队伍，必要时政府要进行跟踪检查或加入管理队伍。

2. 项目管理的特性。

（1）目标性。项目管理需要有确定的目标，需要在规定时间内完成可以交付的成果。项目最终需要以提供某种产品或服务的形式来产出。

（2）临时性。每个项目都有明确的开始和结束时间。项目实施后，当目的已经达到、成果可以交付完成时，该项目也就到达了它的终点，这就是项目的临时性。但这个"临时"并不意味着时间一定很短，项目时间的长短往往是根据项目的具体情况来决定的。

（3）独特性。每个项目都是独特的，提供的产品或服务是其他项目所不具有的，这也是这个项目得以存在和实施的原因。如果一个项目和其他项目相比，在提供的产品或服务上高度相似，这个项目存在的意义就不大。

（4）渐进性。项目的实施是一个循序渐进、逐步完善的过程。在项目实施早期阶段，对项目目标和成果的理解还是较为粗略的，但随着项目的深入推进，对项目目标和成果的理解会更加清晰和具体。

📖 本章思考题

1. 简述公共事业管理的基本方法。
2. 简述公共事业管理的基本技术。
3. 结合所学知识，谈谈如何在公共事业管理中合理运用本章所提及的方法和技术。

📖 案例分析 5-1

太阳与北风

北风和太阳瞧见一位行客：

他穿得很暖和，

准备好对付坏天气。

现在已经入秋，

出远门要未雨绸缪：

日晒，雨淋，雨后的彩虹，

无不警告行路的人，

随后这几个月里，

大衣须臾不可离身。

这位行客早就提防下雨，

穿了一件有衬里的大衣，

布料也十分结实。

"这个人啊，"北风说道，

"自以为万无一失，

但是他绝没有料到，

我会狂风大作，

让衣扣全部挣脱；

如果惹我性起，

还让他的大衣见鬼去！

这种消遣一定非常快乐。

有兴趣吗？玩一玩如何？"

"好啊，咱们就赌一把，"

太阳便接口说，

"也不必讲这么多空话，

看看谁最有办法，

让我们眼前的那位骑士，

尽快脱下他的大衣。

咱们这就开始吧。

你先来遮住我的阳光。"

也不用再多谦让，

我们这位打赌的北风，

立刻吸足了气囊，

像大气球一般鼓胀，

发出一阵恶魔的吼声，

吹呀吹，刮起飓风，

刮沉多少船只，

又刮飞多少屋顶，

只是为了一件大衣，

就折腾得昏天黑地！

然而那骑士十分当心，

他将大衣裹得紧紧，

不让狂风钻进去逞凶。

他就这样得以保全，

北风白白耽误时间；

那北风越是猖狂，

骑士也就越顽强，

风怎么揪他的衣领，

乱扯他的衣襟也没用，

打赌的时间，

很快就用完。

太阳驱散乌云，

照得骑士开颜，

终于温暖了他的全身，

大衣里面呼呼冒汗，

他不得不脱掉大衣，

而太阳尚未发挥全部威力。

温和比施暴更有功效。

结合上述寓言，谈谈如何在公共事业管理中实施柔性管理。

第六章　公共事业管理的现代化

📷 **学习目标** --

　　了解公共事业管理现代化的表现形式，学会从管理观念、管理体制和管理手段三个层面全面理解公共事业管理现代化的具体表现。

📖 **学习重点** --

　　1. 公共事业管理观念的现代化。

　　2. 公共事业管理体制的现代化。

　　3. 公共事业管理手段的现代化。

　　党的十八大以来，以习近平同志为核心的党中央在坚持和完善中国特色社会主义制度、推进国家治理体系和治理能力现代化等方面进行了一系列重大实践创新，提出了一系列治国理政的新理念、新思想、新战略，为新时代公共事业管理学科积累了大量的实践新经验，也为公共事业管理理论发展指明了新方向。党的二十大对中国式现代化的丰富内涵和中国特色做了集中概括和深刻阐述。中国式现代化是中国共产党领导的社会主义现代化，既有各国现代化的共同特征，又有基于国情的中国特色。如何实现中国式现代化的公共事业管理创新和发展，实现公共事业管理的现代化，是摆在我们面前的重大命题。面对新技术革命全面冲击的"技术潮"、国家治理现代化迫切要求的"改革潮"等多重挑战，公共事业管理人才培养该如何主动迎接这些变化，立足中国国情来培养符合时代要求的公共事业管理人才，是当前需要迫切思考的重要问题。

　　公共事业管理现代化，是指根据社会主义市场经济发展的客观要求，运用先进的思想、理论和技术，构建合理的公共事业管理体制，为公共事业的发展提供新的思路、方法和手段。公共事业管理的现代化，要求对公共事业的各项活动进行有效的管理，满足公众对公共服务的需求，从而创造出最佳的社会效益。

第一节　公共事业管理观念现代化

观念决定态度，态度决定行为，行为决定结果。观念是行动的先导。管理观念是指导管理中各项管理决策、管理制度和管理活动的基本依据。它将管理活动中纷繁复杂的现象有机地统一起来，使得各项改革措施朝着同一个方向发展。管理观念的现代化是实现公共事业管理现代化的前提条件，没有现代化的管理观念，就难以确定公共事业改革和发展的方向，也就难以推动公共事业管理的现代化发展。公共事业管理观念的现代化主要包括公共事业管理的法治化、科学化、市场化和社会化等方面。

一、公共事业管理的法治化

现代社会是法治社会，市场经济是法治经济，在此基础上建立的公共事业管理必须要确立法治观念。公共事业管理的法治化不仅要求建立、健全有关公共事业管理的法律法规，真正做到公共事业管理有法可依，更重要的是，要让公共事业管理主体贯彻"法无授权不可为"的管理理念，让市场贯彻"法无禁止即可为"的管理理念，使公共事业管理的主体、管理行为、管理程序全部符合法律规范。

（一）管理主体的法治化

公共事业管理的主体是多元的，既包括政府部门，也包括事业单位、各类社会组织，甚至还包括志愿者个人等。法治观念的本质就是强调权力要受到制约，所以公共事业管理的法治化就是要求管理主体的权力要受到制约。行政法的理论认为，国家行政属于公行政，但公行政并不只是国家行政，还包括其他非国家行政的公共组织的行政，如基层自治组织（居民委员会、村民委员会）的行政、社会组织（各类协会）的行政、公共企事业单位（国有企业、公立学校、医院等）的行政，它们的行政内容既有执行也有管理。

（二）管理行为的法治化

管理行为的法治化是指管理主体的各类行为都要符合法律法规，做到职责法定，能够做什么、不能做什么都要依据法律的规定来。但现在各事业单位主管部门提供的章程制定细则以及政府登记管理部门提供的社会组织章程模板显示，公共事业管理真正做到行为法治化并不容易。另外，从社会团体、民办非企业单位和基金会等三类社会组织的章程来看，其对组织自身的活动范围、职责、活动形式等内容的规范还较为笼统，和规范的管理行为法治化要求还存在一定差距。

（三）管理程序的法治化

法治观念对于公共事业管理主体而言是"法无授权不可为"，而对于市场而言则是"法无禁止即可为"。关于事业单位、社会团体、民办非企业单位、基金会等组织如何参与形成公权力，目前的法律法规还有待进一步完善。需要运用法治化观念，实现公共事业管理程序的法治化，把各种管理主体之间的关系以及管理主体与管理客体之间的关系都纳入法律调整的范畴，确保公共事业管理工作有条不紊地推进。

二、公共事业管理的科学化

所谓管理的科学化，就是在认识和理解管理一般规律的基础上，运用科学化的管理理念、方法、技术和手段来实施管理。自1911年泰勒的《科学管理原理》一书出版以来，管理逐渐被人们所关注，并成为社会科学的重要组成部分，管理科学历经一百多年的发展，人们对管理的客观性、稳定性、系统性都有了科学的认知，也对基本管理原理进行了不断的总结和提炼，丰富和完善了管理的理论，使其更具科学性。

（一）从经验管理向科学管理的提升

人类大规模的科学研究在19世纪就出现了，在科学思想和研究方法的指引下，以工厂为主要研究对象的科学思想和理论诞生，有关学者主要以美国的泰勒和法国的法约尔为代表。美国学者泰勒是科学管理理论的主要倡导者，被后人尊称为"科学管理之父"。泰勒出生在美国费城，18岁进费城的一家工厂学习制作模具，4年之后到费城钢铁厂工作，由于工作刻苦，表现突出，他从一个普通的车间杂工先后被提拔为车间主任、技师、工长、维修组长、设计室主任和总工程师。1881年，泰勒开始进行工人劳动时间和工作方法的研究，1898—1901年泰勒受雇于宾夕法尼亚某钢铁厂，从事咨询工作，完成了著名的搬运生铁实验和铁铲实验，这为科学管理理论的创立提供了坚实的实践基础。1901年，泰勒退休，开始提供无偿的咨询并开展演讲活动，宣传他的科学管理理论。泰勒是科学管理思想的创造者和倡导者，《科学管理原理》是他的代表作，较为全面地阐述了科学管理理论的内容。泰勒结合自己倡导的管理思想，提出管理要科学化和标准化。实施科学管理的结果是提高了生产效率，而高效率是雇员和雇主实现共同富裕的基础。因此，泰勒认为只有用科学化和标准化的管理替代传统的经验管理，才能实现最高工作效率。在技术岗位和管理岗位都工作过的法国管理实践家法约尔，结合自己的管理经验，在管理概念、理论架构和原则上进行了深入研究，基本完成了对管理概念和理论框架的设计工作，其代表作《工业管理与一般管理》一书的完成标志着一般管理理论的形成。

（二）科学管理理论的运用与发展

泰勒的科学管理理论从根本上否定了长期以来管理者高人一等的传统观念，从大生产的需要出发，否定了仅凭个人见解或个人知识经验进行作坊式小生产的管理方法，要求"用准确的科学研究和知识"实施管理或传授技能，为科学地对员工进行系统培训奠定了思想基础。他界定了管理学理论研究的基本范畴。作为管理学理论，其研究对象主要包括人和组织两个方面，围绕人和组织，以及组织中的人的问题进行深入研究，为组织健康发展提供思想、理论和方法。同时，泰勒还确定了管理工作的基本内涵。泰勒将科学管理的内容视为人际关系的协调和以科学取代经验的实现，法约尔将计划、组织、指挥、协调和控制视为管理工作的五大职能，并在后续研究中将五大职能逐步转变为计划、组织、领导和控制四项职能。概括地看，可以将组织的计划与控制职能看成对组织外部环境的了解、分析和把握，以确定组织的发展方向和战略执行；而组织与领导职能则是对组织内部的了解、分析和掌控，以实现组织目标与个人目标的协同。这四大职能在日常管理工作中相辅相成，共同承担着组织的运行和发展工作。

三、公共事业管理的市场化

市场原本是指交易的场所，后泛指商品交换的领域。市场机制是通过市场竞争配置资源的机制，即在市场上通过自由竞争与自由交换来实现资源配置的机制。管理市场化，是指运用市场机制来科学、合理地配置资源。公共事业管理涉及的主要是纯公共物品和准公共物品，传统的公共事业管理主要通过政府来供给纯公共物品和准公共物品，现代公共事业管理则可以运用市场机制来实现管理。

2013 年 9 月 30 日，国务院办公厅发布了《国务院办公厅关于政府向社会力量购买服务的指导意见》（以下简称《意见》），《意见》指出："政府向社会力量购买服务，就是通过发挥市场机制作用，把政府直接向社会公众提供的一部分公共服务事项，按照一定的方式和程序，交由具备条件的社会力量承担，并由政府根据服务数量和质量向其支付费用。"《意见》对购买主体、承接主体、购买内容、购买机制、资金管理、绩效管理等做了明确的规定。

（一）购买主体

政府向社会力量购买服务的主体是各级行政机关和参照公务员法管理、具有行政管理职能的事业单位。纳入行政编制管理且经费由财政负担的群团组织，也可根据实际需要，通过购买服务方式提供公共服务。

（二）承接主体

承接政府购买服务的主体包括依法在民政部门登记成立或经国务院批准免于登记的社会组织，以及依法在工商管理或行业主管部门登记成立的企业、机构等社会力量。承接政府购买服务的主体应具有独立承担民事责任的能力，具备提供服务所必需的设施、人员和专业技术，具有健全的内部治理结构、财务会计制度和资产管理制度，具有良好的社会和商业信誉，具有依法缴纳税金和社会保险的良好记录，并符合登记管理部门依法认定的其他条件。承接主体的具体条件由购买主体会同财政部门根据购买服务项目的性质和质量要求确定。

（三）购买内容

政府向社会力量购买服务的内容为适合采取市场化方式提供、社会力量能够承担的公共服务，突出公共性和公益性。教育、就业、社保、医疗卫生、住房保障、文化体育及残疾人服务等基本公共服务领域，要逐步加大政府向社会力量购买服务的力度。非基本公共服务领域，要更多更好地发挥社会力量的作用，凡适合社会力量承担的，都可以通过委托、承包、采购等方式交给社会力量承担。对应当由政府直接提供、不适合社会力量承担的公共服务，以及不属于政府职责范围的服务项目，政府不得向社会力量购买。各地区、各有关部门要按照有利于转变政府职能，有利于降低服务成本，有利于提升服务质量水平和资金效益的原则，在充分听取社会各界意见的基础上，研究制定政府向社会力量购买服务的指导性目录，明确政府购买的服务种类、性质和内容，并在总结试点经验的基础上，及时进行动态调整。

（四）购买机制

各地要按照公开、公平、公正原则，建立健全政府向社会力量购买服务机制，及时、充分向社会公布购买的服务项目、内容以及对承接主体的要求和绩效评价标准等信息，建立健全项目申报、预算编报、组织采购、项目监管、绩效评价的规范化流程。购买工作应按照相关法律规定，采用公开招标、邀请招标、竞争性谈判、单一来源、询价等方式确定承接主体，严禁转包行为。购买主体要按照合同管理要求，与承接主体签订合同，明确所购买服务的范围、标的、数量、质量要求，以及服务期限、资金支付方式、权利义务和违约责任等，按照合同要求支付资金，并加强对服务提供全过程的跟踪监管和对服务成果的检查验收。承接主体要严格履行合同义务，按时完成服务项目任务，保证服务数量、质量和效果。

（五）资金管理

政府向社会力量购买服务所需资金在既有财政预算安排中统筹考虑。随着政府提供公共服务的发展所需增加的资金，应按照预算管理要求列入财政预算。要严格资金管理，确保公开、透明、规范、有效。

（六）绩效管理

加强政府向社会力量购买服务的绩效管理，严格绩效评价机制。建立健全由购买主体、服务对象及第三方组成的综合性评审机制，对购买服务项目数量、质量和资金使用绩效等进行考核评价。评价结果向社会公布，并作为以后年度编制政府向社会力量购买服务预算和选择政府购买服务承接主体的重要参考依据。

四、公共事业管理的社会化

公共事业管理的社会化，是指鼓励、引导所有的社会主体参与到公共事业管理中，核心内容就是参与纯公共物品和准公共物品的供给。其目的就是打破国家"包办"公共事业的单一体制，鼓励社会力量投资和兴办公共事业。这些社会主体包括事业单位、社会团体、民办非企业单位、基金会等。在传统的公共事业管理体制中，诸如科技、医疗卫生、文化、教育等都由政府部门一手操办管理事项，这类事业单位隶属于各个政府职能部门，其人、财、物也都是由政府部门直接管理的。这种相对单一的体制一定程度上扩大了政府的事业职能，增加了国家的财政负担，造成了对各项公共事业的行政性垄断，抑制了社会力量参与兴办公共事业的积极性和创造性。为此，需要通过改革来转变机制，允许和鼓励多元主体参与公共事业管理，逐步建立公共事业社会办的新局面，拓展事业单位和各类社会组织参与公共服务供给的空间，提升公众对各项公共服务需求供给的满意度。

公共事业管理的社会化主要包括组织社会化、服务社会化和资源配置社会化三方面。在组织社会化上，努力改变公共事业组织依附政府的状态，让其成为自我管理、自我约束的独立法人实体，回归非营利性、非政府、公益服务性的本质属性。服务社会化要求打破条块分割、部门所有的限制，按照消费引导生产的原则，根据需要面向社会、面向公众来生产和提供公共事业产品。在资源配置社会化方面，需要改变过去单一利用行政手段配置公共事业资源的状况，增加市场参与配置公共事业资源的手段，通过竞争提高公共服务的供给效率和服务质量。

第二节　公共事业管理体制现代化

传统的公共事业管理体制存在着高度行政化、主体单一化、资源配置内部化以及职能扩大化等特征。存在着政事一体、行政手段单一、国家包办一切公共事业、民间力量没有参与公共事业的空间等问题。同时，受经济、政治、思想和社会等方面因素的影响，在公共事业管理体制上，存在着一定程度的政事不分、职责不明、供给匮乏、机构重叠、人员膨胀、缺少活力、排斥竞争等问题。

一、组织管理体制的现代化

组织是管理活动开展的载体，管理的目标是保证组织目标的实现。为此，公共事业管理体制的现代化首先需要实现组织管理体制的现代化。首先，政事分开。在机构、隶属、职能、级别、名称等方面对政府和其他公共事业组织做出明确的区分。其次，多元并存。允许政府、企业、非政府组织、个人等共同参与公共事业。再次，法人治理。贯彻落实非政府组织的法人制度和法人治理结构。最后，形式多样。承认、鼓励和发展多样化的、不断创新的公共事业组织形式。

公共事业组织要建立开放、流动、公平竞争和富有活力的新型人事管理制度，包括事业组织的用人制度、薪酬制度、考评奖惩制度、社会福利与保障制度等一系列制度。

（一）建立健全法人治理结构

法人治理结构是现代组织的基石。2011 年 3 月 23 日发布的《中共中央　国务院关于分类推进事业单位改革的指导意见》指出，要建立健全法人治理结构，面向社会提供公益服务的事业单位，探索建立理事会、董事会、管委会等多种形式的治理结构。同年，国务院办公厅还印发了《关于建立和完善事业单位法人治理结构的意见》，提出了建立和完善事业单位法人治理结构的基本原则。

建立和完善事业单位法人治理结构，需要：把建立和完善以决策层及其领导下的管理层为主要架构的事业单位法人治理结构作为转变政府职能、创新事业单位体制机制的重要内容；明确事业单位决策层的决策地位，把行政主管部门对事业单位的具体管理职责交给决策层，进一步激发事业单位活力。同时，要吸收事业单位外部人员参与决策，扩大参与决策人员的范围，确保公益目标的实现。

（二）强化多方并举的公共事业管理机制

推进体制机制改革，实现公共事业管理主体和方式的多样化，初步形成政府主导、社会参与、公办民办并举的公共事业管理机制。

1. 政府主导。

在我国公共事业现代化的推进过程中，政府一直是处于主导地位的。为此，政府需要下定决心转变职能，规范和调整好与事业单位和各类社会组织的关系，积极承担起规划、实施、协调和监管等职责，确保公共事业管理现代化进程的顺利推进。要科学规划、统筹兼顾、重点突破、稳步推进，做好顶层设计，将自上而下的战略规划和自下而上的改革实践相结合，把事业单位改革、社会组织的发展与宏观的社会主义市场体制完善、政府职能转变、公共服务体制建设有效结合。

2. 社会参与。

考虑到公共事业管理涉及面广的特点，其涉及的公共物品和公共服务内容，如果完全靠政府来提供，则难度较大。为此，需要充分引导和调动社会力量参与。有效的社会参与可以起到优化服务、提高政府效能、激发市场活力和社会创造力等效果。推进社会参与，需要从行政体制改革开始，做到政事分开、政社分开。政事分开是将政府和事业单位分开，深化事业单位分类改革，加大政府购买公共服务力度，逐步取消学校、科研院所等单位的行政级别，建立事业单位法人治理结构。政社分开是指政府和社会组织分开，充分激发社会组织活力，处理好政府和社会组织的关系，推进社会组织明确权责、依法自治、发挥作用。

3. 公办民办并举。

公办民办并举是指政府采取竞争性方式择优选择具有投资、运营管理能力的社会资本，双方按照平等协商的原则订立合同，明确权责关系，由社会资本提供公共服务，政府依据公共服务绩效评价结果向社会资本支付相应对价，保证社会资本获得合理收益。政府和社会资本合作的这种模式，是公共服务供给机制的一个重大创新，有利于充分发挥市场机制作用，提升公共服务的供给质量和效率，实现公共利益最大化。

二、人事管理体制的现代化

人力资源是每一个公共事业组织的重要资源，如何实现人事管理的现代化，事关公共事业组织的健康、可持续发展。为此，需要通过科学合理的人事制度来保障其发展。公共事业组织需要建立开放、流动、公正、竞争的人事体制，包括用人制度、薪酬制度、考核制度、奖惩制度、福利与保障制度等。强化人事管理体制的转变，实现从"国家人""单位人"向"社会人"的转变。实现从实际上的终身就业制向真正意义上的聘用制转变。

（一）树立公共事业人力资源战略管理的新观念

一个社会或组织要想得以存续，一般需要具备物力、财力、信息和人力这种四种资源。而社会或组织要想保持可持续发展，就必须把人力资源摆在最重要的位置，注重对人力资源的管理、培训与开发，激发人力资源的主动性和能动性，从而使其他三方面资源更好地为实现目标服务。同样，事业组织的成败，也取决于是否重视人才管理工作。公共事业组织必须把人力资源作为第一资源，特别是对于专业技术类人员，更应该通过专门的培训，不断提升其专业水平和公共服务精神；通过人力资源培训与开发，培养和造就一支高水平的人才队伍，提高工作效率，减少人为因素造成的损失与浪费，从而强化公共事业组织的核心竞争力。

（二）确立公共事业人力资源培训开发的新机制

按照人力资源的规模要求，积极推行招聘引进和内部挖掘相结合的人才培养机制，从形态上使其成为一个人力资源的"富矿"；按照人力资源的层次要求，积极组织员工素质与技能培训计划的制订与实施，拓宽人才培训和教育途径；按照人力资源的结构要求，积极推行专业结构和知识结构完善的中、高级人才培养，制订挑战性工作目标，为青年人才提供施展才能的工作平台；按照人力资源的效能要求，积极探索多种形式的分配机制和激励机制，让业绩优秀的人才取得与其贡献对等的报酬，真正体现人才的价值。根据职位要求，加大关键岗位的人才开发力度。对于中、高级管理人员而言，要根据不同的职务和组织需要拟定职务说明书。明确职务范围，清晰反映中、高级管理人员的工作技能。

（三）探索公共事业人力资源管理技术的新路径

不断创新，加快公共事业人力资源管理方法的现代化，不断推进公共事业管理技术的新路径。通过开发人力资源管理系统，确定人力资源管理开发中信息提供的安全性、准确性和及时性，运用先进的科学决策手段，在选拔人才方面采用定性与定量相结合的办法，注重培训的科学化、考评的指标化、薪酬设计的规范化、辞职辞退的人性化，探索公共事业人力资源管理技术的新路径，推进人力资源管理步入新的发展阶段。

三、财务管理体制的现代化

财务管理体制的现代化需要建立与非政府组织法人制度相适应的统一的财务会计制度。公共事业财务管理是指公共事业组织对资金筹集、使用、分配等所进行的计划、决策、调节、控制、监督等一系列工作的总称。公共事业组织是以管理社会公共事务、协调社会公共利益关系为目的的组织，在一定意义上是国家职能的承担者，是为满足社会公共需要而成立的。鉴于其动机在于强化服务、谋求公共利益和开展非营利活动等，也就决定了公共事业组织在财务管理体制上存在着类型多样化、领域广泛化和经费来源无偿性等特点。公共事业组织种类繁多，类型复杂，从不同角度看有不同的类型。从经费来源看，可分为国家财政全额拨款、差额拨款，以及自收自支；从业务内容看，涉及科技、教育、文化、卫生、体育等领域。公共事业组织具体承担了大量的公共事务，所以涉及范围比较广泛，如公交、商贸、农林、科技等事业单位为社会生产服务，学校、医院、社会福利机构等事业单位及消费者协会、行业协会等社会团体，直接为人民群众提供服务。同时，公共事业组织的经费来源主要依靠国家财政，而且不以营利为目的，公共事业组织的服务往往是低价甚至是免费的，因此其消耗的经费也难以通过自身经营或收费得到完全的补偿。

公共事业财务管理的现代化需要在遵循依法理财、勤俭节约、利益兼顾、量力而行原则基础上，围绕公共事业财务管理的目标，在建立与社会化、市场化相适应的公共事业财务管理制度等方面做大做强。

（一）加强财务管理，实现公共事业财务管理的规范化和法治化

财务制度是公共事业财务管理的基本依据和行为规范。只有建立健全财务制度，组织的各项财务活动才有法可依、有章可循，从而提高资金的使用效率。通过强化财务管理，查找各项制度实施中的问题，分析其原因，然后采取有效措施，使得公共事业财务管理逐步走上规范化和法治化道路，为公共事业组织各项公共服务提供制度保障，促进公共事业管理的现代化发展。

（二）加强预算和收支管理，保证公共事业财务管理的计划性和针对性

公共事业组织筹集、运用资金的目的是提供社会发展和人民生活所需要的公共产品和服务。为此，要强化预算和收支管理，搞好预算编制与执行工作，加强资金收支管理与国有资产管理和财务制度建设工作。公共事业组织的资金主要来源于政府财政拨款、社会捐赠以及事业服务收入等，属于社会公共资金，相对而言，这些公共资金都是有限的。为此，公共事业组织需要合理安排、高效利用，使得财务管理更有计划

性和针对性，全面提升公共事业财务管理现代化水平。

（三）强化分析与监督，确保公共事业财务活动的合理性和合法性

财务分析与监督，是公共事业财务管理的一项重要任务。公共事业组织可以结合自身特点，利用各种财务分析方法，对各自组织内部财务活动的各方面进行全面分析，同时与来自公共事业组织内外的监督形成合力，为公共事业内部决策提供信息支持。通过分析与监督，及时发现公共事业决策与执行过程中可能存在的偏差与失误，以便及时纠偏，保证公共事业各项活动的合理性和合法性。

四、监督管理体制的现代化

从其他国家公共服务改革的经验来看，监管是否有效是改革能否成功的关键。随着以政事分开、政社分开和管办分离为基本原则的公共事业管理改革的深入推进，政府在公共事业管理方面的角色正在由主办、主管和运营朝规划、协调和监管转变。建立与政事分开相适应的管办分离的监管体制。建立与多元主体并存相适应的民主、多元、社会化的监管体制。强化政府的监管职能，包括完善监管立法，健全监管机构，充实监管人员，优化监管手段，明确监管责任等。一般而言，公共事业监督管理体制的现代化主要表现为政府监管、社会监管和行业监管相统一的"三位一体"监管体制。

（一）政府监管

政府对公共事业组织的主导和监督始终占据重要地位，它是唯一具有法律权威的、对事业组织进行监督和管理的机构。政府的监管主要表现在以下方面：第一，完善事业组织法律、法规。第二，明确政府各监管主体的责任。第三，实行公共事业的经营和从业认证制度。第四，改善对公共事业日常运行的监管。第五，建立信息激励机制。

（二）社会监管

对事业组织实行社会监管的理论依据来自对事业组织承担与实现"公共责任"的追问。完善社会监管，是对政府监管存在漏洞的弥补，是完善公共事业组织监管体系的重要环节。社会监管在公共事业组织的监管和问责机制中占有重要地位，主要包括媒体与公众监督、捐赠者监管和消费者监管等。第一，发挥新闻媒体的监督作用。第二，引入谈判程序，实现公众监督制度的创新。第三，重视捐赠者和消费者的监管作用。

（三）行业监管

公共事业组织行业监管主要是在公共事业组织内部建立监督制约机制。这是除政府和社会之外的一种有效的自我监管机制。一般而言，行业监管主要有来自行业主管部门的监管和行业组织的监管两种。行业主管部门需要制定不同领域的行业技术标准、公共产品和服务技术规范，加强对公共服务质量的监管，建立政府和公众共同参与的综合性评价指标体系，将绩效作为评估的一个重要依据，确保实现公共利益的最大化。行业监管还包括行业组织的自律，事业组织的自律制度包括第三方评估制度、行业自律以及事业组织成员的内部约束。第三方评估是由专司评估的民间机构对非营利组织进行的评估，它因为强调其独立性而被称为"第三方"。行业自律是除政府和第三方之外的一种有效的自我监管机制，在行业的自我管理与约束中发挥着不可替代的作用。行业协会是在现代市场经济中广泛存在的社会自治组织，它的目标是促进本团体成员的共同利益，通过行业协会的纽带作用，将整个行业利益诉求反映给决策者，配合政府公共政策的贯彻执行，体现了对公共利益的遵从。在公共事业组织的自律中，除了通过组织架构和机制设计来规范成员和组织的行为外，更应该强调依靠对组织使命、信念的理解与认同，通过成员的道德约束来规范行为，如教育事业的"师德"、医疗事业的"医德"，以及文化艺术领域的"德艺双馨"等。

第三节 公共事业管理手段现代化

只有掌握了符合市场规律的管理方法，才能适应现代事业管理发展的要求。新形势下在公共事业管理现代化进程中，政府除了继续运用行政管理手段之外，还需要通过战略管理、信息管理和标杆管理等形式来推进公共事业管理手段的现代化发展。

一、战略管理思想与方法

战略管理是指组织在确定其使命的基础上，根据组织内部条件和外部环境而设定的战略目标，为保证目标的落实和进度的实现，依靠组织内部能力将这种谋划和决策进行落实，以及在实施过程中进行控制的一个动态管理过程，是对一个组织在一定时期内的全局的、长远的发展方向、目标、任务和政策，以及资源调配做出的决策和管理。1996 年，战略管理大师迈克尔·波特在《哈佛商业评论》上发表了《什么是战略》

一文，对竞争战略核心思想进行了阐述，认为战略就是竞争战略，战略不是运营效率，战略就是创建一个定位，并强调战略需要拥有定位、取舍和配称三要素。所谓定位，就是创造一个独特的、有利的位置；运营效益和战略定位是企业取得卓越绩效的两个关键因素，运营效益代替战略的最终结果必然是零和竞争、价格战，以及不断上升的成本压力；战略定位，就是要做到差异化。所谓取舍，就是在竞争中做取舍。不同的竞争方式是不能彼此相容的，选择自己要走的路线，这就是"取舍"。取舍将使得模仿变得困难，因为模仿者会因此侵蚀自己的优势。所谓配称，就是为了实现目标而进行的各项运营活动。配称让组织的所有活动彼此互动并互相加强（1＋1＞2），同时带来竞争优势和可持续性，由于组织的运营活动之间彼此强化，竞争对手就很难模仿。

从公共事业组织未来发展的角度来看，战略表现为一种计划；从公共事业组织过去发展历程的角度来看，战略则表现为一种模式；而从组织层次来看，战略则表现为一种观念。近年来，战略管理的理念和方法越来越被公共事业组织所认同，在事业领域的行政垄断被打破后，这些领域将逐步向不同性质的公共组织开放，在获得市场准入权之后，进入什么领域和怎样进入这些领域，就成为至关重要的问题，这也就要求公共组织需要有战略的眼光，从战略高度来审视和思考自身定位并进行中长期规划。

二、管理平台的信息化与智能化

管理的信息化是指以信息化来实现公共事业组织的现代化发展，将现代化信息技术与先进的管理理念相融合，改变公共事业组织的生产方式、业务流程、管理方式和组织方式，重新整合公共事业组织内外部各种资源，提高管理效率，增强组织竞争力的一种方法。随着信息化的迅猛发展，整个社会的信息化、网络化进程也在加速，特别是人工智能的强势发展，更是给当今的管理带来了机遇和挑战，从根本上改变了公共事业管理的理念和方法。组织的管理活动离不开信息技术的支持。人与人之间、部门与部门之间、组织与组织之间的各种沟通，都因为信息技术的参与而变得更加快捷方便。信息化的发展对公共事业管理的影响是巨大的。一方面，以应用信息技术为主要标志的管理技术装备上的现代化，开发了适应公共事业组织特点的人力资源管理系统、自动办公系统、财务管理系统等，许多公共事业管理主体在互联网上建立了网站，并通过网络把自己与世界紧密联系起来。另一方面，信息技术的发展使得企业组织更加扁平化，管理层次更少，可能会导致公共事业组织之间的分工更加细致、协作更加灵活，这既是机遇，也是一种挑战。

管理的智能化是指将人工智能技术与管理相结合，实现业务流程自动化、决策智能化和管理升级等目标。在智能化过程中，通过使用诸如机器学习、知识图谱、计算机视觉等人工智能技术，对公共管理中的数据进行分析和挖掘，从而实现对公共管理事务等业务流程的优化和升级。公共事业管理的智能化可以有效提升管理的效率，减少人力和时间成本。同时，公共事业管理的发展对信息化和智能化的要求也越来越高。互联网的飞速发展改变了政府、市场与社会的面貌，通过运用"互联网＋公共事业"的思维模式，发挥社会智能潜力，努力将最新的技术运用到公共事业管理的各个领域，推进经济和社会优质发展，为管理者提供一种高速度和高质量的收集、处理、分配以及反馈信息的方法。

三、标杆管理理念与方法

为强化公共事业管理的科学化和现代化，提高公共服务的水平和管理效率，建立可持续发展的公共事业管理机制，可以将标杆管理的理念与方法引入公共事业管理的方案之中。标杆管理，又称"标杆瞄准"或"基准管理"，1979 年由美国施乐公司首创。当时的施乐公司在面临市场占有率下滑的困境时，从不同方面向日本公司学习，通过调整公司的经营战略、业务流程等，取得了良好的实效。后来这种管理方法被美国其他企业重视和效仿，并逐步规范和系统化，形成了标杆管理的方法。

标杆管理的先驱、施乐公司的罗伯特·开普认为，标杆管理就是"一个将产品、服务和实践与最强大的竞争对手或是行业领导者相比较的持续过程"。美国生产力与质量中心（APQC）给标杆管理下的定义是：标杆管理是一个系统的、持续的评估过程，通过不断地将企业流程与世界上居领先地位的企业相比较，来获得帮助企业改善经营绩效的信息。可见，"领先""比较""持续"是标杆管理的关键词语，据此可以简单地将其归纳为：标杆管理就是与领先企业比较的持续性过程。作为发挥作用的核心要素，标杆管理的理念是模仿创新和持续改进，模仿是基础，但更重要的是应该结合自身情况加以改进和创新。标杆管理要求对局部流程进行再造，并强调在较长的周期内持续地改善各环节的流程，使之接近整体最优，这实际上也是追求卓越的过程。

（一）标杆管理的要素与流程

标杆管理的基本流程主要包括确定标杆主题、制定对比分析的测量指标、确定标杆、收集和分析数据、对比和界定差距、制订实施计划、设置预期目标以及考评的标准与方法、持续改进与更新。

标杆管理的要素是界定标杆管理定义、分类和程序的基础。标杆管理的要素主要有标杆管理实施者、标杆伙伴和标杆管理项目。第一，标杆管理实施者，即发起和实施标杆管理的组织。第二，标杆伙伴，也称标杆对象，即被定为"标杆"、被学习借鉴的组织，是任何乐于通过与标准管理实施者进行信息和资料交换而开展合作的内外部组织或单位。第三，标杆管理项目，也称标杆管理内容，即存在不足、需要通过标杆管理向他人学习借鉴以谋求提高的领域。

（二）标杆管理的类别与效果

根据标杆伙伴选择的不同，通常可将标杆管理分为内部标杆管理、竞争性标杆管理、非竞争性标杆管理、功能性标杆管理和通用性标杆管理五类。第一，内部标杆管理的标杆伙伴是组织内部其他单位或部门，主要适用于大型多部门的企业集团或跨国公司。由于不涉及商业秘密的泄露和其他利益冲突等问题，容易取得标杆伙伴的配合，简单易行。另外，通过开展内部标杆管理，还可以促进内部沟通和培养学习气氛。第二，竞争性标杆管理的标杆伙伴是行业内的直接竞争对手。由于同行业竞争者之间的产品结构和产业流程相似，面临的市场机会相当，竞争对手的作业方式会直接影响企业的目标市场，因此竞争对手的信息对于企业进行策略分析及市场定位有很大的帮助，收集的资料具有高度相关性和可比性。但正因为标杆伙伴是直接竞争对手，信息具有高度商业敏感性，所以难以取得竞争对手的积极配合，以及难以获得真正有用或准确的资料，从而极有可能使标杆管理流于形式，导致失败。第三，非竞争性标杆管理的标杆伙伴是同行业的非直接竞争对手，即那些由于地理位置不同等原因虽处同行业但不存在直接竞争关系的企业。非竞争性标杆管理在一定程度上克服了竞争性标杆管理资料收集和合作困难的弊端，继承了竞争性标杆管理信息相关性强和可比性强的优点。但可能由于地理位置等原因而造成资料收集成本增大。第四，功能性标杆管理的标杆伙伴是不同行业但拥有相同或相似功能、流程的企业。其理论基础是任何行业均存在一些相同或相似的功能或流程，如物流、人力资源管理、营销手段等。跨行业选择标杆伙伴，双方没有直接的利害冲突，更加容易取得对方的配合；另外，可以跳出行业的框架约束，开阔视野，随时掌握最新经营方式，成为强中之强。但是投入较大，信息相关性较差，最佳实践需要较为复杂的调整转换过程，实施较为困难。第五，通用性标杆管理的标杆伙伴是不同行业具有不同功能、流程的组织，即看起来完全不同的组织。其理论基础是：即使两个组织处于完全不同的行业，功能、流程也会存在相同或相似的核心思想和共通之处。如多米诺披萨饼公司通过考察研究某医院的急救室来寻求提高送货人员的流动性和工作效率的途径，提高员工的应急能力。向完全不同的组织学习和借鉴会最大限度地开阔视野，突破创新，从而使企业绩效实现跳跃式增长，大大提高企业的竞争力，这是最具创造性的学习。但其信息相关性较差，企业需要经历更加复杂的学习、调整和转换过程才能在本企业成功实践，因此困难更大。企业最好的选择就是根据需要实施综合标杆管理，即将各种标杆管理方式根据企业自身条件和标杆管理项目的要求进行结合，取长补短。

推行标杆管理，能够提高公共事业组织的管理绩效。首先，通过标杆管理，公共事业组织可以选择标杆，确定自身的中、长期发展战略，并与竞争对手对比分析，制订战略实施计划，选择相应的策略与措施。其次，标杆管理可以作为公共事业组织业绩提升与业绩评估的工具。标杆管理通过设定可达目标来改进和提高公共事业组织的管理与运营业绩，然后对其业绩进行评估，同时制定相应的改善措施。最后，标杆管理还有助于建立学习型组织。学习型组织实质是一个能熟练地创造、获取和传递知识的组织，还善于修正自身的行为，以适应新的知识和见解。而实施标杆管理，有助于组织发现在产品服务、生产流程以及管理模式方面存在的不足，通过学习标杆的成功之处，再结合实际，将优秀经验充分运用到自己身上。

📖 本章思考题

1. 试述公共事业管理观念现代化的具体表现。
2. 简述公共事业管理体制的现代化。
3. 简述公共事业管理手段的现代化。

📖 案例分析 6-1

迈向整体性治理的实践：深圳市坂田街道数字政府建设

在党的十九大提出建设"网络强国""数字中国""智慧社会"的战略指导下，广东省政府提出了建设"数字政府"的实施意见。深圳市龙岗区坂田街道建设数字政府不仅获得了上级政策的合法性支持，还获得了龙岗区委、区政府、龙岗区政务服务和数据管理局的支持，同时依托辖区内华为等龙头企业强大的技术力量和创新能力。在上级政策的政策支持、应对治理压力的现实需求和市场企业的技术力量共同推动之下，数字政府建设逐步深入。

坂田街道被称为深圳市龙岗区的"西部核心"，是粤港澳大湾区的重要节点，面积28.51平方公里，下辖12个社区，人口数超65万，同时拥有华为公司等几百家国家高新技术企业和大量中小企业。坂田街道的辖区人口经济和社会发展水平较高，但受限于编制管理体制，财力相对充裕的坂田街道办面对基层治理需要，承担着巨大的基层治理压力，存在社会管理压力大且管理方式较粗放、便民利企的"放管服"效率较低、综合性事务尤其是应急性的综合事务快速协调和处置难、安全生产监管压力大、政府部门自身管理效率有待提升等问题。在巨大的治理压力下，坂田街道办开始转变思路，通过数字政府建设来应对治理压力、提高基层治理效率，促进基层治理精准化和现代化。

数字政府建设的做法与成效

坂田街道在建设数字政府的过程中坚持"需求导向、民生导向，基础先行、急用先行"的原则，不断强化大数据思维，充分利用现有资源和数据，不做重复建设，以解决工作中的实际痛点和难点为导向。

一、"大数据采集＋部门数据共享"建设街道智慧管理系统，行政效能大幅提升

坂田街道智慧管理系统实现"一屏全面感知"，逐步建成了集数据集成、日常监管、应急指挥等多功能于一体的坂田智慧管理系统，充分整合多个业务系统，打破"信息孤岛"，建立起大数据平台、公共安全、城市治理、智慧党建、公共服务"五位一体"的智慧管理系统，实现治安、消防、应急、安监、水务、查违、交通等信息协同联动，极大地提高了政府行政效能和水平。街道智慧管理系统实现"一键可知全局"。通过高清探头、人脸识别、无人机等信息采集设备，打造全覆盖、高效率的信息采集网络，建立全街道的人、事、物、地、情等城市管理要素大数据库；通过部门之间的横向、纵向资源整合共享，将传统的"川"字形"数据烟囱"变为"井"字形"数据共享网络"。一是编织全覆盖、高效率的视频监控网络，在街道重点部位、重要路段安装视频监控，形成连片不间断的监控区域，为基于计算机视觉的各种人工智能应用（如疑犯人脸识别追踪等）提供应用平台；二是通过高空全景摄影无人机，每3到7天拍摄一次全街道高清实景，智能对比和自动标记新增建筑情况，为执法查违等工作提供数据支撑；三是灵活运用应急可视化设备，实现实时对讲、视频实时回传等功能，在台风、暴雨期间，三防人员可将现场情况通过视频回传至街道指挥中心，便于值班领导实时掌握现场情况，开展应急处置；四是实时对接龙岗区信息平台，打造涵盖全街道范围内34类343个数据图层的时空信息平台，集成二维地图、三维模型、空中实景、航空影像等基础空间数据，为智慧管理系统提供强有力的数据支撑。

二、"最多跑一次"，推出面向民众的一站式政务服务

"让数据多跑路，群众少跑腿。"一是打通政府部门间的信息壁垒，在全国率先将

政务服务大厅直接设置在天安云谷、星河 World 等产业园区内，打通数据间的隔阂。建设覆盖街道—社区—园区的三级"一窗式"标准化综合业务平台。在部分小区设置政务办理自助机，出境、社保、居住证等业务均可办理，实现"24 小时不打烊"和"一公里服务圈"，让群众"随时办、就近办"。二是创新行政服务大厅的工作方式，与中国邮政达成合作，推出邮寄送达服务，对于餐饮服务许可证、食品生产许可证等针对许可证和个人证件等群众办理最多的业务，实现居民办证"最多跑一次"的服务承诺。与"美团"和"饿了么"等互联网平台公司联手打造"免费证照帮办服务"，商户如果有意愿进驻"美团""饿了么"商业平台经营，可以在开店筹备阶段，直接申请免费证照办理的辅助申办服务，互联网平台公司会提供营业执照办理、食品经营许可证办理、门楣招牌备案等一系列证照辅助申办服务，商户可享从办证到上线营业的全流程辅导服务。三是通过街道网站、微信公众号等平台，实现基本信息、设定依据、申请材料收费标准、办理流程等政务服务事项信息公示三级"全覆盖"；推出"政务君对话办事人"栏目，对热门服务事项开展普及性解析，实现办事流程透明化、办理材料公开化，打破信息不对等困境，让群众"平时就知晓""一来就办成"。2018 年辖区办理服务及审批事项 45739 件，群众满意率 100%。

三、整合纵向层级，建立街道与社区互联互通的综合指挥与处置系统

依托大数据库，坂田街道在其下属的南坑社区试点建立"1＋1＋N"管理模式，构建闭环处置体系，提能增效，用最少的资源办最多的事情，破解基层治理"人少事多"的困境，通过"两步走"开展智慧社区建设工作，不断提高社区治理工作精准化水平。第一步，依托龙岗区信息平台建设成果和街道智慧管理系统，打通数据。在南坑社区重点区域安装使用人脸识别设备和城中村门禁设备，通过视频监控、人脸识别、门禁系统、烟感、电气火灾监测等数据采集手段，精准掌握社区人、车、房、企等信息情况；第二步，在前述的大数据库基础上，建立 1 个社区综合指挥平台、1 个便民服务客户端、N 个智慧节点应用的"1＋1＋N"管理模式，构建"事前智能预警、事中分拨调度、事后智慧分析"闭环处置体系，通过对重点人群、重点区域、重点领域、重点时间的精准管控，灭早灭小，科学调度，加强防范，实现对社区的精准化治理。以 2019 年上半年为例，共计掌握南坑社区中的各类隐患信息 400 余条，且全部办结，实现社区安全隐患精准识别、源头治理。

四、整合企业和高校等社会资源，协同共建数字政府

坂田街道采用"政府＋社会"模式建设数字政府。一方面充分发挥政府的全面统筹作用，制订数字政府发展规划，加强顶层设计，同时还可以为企业的先进技术提供

应用场景和实验环境；另一方面利用社会资源高效率、高技术的优势，提高数字政府建设的效率与质量。在政府的统筹下，成立由街道主要领导担任组长的工作领导小组，为数字政府建设提供强有力的人财物保障。按照统一规划、统一标准、统一建设、统一管理、统一运维、统一保障的"六统一"原则统筹推进各项工作。制订三年行动计划，明确各社区、各部门工作职责，层层落实和推进。同时，依托社会资源，充分发挥辖区内行业龙头企业的示范带动作用，与华为、天安云谷等企业展开深入合作。在硬件上，建造集数据集成、日常监管、任务分拨、应急指挥等多功能于一体的数字政府指挥中心，为政府科学决策、精准施策提供有力支撑。在软件上，由华为牵头联合10余家高新技术企业参与数字政府的系统设计、优化工作，综合运用视频监控、传感器、RFID等智能设备，实现各类数据的随需接入和主动获取，确保数据实时更新、准确全面。另外，依托地处粤港澳大湾区的中山大学、深圳大学等高校的资源优势，建立智力高地和高端智库。（案例来源于谢生材、叶林、林逸涛：《整体性治理视角下的数字政府建设——以深圳市坂田街道为例》，《广东行政学院学报》2020年第32卷第5期。）

结合上述案例，谈谈对数字政府治理建设现代化的理解和思考。

第二篇　案例篇

第七章　科技事业管理

学习目标

掌握科技的定义和科技活动的类型；明确科技事业管理的内涵和原则；了解国外科技管理体制的主要类型；了解我国科技事业管理体制的发展和创新。学会科技事业管理案例分析。

学习重点

1. 科技活动的类型。
2. 科技事业管理的内涵、原则。
3. 国内外科技事业管理体制比较。

第一节　科技事业管理概述

科学技术日新月异，在各个领域不断取得突破。有效的科技事业管理有利于促进科学技术的可持续发展。伴随科学技术的革新，人类社会经济的发展对科技的依赖逐渐加强，科技事业管理的内涵也日益丰富。

一、科技与科技事业管理

（一）科技与科技活动

科技，是科学与技术的统称。社会上习惯于将科学和技术连在一起简称科技，实际二者既有密切联系，又有重要区别。一般认为，科学解决理论问题，技术解决实际问题。科学是关于自然、社会和思维的知识体系，其任务是认识世界，发现自然界中事实与现象的关系并建立联系。技术是把科学的成果应用到实际问题中去，根据生产实践的经验和科学原理而发展起来的各种技能与操作方法。从更广义的角度看，技术还包括了相应的生产工具和工艺装备与设备，以及指导生产实践和从事生产实践所必备的全部知识。

科学与技术是辩证统一体，技术提出课题，科学完成课题。科学是发现，是技术的理论指导；技术是发明，是科学的实际运用。自20世纪20年代开始，特别是60年代以来，科学与技术的相互作用和依赖不断增强，科学与技术的发展日益一体化，成为一个一体的概念，但这并不意味着科学和技术可以混为一谈。

科技活动涵盖的内容丰富，包括各个科学领域中科技知识产生、发展、传播和应用各阶段的全部活动。联合国教科文组织提出，科技活动的定义是与各科学技术领域，即自然科学、工程技术、医学、农业科学及人文科学中科技知识的产生、发展、传播和应用密切相关的全部有计划的活动。根据科技活动的范围和领域，大致可分为四类。

1. 基础性研究。

即狭义上所谓的科学研究，主要指自然科学中的基本问题和基础理论的研究，回答"是什么""为什么"的问题。该类研究成果一般难以在短时间内实现商品化和市场化，但却是社会生存和发展必需的东西。

2. 应用性研究。

即通常所说的技术发明活动，回答"做什么""怎么做"的问题。在基础科学研究的基础上，直面现实的需要，综合利用知识，通过商品化、市场化和产业化，将科学技术成果转化为生产力。

3. 公益性研究和技术推广。

公益性研究主要指涉及公共利益的技术研究，例如气象服务技术研究、灾害研究等。技术推广主要指涉及公共利益和社会整体的经济发展技术的推广，如农业方面的种子改良技术的推广等。这些活动亦属于应用性研究范畴，但不同的是，其涉及公众的共同利益和社会发展的基本需求，与企业的营利活动没有直接关系，因而一般不能被市场化。

4. 人文社会科学研究。

主要关注和解决人类的知识和文化发展问题，以及整个社会政治、经济和文化的发展问题，其研究的结果关系到全社会公众的利益，为人类社会的生存和发展创造价值，且其价值通常难以量化。

（二）科技事业管理

1. 科技事业管理的内涵。

科技事业管理指的是，为满足公共科技发展所需，维护和促进国家的公共利益发展，政府或政府职能部门对辖区范围内的科学研究、技术开发以及科技活动开展相关管理活动。科技事业管理是现代管理的重要组成，是管理理论与技能运用于科技领域的实践探索，同时也是管理理论的发展和创新。

2. 科技事业管理的主要任务。

管理的职能包括计划、组织、领导和控制。在科技事业管理中，计划是指确定一定时期的科研目标，并且综合考虑主观、客观因素，制订合理的行动方案，争取获得最大成果。组织是根据行动方案设计科研组织架构，配置科研人才。领导主要指对科研进行协调与开发，包括多学科联合研究，科研机构与企业的紧密合作等。控制用以保证科研活动朝着既定目标开展，以及适时进行必要的调整。科技事业管理内容丰富，包括科技发展战略和方针的制定、科技发展方案的制定与执行、相关法规的拟定、课题与项目的立项、科技资源的分配等。具体而言，科技管理的主要任务包含以下六个方面。

第一，制定相应的科技政策。科技事业发展需要一定的战略以及策略，而科技政策就是为某一段时间内的科技任务而制定的基本行动准则。它起到指导作用，为科技事业发展指明方向。

第二，确定科研体制并设置相应的机构。为更好地适应科技事业进步和社会主义市场经济发展的需要，须从实际出发选择相适应的科研体制。坚持研究与应用并重、多学科交叉、产学研结合的发展思路。科研机构应与科研体制相适应，通常而言其设置会经过一定程序的审批，并下达批准设立文件。

第三，编制科技发展规划和计划。科技发展计划是为实现一系列规划而制订的，计划具有具体、可测、可衡量的特点。科技发展规划的编制旨在制定相关规划、构建规划体系，例如长期的制度性规划、短期的国家重点科技项目规划等。

第四，组织科研协同与合作。科研机构通过引导与相关机制的实施，有效整合资源，发挥各主体的比较优势，加速技术推广、应用及产业化。

第五，确定科研重点和主攻方向。为更好地把握前进方向，精准发力，须聚焦重大决策部署，做好重大问题的攻关研究，推动科技事业迈上新台阶。

第六，科学技术资源配置。科学技术资源包括科研人员、科研经费、科研物质条件和知识资料等。根据需解决的科学技术问题，政府、企业、基金会等对资源进行整合和分配，以确保科研活动的顺利进行。

3. 科技事业管理的原则。

科技事业管理应根据经济效益和现实需要确定研究课题、编制科研计划、鉴定科研成果，促进科研资源的高效利用，实现成果和技术的转化。科技事业管理的使命决定了其应遵循的原则。科技事业管理的原则主要有：

（1）系统性原则。任何科研部门或项目都不是孤立的个体，应是有机的系统。

（2）能级性原则。不同的管理部门或岗位根据能级层次构成相对稳定的组织形态，合理划分部门和岗位的权利、责任和利益，有助于形成高效的管理机制。

（3）前瞻性原则。科技更新日新月异，科技事业管理应密切关注科技发展动态和趋势，对国内外科技前沿进行调研和预测。

（4）平衡性原则。平衡主要指科研任务和资源的平衡，包括参加科研活动的人力资源、知识资源和财力资源等，以达成科研任务的目标，避免产生"无米之炊"或"铺张浪费"的现象。

二、科技事业管理体制与改革

科技事业管理体制是科技活动的组织结构、管理体制和制度的统称。科技事业管理体制是复杂而多元的，不同国家的科技事业管理体制具有不同的历史文化背景，受到国家特定因素的制约。

（一）国外科技管理体制的分类及比较

经济合作与发展组织（OECD）将国外科技管理体制分为三类：多元分散型、高度集中型、二元型。

1. 多元分散型科技管理体制。

多元分散型科技管理体制是指科技管理的组织分散且多元，因此常常是计划管理与自由协调相一致，这一体制重视通过合理的经费划拨实现管理目标。市场经济发达的国家通常采用多元分散型科技管理体制，政府较少介入科技管理。代表国家是美国。

多元分散型科技管理体制的特点有：

第一，决策机构多元化。以美国为例，联邦政府通常不设专门机构来承担国家科技活动组织、规划、协调的任务，行政机关、立法机关、司法机关不同程度地参与国家科学技术政策制定和科技工作管理活动。在美国，科技事业管理的核心决策机构是白宫和国会，白宫下设科技政策办公室、总统科学技术顾问委员会、国家科技委员会。

具体而言，科技政策办公室负责与行政和管理相关的事项，后两个机构主要负责咨询与协调工作。

第二，管理机构分散化。同样以美国为例，美国科技事业管理的各项事务分属各个不同的职能部门，各部门根据自身的使命与职责进行管理，经费分拨到各个部门。美国没有科技主管部门，在科技事业管理中扮演重要角色的有国家科学基金会、国防部、卫生部、能源部、国家航空航天局、商务部、农业部、运输部、环保局等。

该体制的优点如下：

（1）科技界拥有较大的自由度。多元分散的管理避免了因权力过于集中而受到的限制，确保了灵活选择科研项目的自主性。

（2）大学等高等教育机构在科研中能发挥较大作用。科学研究是高校的重要使命之一，在多元分散型科技管理体制下，高等教育机构拥有更大的自主权，能更好地达成使命，从而促进学校发展与社会进步。

（3）工业企业的研究与市场结合紧密。在多元分散型科技管理体制下，企业是科研资助的重要主体之一。研究方向与企业需求相结合，一定程度上克服了"脱离实际需要"和"重复建设"的弊端。企业与科研机构的合作，也有利于加速科研成果商品化和产业化。

当然，多元分散型科技管理体制也存在一定的局限性，主要体现为两点：第一，决策分散导致工作效率低；第二，管理机构分散使得经费使用效率低。

2. 高度集中型科技管理体制。

与多元分散型科技管理体制相对的是高度集中型科技管理体制，发展中国家和新兴工业化国家的科研管理体制大多为高度集中型。采用该体制的代表国家有韩国、印度、巴西。高度集中型科技管理体制有以下特点。

（1）科技管理权力更为集中。特定的权力部门负责科技活动管理与资源的分配工作，其他部门负责制定科技政策，实施短期的科研项目。例如在韩国，科学技术处曾是主管国家科研技术的行政机构，该机构主要负责科研相关的政策制定、相关规划制定、为高校以及其他科研机构提供科学技术发展所需资金、协调政府其他部门制定科技政策等。1988 年，韩国成立科学技术委员会，委员长由副总统级官员担任。科学技术委员会负责科技工作的宏观调控，甚至对国家预算也具有分配权。同时将科技处升为科技部，负责制定和实施各项政策和规划，对预算进行分配，管理国家科技事务。到 20 世纪 90 年代，韩国已经逐步形成以科技部为宏观决策部门的集中协调管理体制。

（2）科技计划约束性强。在这一体制下，国家科技发展规划与计划通常是指令型的，各地区、各部门和各科研机构的科研项目设置必须置于国家计划的约束之下。同样以韩国为例，国家科学技术委员会实施具综合性、广泛性的科技管理手段，即国家研究开发事业的调查分析评价。此项活动以国家研究开发预算或政府基金的研究开发计划为评价对象。此外执行政府开发计划的各个部门，会对自己分管的计划和项目定期进行评价。

（3）科研经费主要来自国家预算拨款。例如，为了更好地应对国际挑战，巴西政府选择自主发展科技，振兴经济发展道路。巴西对科技的投入，也取得了不错的回报，近年来巴西的科技水平居于拉美国家前列，尤其在自动化与信息技术、小型飞机制造、水电工程技术、生物工程等技术领域已经有较大突破。

高度集中型科技管理体制的优点，主要体现在以下两个方面。

（1）强调中央政府在科技政策和资源配置方面的重大作用。该体制突出了政府在科技管理中的作用，政府通过对制度、政策的制定以及资源的调配，推动了科研的发展。

（2）集中有限资源办大事。采取该体制的国家多是发展中国家和新兴工业国家，此类国家的资源往往有限，因此将有限的资源集中也是一种必要的选择，此举更利于实现科研突破。

而该体制的局限性也十分明显：一是管理结构可能趋于僵化；二是科研机构缺乏自主性；三是若政府决策失当，科研就会受阻。

3. 二元型科技管理体制。

二元型科技管理体制是介于多元分散型科技管理体制和高度集中型科技管理体制之间的中间类型。英国、德国、法国、日本都采用这种类型的体制。二元型科技管理体制特点如下。

第一，政府主导，分散管理。以英国为例，英国的科技管理体制就很好地体现了政府是基础科学的主要投资者、大学和其他科研机构的主要服务者、创新管理者、公众科学信仰的推动者。虽然英国政府部门不直接管理科研机构，但通过七个研究理事会对科研机构进行管理，提供经费支持。这七个研究理事会根据支持领域进行划分，分别是医学研究理事会、生物技术与生物科学理事会、自然环境研究理事会、工程与自然科学研究理事会、粒子物理与天文研究理事会、经济与社会研究理事会、研究委员会中心实验室理事会。在总司长的带领下，每个研究理事会都有一位首席执行官负责日常的行政工作。

第二，分工有序，注重合作与协调。例如，法国的科研体系由公共科研机构、大学科研机构、企业科研机构、民间科研机构组成。法国的公共科研机构分为科技型、工贸型、管理型三类。公共科研机构主要由政府支持，是基础性研究与技术开发活动的主要承担者。法国的大学科研机构与公共科研机构一同承担基础工作。法国企业的研究开发力量主要集中在占企业总数 5% 的大型企业和集团中，政府对企业尤其是国有企业支持力度也相当大，几乎达到其研发费用的 25%。民间科研机构主要从事协调性的、服务性的工作，其资金主要来自国家预算与基金会的资助。

第三，管理方式灵活多样。1983 年，法国政府提出要加强科技开放政策地方化工作，随即采取了"国家计划""各项指令""合同制"，目的是确保地区和企业发展战略同政府在国家计划中确定的政策目标和国家总体利益目标协调一致。这些具有创造性的管理方式推广之后成效显著。法国还健全了地区的组织机构，如地区研究与技术代表、地区技术创新与技术转让中心、地区技术顾问网络等。

作为介于多元分散型科技管理体制和高度集中型科技管理体制之间的中间型科技管理体制，同时拥有了两者的优势。在这一体制下，政府能够发挥主导作用，也注重管理权限的下放。通过协调与合作，充分发挥各方的积极性。

4. 各国科技管理体制的共同特点。

由于各国国情不同，发展历程和发展水平也各不相同，所以政府的科技管理战略、政策、规定设置各不相同，政府科技管理机构和科研机构设置也各具特色。但是通过分析，依然可以发现一些共性。

第一，加强立法工作，实现科技管理有法可依。科技立法是一个国家对科技进行管理的重要手段之一。科技法规可以说是一个国家科研活动的软环境，因此越来越多的国家开始重视法律法规的制定及维护。相关法律的实施与适时调整是科技发展的基本保障。在任何一个国家，与科技相关的立法以及科技发展战略的修订都集中在国家层面。为了适应地方实际发展，地方也会制定一些地方性政策法规。还有一点需要指出，国家做出各项科技方面的决策都有规范的程序，因此通常设有专门的科技咨询审议机构。例如，美国的总统科学技术顾问委员会，日本的科学技术会议、产业技术审议会等。科技咨询审议机构在制定政策、设立机构时，依照相关程序发表意见，严格把关。

第二，强化顶层设计，国家注重对科技活动进行有效的宏观调控，多数国家通过设立科技主管部门，或政府下设隶属于本部门的科研机构来对国家科技工作进行宏观调控。科技主管部门有时也需要与其他部门进行合作，共同推进管理工作。

第三，发挥国家主导作用，健全产学研合作机制。不同国家负责科技研发和推广的主要组成部门大体相同，即政府、大学、企业以及民间机构。政府多从事公益性、产业共性基础技术研究，开展与科技成果转化相关的活动；大学主要从事基础性研究工作；企业从事应用性研究和技术开发工作；民间机构的研究领域范围更加广阔，横跨应用研究、技术开发与推广，一些民间机构也从事基础性研究。

第四，具有完整的研究计划和严格的项目管理制度。科研计划管理是科研管理工作的重中之重，科研计划是关乎科研工作的长远计划、总体部署方案。项目管理工作科学与否，直接影响着整个项目的成败。

（二）我国科技事业管理体制

我国科技事业管理体制从 20 世纪 40 年代末逐步形成，具有一个漫长的发展和变革过程。我国科技体制的改革直接促进了我国经济社会和科技事业的发展。我国科技事业管理体制的发展和改革主要分为两个阶段。

1. 第一阶段（1949—1984 年）：我国科技管理体制的建立。

1949 年，伴随着中华人民共和国的诞生，中国科学院成立。1956 年，国务院学科规划委员会成立，国家级科研和管理机构、大学和工业系统研究机构相继成立，逐步建立了科技体制的基本框架，形成了一个由国家科研机构、高校科研机构、产业部门研究与开发机构、地方科研机构、国防科研机构五大主体组成的科技体制。当时我国处于被西方敌对国家包围的封闭状态，采取集中型科技管理模式，将其与计划经济体制相结合，以政府为主导，集中力量办大事。

70 年代末，党中央把工作重心转移到经济建设上，高度集中的科技管理体制弊端逐步显现。第一，宏观管理结构行政化、僵硬化，科研机构缺乏自主权；第二，科研与生产相脱离，科技活动游离于社会经济活动之外；第三，对科研人员的管理不够科学，未做到人尽其才。

为了适应科技事业发展，科技管理体制改革势在必行。

2. 第二阶段（1985 年至今）：我国科技管理体制的改革。

1985 年，中共中央发布《关于科学技术体制改革的决定》，标志着我国科技管理体制改革进入全面起步阶段。改革开放之后，我国科技事业快速发展，提出"科学技术是第一生产力"。1995 年，中共中央、国务院召开全国科学技术大会，提出"科教兴国"战略，发布《关于加速科学技术进步的决定》，确定"稳住一头，放开一片"的深化科技体制改革的指导方针。根据该方针，进一步开展调整结构、转变机制、分流人才的工作，努力实现科技经济发展一体化。

跨越新世纪后，我国不断加强自主创新能力，2006 年，国务院颁布《国家中长期科学和技术发展规划纲要（2006—2020 年）》，同年，《中共中央国务院关于实施科技规划纲要增强自主创新能力的决定》发布，提出"自主创新"战略，全面推进中国特色国家创新体系建设，提高国家自主创新能力。2012 年，中共中央、国务院召开全国科技创新大会，并颁布《关于深化科技体制改革加快国家创新体系建设的意见》，标志着我国迈入建设创新型国家的新征程。2016 年，《国家创新驱动发展战略纲要》发布，确立"三步走"战略目标和"一个体系、双轮驱动、六大转变"战略布局，吹响了建设世界科技强国的号角。2022 年全面实施《国家中长期科学和技术发展规划（2021—2035）》《"十四五"国家科技创新规划》，加快实现高水平科技自立自强。同年，《"十四五"国家科学技术普及发展规划》出台。在中国共产党的正确领导下，科技工作者艰苦奋斗，我国科技实力亦伴随经济发展同步壮大。

第二节 典型案例

一、案例 1：科技助力养老——宁波未来社区建设

科技正影响着我们生活的方方面面，要解决因人口老龄化带来的养老问题也离不开科技的助力。据《中国发展报告 2020：中国人口老龄化的发展趋势和政策》预测，到 2050 年，中国 60 岁及以上的老年人口数将接近 5 亿。满足老年人日益增长的美好生活需要，用科技帮助老年人安享晚年，是数字技术发展的应有之义。科技与养老的结合已经成为发展趋势。

（一）宁波镇海总浦桥未来社区的建设背景

为加快推动共同富裕现代化基本单元建设、高质量发展建设共同富裕示范区，根据浙江省委、省政府工作部署，省城乡风貌整治提升工作专班围绕高质量发展高品质生活先行区、城乡区域协调发展引领区、文明和谐美丽家园展示区的定位，以满足人民日益增长的美好生活需要为根本目的，以改革创新为根本动力，整体推进未来社区、未来乡村建设和城乡风貌整治提升。2019 年 3 月浙江省政府正式印发《浙江省未来社区建设试点工作方案》，为浙江省未来社区建设提出了明确的工作目标和建设要求，勾勒出浙江省的未来社区建设的场景。2023 年，浙江省政府办公厅印发的《关于全域推

进未来社区建设的指导意见》中提出：到 2025 年，全省累计创建未来社区 1500 个左右、覆盖全省 30% 左右的城市社区；到 2035 年，基本实现未来社区全域覆盖，打造共建共享品质生活的浙江范例。

宁波镇海总浦桥未来社区位于招宝山街道，规划单元 120.42 公顷，实施单元 33.99 公顷，为第四批未来社区旧改类创建项目。社区以"红汇邻里·孝行总浦"为建设愿景，聚焦"一老一小"双友好，通过全领域党建、全网格智治、多场景融合、多主体协同，实现国企一体化运营、社会化智慧养老"双破题"、历史文化传承与创建"双同步"，集成打造以镇红·邻里中心为核心的"一站式、街区式"四大中心，完成居家养老、托幼驿站、共享书屋、幸福学堂等共享空间改造，落地智慧党建平台、云享车轮食堂、"镇享家"积分系统等数字场景应用，为居民提供全年龄全周期共享服务，全力构建优教善育、宜居颐养全龄关爱社区，展现"品古创今览胖"的社区魅力。

（二）宁波镇海总浦桥发展现状："一老一小"开启数字生活

宁波总浦桥社区的建设标准融合了现代社区、完整社区、儿童友好型社区、老年友好型社区等创建要求，在场景建设中融入数字化建设及可持续运营理念，增强居民的获得感、幸福感、安全感和认同感。例如，依托智慧康养平台，社区为辖区内高龄失智老人安装了智能床带，联网社区监测平台，实时反映老人的健康指标、生活状态。不仅如此，社区还为老人安装了安全守护"六件套"，包括 SOS 一键呼叫、门磁感应仪、可燃气报警器等，有效建立起"安心云守护、智养悦生活"的 10 分钟应急救助服务圈，以"线上＋线下"监管手段，将"技护＋人护"有机结合，实现智慧养老"实时护"。再如，借助物联网、大数据、智能设备等新技术手段，社区先后投用"云享车轮食堂"智慧系统、一键联系社区上门等模块，构建起包含家庭、社区、医疗机构在内的一体化养老服务体系。"镇享未来"小程序自启用以来，已有近 4700 名居民注册，邻里社团、养老助餐、在线直播、活动风采等涵盖未来社区九大场景的近 40 项应用已上线，且"打卡"活动广受欢迎，为居民提供周围的医疗、文教、商业、公交等设施信息，打造"15 分钟生活圈"。

此外，社区的硬件环境也得到了智慧化改善，以促进邻里交流，帮助社区老年居民找到自己的精神乐园。2022 年重阳节，邻里中心大楼正式投用。这里有合唱室、社区直播间、"非遗"手工坊、家人邻学堂等活动室。围绕"非遗"传承，总浦桥社区还积极探索"线上＋线下"授课模式，打响社区文化品牌。

总浦桥社区不仅在为老服务上做足文章，照顾好"一老"，也在育幼需求上积极探索，呵护好"一小"。2023 年初新建立的托育中心面积近 300 平方米，提供育儿指导、儿童健康管理、亲子游戏等服务，让居民在家门口即可享受优质的普惠性托幼服务。聚焦"一老一小"重点需求和全生命周期公共服务优质共享，社区有效构建了"15分钟老少共乐圈"。

目前，总浦桥社区已经形成"基层治理四平台＋智慧网格App＋镇享未来""一云两端"立体数治，实现数字网格治理、快速响应。社区正在推进物业、民生、医疗等智慧终端布局，开发车行道闸、人脸门禁等"智慧物业"多件套，实现智能停车、小区设备一体可视化管理。统筹推进数字道路建设，改造完成300多个路侧智慧停车泊位，有效缓解停车难和交通拥堵问题。以科技手段实现精准治理，数字化和智能化始终贯穿于总浦桥未来社区各场景的建设，以实现社区智治。

（三）宁波镇海总浦桥未来社区发展经验

1. 关注"一老一小"，联动各部门资源。

养老和育幼不仅是家庭的责任，也是社会关注的重点议题，涉及民政、财政、人力资源和社会保障、卫生健康、市场监督管理等多领域，从宁波镇海总浦桥未来社区的情况来看，养老和育幼并不仅仅是民政部门的工作，也需要社会和家庭等多方合作，发挥企业和社会组织的作用。

2. 服务覆盖范围较广，功能较健全。

根据《浙江省城镇未来社区验收办法（试行）》中"场景响应度"的相应要求，城镇社区"一老一小"服务场景建设分为三类：养老服务场景，托育服务场景以及老幼融合服务场景。总浦桥未来社区人口中老年人占比较高。社区的智慧养老监管设备，为老人提供更为智能的生活服务；借助邻里中心公共空间为老人组织活动，丰富老人的精神生活。成立的养老服务中心，启动了居家养老工作，开展了一系列养老服务，覆盖面广、参与率高。

什么是养老科技

（四）启示

互助互信的邻里关系是推进城市社区互助养老的前提和基础。未来社区的建设理念，以人的需求、体验、感受为脉络，集成了邻里、教育、健康等九大场景系统。宁波总浦桥社区成立时间早，且居民多以宁波本地人为主，老旧社区邻里关系和社区氛围也相对比较融洽。这样的"熟人社区"让社区的居民自发组织公益服务，关爱弱势群体，扶助特殊人群，为现代城市社区治理提供了有益借鉴，促进了社区治理共同体的建构。

科技与"熟人社区"相结合，提高了社区建设和社区治理的效率，提高社区文化活动的吸引力，丰富居民文化生活，增进邻里感情。尤其是针对老年人占比较高的社区，智慧养老手段利用物联网、云计算、大数据、智能硬件等信息技术产品，实现个人、家庭、社区、机构与健康养老资源的有效对接和优化配置，推动健康养老服务智慧化升级，提升健康养老服务质量、效率和水平。智慧养老不仅能促进养老产业的高质量发展，降低养老成本，还能保障老人的身体健康和生活质量。

（案例执笔人：汪倩、张欣怡、宋果哲）

📖 讨论题

1. 宁波总浦桥未来社区的科技养老包含哪些具体举措？

2. 在未来社区的发展和治理过程中融入科技元素，会带来哪些好处？

3. 科技还能在哪些领域与社区建设结合起来？

二、案例 2：成县核桃业如何在科技应用下变革发展

2021 年初，《中共中央　国务院关于全面推进乡村振兴加快农业农村现代化的意见》公开发布。这是 21 世纪以来第 18 个指导"三农"工作的中央一号文件。乡村振兴战略是党的十九大做出的重大决策部署。乡村振兴的必由之路是加快农业农村现代化，加快农业农村现代化的必要环节则是科技赋能。科技产业应用和农业农村发展的相互融合，是增加农民收入，推动农业现代化的重要途径。近年来，甘肃省陇南市农科所整合培训资源，分类型、分层次开展新型职业农民培训，组织专家团队走上讲台，围绕种植、养殖、加工、农村物流、电子商务等产业开展培训和技术指导，探索技能培训与实践锻炼相结合的新机制，建立完善"党支部＋专家＋指导员＋科技示范户"的技术服务模式，推动科技进村、入户、到田间地头，以培养爱农业、懂技术、善经营的新型职业农民。

2023 年 4 月 21 日，首批成县蜂蜜核桃仁和核桃枣等核桃深加工产品经天水海关踏入日本，这是成县核桃产品首次走出国门，标志着成县核桃出口实现"零"的突破，也标志着成县探索出县域实现农业科技现代化的新机制新模式，在实践中回答好"藏粮于技""农业科技现代化"等问题。

（一）成县核桃产业发展背景

富锌富硒的核桃，一直是成县农家盘中的美食，是赠人的特产。成县自古以来水土温润、风调雨顺，千山万壑的核桃树，在清明时开花，七夕时成熟，正是人间最有

味的春华秋实。

优越独特的自然资源，为核桃产业发展提供了良好环境。成县地处秦巴山区，属长江流域嘉陵江水系地带，处于南北过渡性暖温带半湿润气候区，良好的环境孕育出了个大皮薄、营养丰富、富锌富硒的优质核桃。成县的核桃种植历史悠久，1000 多年前，晋代郭义恭在《广志》中已对成县核桃做出"薄皮多肌"的评价。20 世纪 50 年代，成县核桃树栽植 4.5 万株，年产坚果量约 152 吨。20 世纪 70 年代至 80 年代，成县引进新疆核桃进行大面积栽植，至 1985 年，全县有核桃树 56.0 万株，坚果年产量达 635.2 吨。20 世纪 90 年代中后期，成县根据《陇南地区建设 200 万亩经济林发展规划》，提出了大力发展核桃产业的构想，制定了"成县核桃产业发展规划"，并组织实施。成县先后引进良种 63 个，建立核桃丰产示范园、采穗圃、育苗圃进行良种繁育推广工作，核桃种植规模不断扩大，效益不断提高。目前全县产出的核桃主要来自 20 世纪七八十年代直播或野生繁殖的成龄大树，主要为新疆农家品种，树龄 30—40 年。20 世纪 90 年代以来，核桃树优良品种的比重大大提高，占新发展核桃树总量的 40% 左右，大约有 350 万株，品种主要有鲁光、香玲、中林 1 号、辽核 3 号、辽核 4 号、薄丰、薄壳香、晋龙 1 号、晋龙 2 号等。

（二）产业优化，技术引进

农业龙头企业少、精深加工产品不多、核桃产品附加值低、市场竞争力不足等问题一直困扰着该县核桃产业的发展，也限制了农民的收益和核桃产业的长足发展。据此，全县核桃的精深加工的重要性不言而喻。近年来，成县不断立足核桃产业的发展实际，持续加强专业技术人才培养和技术创新，加大市场营销力度，紧紧围绕绿色高质量发展，重点在品牌培育、标准引领、延链补链、科技推广、市场营销上下功夫，持续加强核桃精深加工技术的研发和创新，推动核桃种植、加工、销售全产业链发展，有效提高了核桃附加值，延伸了核桃产业链条，拓展了产业发展之路。自 2012 年以来，核桃良种率达到 85% 以上，实现了核桃产业品种化栽培目标。成县也先后获得"国家级核桃标准化生产示范基地""全国核桃良种基地""中国优质核桃基地重点县"等国家级名片。

"传统的原味核桃晒干后就直接拿去销售，很难满足大众口味。2011 年，我通过深入调研学习，决定采用红枣与核桃的组合，实现了口感与营养的双升级，"成县家裕生态农业有限公司张会林表示，"为寻找最合适的搭配，我吃遍了国内所有枣类，最终选择新疆若羌小灰枣。一是它大小适中，一口一个，二是它甜而不腻，软糯适中。搭配成县老树核桃，软糯的红枣与香脆的核桃形成层次丰富的完美口感，促进了甜味和香味的深度融合。南核北枣跨越千万里的相逢，最终碰撞出了美味佳品。"

超低温物理冷榨水化提取技术是成县核桃精深加工技术的又一亮点，该技术能够在低温环境下从核桃仁体内榨出核桃油，再通过酸碱中和罐、脱臭罐、脱色以及过滤设备，进行层层加工过滤。整个生产工序保持了核桃的原始营养成分和口感，同时解决了传统脱壳压榨技术中存在的一系列问题，如破碎率高、营养流失严重等。这项技术的成功应用，为成县核桃精深加工带来了很大的技术优势和市场竞争力。另外，成县还广泛推广现代化的核桃种植技术，包括合理的土地利用、合理施肥、合理灌溉和有针对性的病虫害防治等，还注重采用智能化设备，如监测仪器、自动化作业设备等。通过科学管理，改善了核桃的生长条件，提高了核桃的产量。

针对海外用户的不同喜好，陇南市华龙恒业农产品有限公司负责人张珏娅很有心得："我们在出口时，会根据不同国家或地区的喜好推荐不同产品。例如，俄罗斯、吉尔吉斯斯坦等国家的消费者喜欢核桃果和核桃仁，日韩等地的消费者喜欢已经制成休闲零食的核桃产品。"

（三）电商科技，打造品牌效应

从抓生产转向打造链条，从抓产品转向打造产业，从抓特色转向打造品牌，成县结合产业实际，逐步走出一条具有县域特色的乡村振兴之路。近年来，成县积极引导企业加强市场营销，拓展销售渠道，提高产品知名度和品牌价值，全县精深核桃产品销售市场不断拓宽。线下线上同向发力，农产品销售效果明显。成县积极组织举办成县核桃节展销会，积极参加国内外各类食品展会，通过展示产品、宣传品牌、洽谈业务等方式，扩大市场影响力和知名度，通过展示多款核桃精深加工产品，受到了国内外客户的青睐。同时，积极开拓电商渠道，借助电商平台的优势，扩大销售范围，提高销售效率。成县核桃精深加工企业积极加强品牌建设，推出了多个知名品牌，如陇小南、同谷家裕、华龙恒业、九源农林等系列品牌，全面提高了产品的品牌价值和市场竞争力。同时，成县核桃精深加工企业还注重产品包装和营销策略的创新，有效提高了产品的附加值和市场竞争力。

目前，成县核桃精深加工产品已经在天猫、京东、苏宁易购等多家电商平台上架销售，并自研搭建了社区电商平台和阿里巴巴国际站企业店铺等，未来成县将继续鼓励支持核桃精深加工企业加强品牌建设，提高品牌价值和市场知名度。

未来，核桃产业效益的持续提升将是成县核桃产业发展的主攻方向。成县将围绕"强链、补链、延链"的总目标，进一步做大做强成县核桃现代产业园区，强化核桃基地精细化管理，做优一产；加快核桃产品精深加工，做强二产；拓展核桃市场营销，做精三产。高质量推进成县核桃产业发展壮大，为县域经济高质量发展做出更大贡献。成县利用互联网平台建立起核桃产业信息化管理系统，实现了核桃生产各个环节的信息共享和追溯，提高了生产管理的效率和可靠性。

（四）政府引导，核桃产业科学化管理

春季是核桃树综合管理的重要时期，也是保障当年核桃增产丰收的关键环节。成县紧抓有利时机，印发《关于开展经济林春季综合管理工作的通知》，明确工作责任和工作任务，细化管护措施，并组织技术骨干，划片包干责任到人，组织群众迅速掀起全县春季核桃树综合管理热潮，打好核桃稳产增收基础。

同时，为做实做好春季以病虫害防治为主的核桃树综合管理，切实提高群众管护技术，确保防治措施落实到位，同时解决群众核桃销售瓶颈问题，2023年3月13日，成县林业和草原局党组书记、局长武向宁带领技术专家，前往甘肃九源农林科技有限公司、成县宏远土特产品有限公司、陇小南生态农业发展有限公司、成县陈院镇永青核桃专业合作社、成县小杨家庭农场等5家核桃龙头企业，召开核桃产销对接会，同时开展以病虫害防治为主的综合管理培训。陈院镇主要领导、各村干部、专业合作社成员、产业大户、群众代表等300余人参加了培训。培训会上，武向宁同志就成县核桃产业发展现状、目前发展存在的问题、面临的瓶颈等进行了深入分析，对发展前景和存在的问题进行了深入浅出的讲解，坚定了群众发展核桃产业的信心，帮群众找准了发展路径和方向。

产业振兴在乡村振兴
中的重要意义

（五）思考与启示：成县核桃产业的发展特色

（1）明确思路，提质增效，增强竞争力。成县核桃产业发展要本着以农民为主体、以科技为支撑、以效益为中心的思路，调动各方的积极性，从而加快农村产业结构调整，增加农民收入，这些都是降低总成本的重中之重。成县核桃生产规模日益壮大，产业发展后劲不断增强，农民认识不断提高，想要进一步提高核桃产业的市场竞争力，开拓国内外市场，提高经济效益，就要提高核桃的商品率和附加值，从而获取更大的利润空间，达到总成本领先的战略要求。而形成高商品率和附加值的首要条件就是核桃自身品质的优越。

（2）提高采收技术。科技是第一生产力，在核桃生产领域，需要大力推广适时采收、及时烘干的技术，从而提高产品附加值，实现总成本领先的战略目标。适时采收核桃是关系到核桃出仁率、出油率及保证产品质量的关键，要在果实充分成熟后采收，采下后应及时脱壳、漂洗。近年来，采用喷洒一种特殊混合液的办法，使核桃的成熟

趋于一致，实现一次采收全部坚果、保证坚果品质优良的目的。采收后要及时脱果皮，清洗烘烤后带壳干燥贮藏，以提高初级产品的价值，增加果农收入。

（3）加强宣传，以品牌拓宽核桃市场。核桃仁具有很高的营养价值，含有人体所必需的8种氨基酸。1kg核桃仁含脂肪629.9g，蛋白质174.4g，碳水化合物104g，还含有钙、磷、铁、维生素等营养成分，营养价值高。以这些科学理论为基础，可以通过各种形式，加强对核桃营养价值的宣传，形成与市场上其他产品的明显差异，从而让公众意识到核桃的独特性、优越性与不可替代性。而除了上文所提及的核桃的普遍优势外，为促进成县核桃产业的快速发展，可以研究开发具有地域特色的核桃仁系列加工品，加快成县核桃产业化经营的步伐，进一步提高核桃消费量。

（4）加快良种化进程。依据成县的土壤、气候特点培育、引进适合当地种植的良种壮苗，结合当地特有的优越自然环境，加快成县核桃品种化栽培的顺利进行。为此，需要加快嫁接技术培训，筹好优良苗木、土地和资金等，用5—10年时间基本实现目标，从而培育出独具成县地方特色的高质量品种。具体情况可分三类区别对待。一是凡种质优良、符合良种标准的均可大量繁殖，扩大良种资源；二是对具有特殊性状、果形特大、仁色特殊的可作为有价值种质登记保存；三是对树势壮的中幼龄低产劣质树实施高接换优，对树势弱或老龄的低产劣质树进行复壮更新。

（5）加强管理，提高产量和品质。目前成县核桃的产量95%来自20世纪60年代至70年代种植的实生核桃树。近年来发展的良种嫁接苗尚未大量结果，因此加强对老核桃树的管理十分有必要。具体措施有加强核桃栽培实用技术推广，鼓励和组织科技人员到第一线进行技术承包、技术服务和技术培训，积极推广应用核桃生产、加工和病虫害防治等方面的科研成果，多形式、多层次培训农民技术员和科技带头人，通过科技带头人的辐射带动实用技术普及，使农民懂得以科技、管理提高效益。核桃的"十项管理"技术即对核桃树进行修剪、病虫害防治、深耕施肥等，改善核桃树的生长环境，切实提高核桃的产量、品质和效益。

（6）做好规划，建立集约化核桃生产示范园。成县核桃生产发展应坚持生态、文化、产业效益相统一，实施可持续发展的原则；坚持政府引导、农民自愿、部门协作、合力攻坚、共建创业的原则；坚持品种化栽培、园艺化管理、规模化种植、产业化经营的原则。一是改变原有的核桃多在地边或利用旁隙地零星种植，有苗都往房前屋后栽的现象。在选择和规划核桃园地时，应根据自然条件，本着集约化、规模化原则，充分利用土地、光能、空间，进行全面规划设计，在川坝、低海拔区主要种植香林等早熟品种，而在山区主要发展晚熟品种。对新建园地要按照高起点、高标准的要求，实行规范管理，以良种化为基础，推广包括矮化密植、整形修剪、防病治虫在内的核桃管理技术，逐步提高核桃单产。生产出符合国内外市场需求的优质核桃。二是选择适宜的土壤，考虑土壤深度、酸碱度和海拔等条件。三是提升整地造林技术，对种植密度、层次和栽植时间进行严格规定。

成县被国家林业和草原局命名为"中国核桃之乡"。近年来，在政府及民众的多方努力下，成县的核桃产业获得了突飞猛进的发展。但在对相关资料进行分析后，可以清楚地看到，成县核桃产业的发展除了具有很大的优势外，还面临内部环境的挑战与外部环境的威胁。希望这些措施能够让成县核桃产业在未来道路上发展得越来越好。

拓展阅读：《陇上百味——成县核桃》（节选）牛徐斌

（案例执笔人：李天宇、毛颖铭、黄奕）

📖 讨论题

1. 成县核桃产业发展的特色是什么？

2. 如何利用互联网、新媒体等技术助推成县核桃的发展？

3. 科技可以在乡村产业振兴中发挥什么样的作用？

第八章　教育事业管理

掌握教育的定义和教育活动的类型；掌握教育事业管理的内涵和内容；明确教育管理体制的主要类型；理解我国教育事业管理体制的改革方向。

1. 教育活动的类型。

2. 教育事业管理的内涵与内容。

3. 我国教育事业管理体制的内涵和改革方向。

第一节　教育事业管理概述

一、教育与教育事业管理

（一）教育

1. 教育的含义。

教育是培养人的活动，其内涵十分丰富。《中国大百科全书·教育卷》从广义和狭义两个角度对教育进行了解释。广义的教育是指一切能够增进人们知识和技能、影响人们思想品德的各种活动。而狭义的教育则主要指学校教育，即在特定的社会或阶级需求下，教育者有目的、有计划和有组织地对学生进行身心教育，培养他们成为特定社会或阶级所需要的人才。

近年来，将教育的概念分成广义和狭义两种定义已成为很多教育理论工作者的共识。广义的教育是伴随人类活动产生的，它自然地存在于生产和生活之中。教育可以被定义为传递知识、技能和文化，培养和塑造学生的价值观、个性，是一种基于社会和人类生存发展需要的、具有普遍性和历史性的社会现象和社会活动。广义的教育包括有组织和无组织、系统和零散的各种活动，其主要目的是增进人的知识和技能、影响人的思想品德。狭义的教育是人类社会发展到一定历史阶段的产物。它是指教育活动逐渐从其他社会活动中分离出来，产生专门进行人才培养的机构——学校，以及伴随学校的出现而产生的人才培养的过程。因此，我们可以将狭义的教育（即学校教育）定义为：教育者根据一定社会需求和年轻一代身心发展规律，以有目的、有计划、有序地传授知识和技能、培养思想品德、发展智力和体力为主的社会实践活动，旨在通过此类活动把受教育者培养成为所处社会所需要的成员。

2. 教育的功能。

教育的功能是指教育活动、教育体系对于个体和社会发展产生的实际作用和影响。教育在培养人的过程中实现社会功能，这也使得教育的社会功能具有了多种特点，如间接性、隐含性、潜在性、迟效性、超前性等。总体而言，教育对于经济、政治、人口、文化等社会子系统具有正向的作用。

（1）教育的经济功能。

教育的经济功能是指教育系统在一定社会经济发展中所起到的作用。近年来，经济增长已由依靠物质、资本、资源的粗放型增长方式转变为依靠技术、人力资本的知识密集型增长方式。在这样的变化趋势中，教育的重要性得到了更多人的关注和认同。

第一，教育可以促进经济增长。教育的普及能够提升人们的文化素质和技术水平，增强其就业竞争力，同时也能促进产生更多的创新和发明，这些创新和发明又可以进一步促进经济的发展。

第二，教育可以推动科技发展。教育是培育人才、传承文化和促进技术进步的重要手段。通过教育，学生能够学到更多先进的知识和技术，发展技术创新的能力，从而推动科技的进步。

第三，教育可以提高劳动者的素质，进而提高劳动者的工作效率和生产力。教育既能传递知识，也能提高人们的技能、品德和行为规范。这些方面的提高可以让劳动者更加适应经济和技术的发展需求，从而提高工作效率，增强产业竞争力，促进经济的发展和繁荣。

（2）教育的政治功能。

教育的政治功能是指通过教育向受教育者传递社会主流政治思想。教育在影响社会政治生活、维护社会稳定、促进社会发展等方面发挥着重要作用。具体而言，教育对政治的影响主要表现在以下四个方面：

第一，教育对于社会政治稳定的维护至关重要。教育可以培养高素质的人才和具备完备能力的公民，为社会提供和谐、稳定的发展环境。

第二，教育有助于提高社会政治文明水平。人们可以通过教育学习正确认识和处理政治问题的态度与方法，建设更为和谐、文明的社会。

第三，教育促进社会政治变革。教育可为现代化的思想观念变革提供人才支持，起到推动作用。

第四，教育创造社会政治精英。教育不仅可以培养复合型人才，也可以为社会输送有朝气、发展能力强的社会政治精英。

（3）教育的人口功能。

教育的人口功能是指教育对人口数量、结构和质量的调控和促进。人口数量和质量在不同社会发展阶段有不同的作用。在落后的社会发展阶段，社会主要需要体力劳动力，因而人口数量显得非常重要；而在现代化的社会发展阶段，社会需要具备较高智能和综合素质的劳动力，因而社会更加重视人口质量。教育是提高人口质量的根本途径，可以提升人的身体素质、科学文化素质和道德素质等。具体而言，教育对人口的作用主要体现在以下四个方面：

第一，教育是调控人口数量的重要手段。通过提高教育水平和推广少子化政策等手段，可以合理控制人口数量和流动。

第二，教育是提高人口素质的重要途径。教育可以提高人们的科学文化素质、道德水平和身体素质，为人口的健康发展和提高劳动力素质打下基础。

第三，教育使人口结构趋于合理。教育可以促进人口结构的调整和优化，使得人口结构更趋于合理化和年龄平衡化。

第四，教育有利于人口流动和迁移。通过为不同地区的人口提供相同的教育机会和资源，可以实现人口流动和迁移的有序和合理。

（4）教育的文化功能。

作为人类文化创造物，文化具有多种表现形式，如物质文化、制度文化和精神文化等。在某种程度上，文化的创造过程本身就是一种教育过程。教育的文化功能主要指教育可以促进文化的延续和发展。教育的文化功能具体表现在以下四个方面：

第一，教育具有文化传承的作用。教育在向学生传授知识和技能的同时，也在传递和弘扬传统文化、民族文化等各类文化资源，维护和传承文化文脉。

第二，教育具有文化选择的作用。教育可以避免低俗文化、有害思想等负面文化对未成年人的影响。

第三，教育具有文化交流的作用。教育可以促进文化间的交流与对话，提升文化的多样性和包容性。

第四，教育具有文化创新的作用。教育可以激发创造性，鼓励人们尝试创新、推动文化的不断更新和发展。

（二）教育事业

1. 教育事业的含义。

现代教育是一个巨大的系统，由不同层次、不同类型的教育活动组成。当教育活动从其他社会活动中脱离，成为一个独立的社会部门并被管理和运营时，它便成了一种事业。据此，我们可以明确教育事业的基本内涵，即教育事业是一种以满足社会共同需要为主要目标的教育活动。所谓社会共同需要，指的是在特定条件下，以公共价值为导向，以扩大社会利益为宗旨的共同需要，也就是保证社会稳定和发展的最基本的素质要求。同时，教育事业主要由公共资金资助其发展，教育事业的发展程度在不同时期主要取决于社会发展水平和公共财政能力。

2. 教育事业的特点。

教育事业呈现出非排他性、消费竞争性和外部收益性三大特点。

（1）非排他性。

教育事业产品具有一定的非排他性。这意味着在一定的范围内，一个人消费教育事业产品并不会排斥他人同时消费。例如，一个教室可以同时容纳多个学生进行学习，学生之间的学习并不会相互干扰。在现代教育中，班级教学是一种常见的教育模式，班级中的学生可以在同一时间和地点进行学习，不会互相排斥。

为保证教育效果，需要在教室中配备相应的教学设备，例如投影仪、黑板等。同时，也需要限制班级学生人数，这有助于保证每个学生都能够获得足够的关注和帮助。一旦超出了学生人数限制，就需要增加班级和相应支出，这会引发排他性问题。为避免这种情况，各级政府和教育机构需要制订合适的规划和管理措施，以确保教育资源的合理利用和公平分配。此外，随着信息技术和网络技术的发展，逐渐出现了线上教育模式，这种教育模式也具有非排他性的特点，可以同时服务多个学习者。教育是社会发展的重要组成部分，非排他性的特点为更多学习者提供了平等的学习机会，也促进了教育事业的可持续发展。

（2）消费竞争性。

教育事业产品具有一定的消费竞争性。随着学生数量的增加，教师数量和教学设施等资源也必须相应地增加，这会导致教育的总成本增加。然而，教育供给的能力总是有限的，必然会出现教育事业产品需求的竞争。此外，随着社会的发展和消费者对教育事业产品质量的要求越来越高，数量有限的优质教育事业产品也必然引发消费竞争。

在这种情况下，政府和教育机构需要采取相应的措施，优化教育资源的配置和使用，以满足不同消费者的需求和提高教育事业产品的质量水平。同时，还需要加强对教育事业产品市场的监管和管理，确保公平竞争，维护消费者的权益。

（3）外部收益性。

教育是一种同时具有内部和外部收益的活动。作为受教育者，教育的内部收益可以帮助他们获得知识和技能，从而提高他们的生活质量。这种内部收益不仅有助于个人的发展，而且对整个社会都具有重要作用。

教育的外部收益可以促进社会的发展，为经济、政治、文化等方面的进步做出巨大的贡献。随着时代的发展，教育行业面临着新的挑战。在当今世界，全球化和快速发展的科技趋势使得人们需要不断地更新知识和技能才能适应激烈的竞争环境。因此，受教育不仅是一个基本权利，还是人类社会发展的必要条件。当学生接受教育后，学校可以为用人单位提供高质量的劳动力，用人单位可以提高生产效率，促进经济增长。同时，更高的技能水平也可以提高个人的收入水平，从而带动整个社会的经济发展。教育不仅有助于培养个人的素质，还能促进社会的进步和创新，为社会提供更好的人才资源。

二、教育事业管理的内容

教育管理的内容主要包括五大要素：教育预测、教育计划、教育决策、教育督导和教育评价。五大要素相互渗透、相互促进。教育预测是其中的基础，没有科学的教育预测，就无法制订科学的教育计划，也就难以做出科学的教育决策。教育督导和评价是指对教育计划和决策进行监督、指导和评价。没有教育督导和评价的支持，就难以检验教育预测、计划和决策的科学性，也就无法保证教育事业的持续健康发展。

（一）教育预测

教育预测是指在教育领域中运用科学方法，对教育现象的发展趋势或倾向做出预测。这种预测不仅关注当前的教育现状，而且关注对未来教育发展趋势的研究和探索，以促进教育体系更好地适应社会发展的需求。

教育预测的范畴十分广泛，包括教育发展模式的变化、教育结构的变化、教育人口的变化、教育投资的变化、教育内容及方法的变化、教育布局和人才需求的变化等多个方面。

预测教育发展模式是为了帮助教育管理者更好地掌握教育趋势和方向，为未来教育政策的制定提供参考。

预测教育结构的变化则可以揭示教育体系的演变和发展轨迹。

预测教育人口的变化可以为教育资源和投入的合理配置提供支持。

预测教育投资的变化可以指导教育资源的优化配置，以提高教育质量。

预测教育内容及方法的变化可以为学校教育的课程体系和教学模式改革提供科学依据。

预测教育布局和人才需求的变化可以更好地为政府和企业的人才战略决策制定提供依据。

（二）教育计划

教育计划是指在国家教育方针政策指导下，为实现预设的教育目标和任务而采取的规则、步骤和方法的总和。教育计划在教育体系中扮演着重要的角色。它可以帮助教育管理者更好地掌握教育方向和目标、优化教育资源配置、提高教育质量和效益、推进教育改革创新。

教育计划主要由教育发展目标、教育现状分析、教育计划目标和教育行动方案等四部分组成。

教育发展目标是教育计划的基础，也是评价教育事业发展的重要标准，它需要在国家教育方针的统一指导下进行制订和修订。

教育现状分析是评估目前教育现状及其存在问题的重要工作，它需要对教育资源、教育质量、教育管理等方面进行全面梳理和分析。

教育计划目标是在教育发展目标的基础上，通过对现状的分析和诊断，制订具体的教育计划目标，以指导教育工作的实际开展。

教育行动方案是为达到教育计划目标而拟定的具体实施方案，是科学、合理地组织教育系统中的人力、物力、财力、时间、空间和信息等多个资源要素，实现教育目标的关键。

（三）教育决策

教育决策有广义和狭义之分。广义的教育决策指教育领导者处理各种教育问题，或选择各种方案的行为，无论是政策性还是事务性、全局性还是局部性的决策和选择都属于广义的教育决策范畴。在进行教育决策的时候，广义的教育决策需要教育领导者全面考虑和评估各种教育问题，从而做出相应的决策和选择，以保证教育发展的长期性与稳定性。

狭义的教育决策则指教育领导者为了达到特定的教育目的而对操作方向、目标、原则和方法所做的决策。狭义的教育决策需要教育领导者聚焦于达成特定目标的一段时间，通过制订操作方向、目标、原则和方法等进行决策。

教育决策是教育管理的重要组成部分，它关乎教育事业的发展和创新，影响着社会的未来发展。教育领导者需要结合国家的教育方针和发展战略，厘清未来教育的发展目标和实现途径，从而使教育决策更符合社会、经济和文化发展的需求。在未来，教育决策需要更多地关注教育信息化和国际化趋势，借助教育技术的发展和应用，提高教育决策的效率和准确性，确保教育改革和发展符合时代需求和国家发展战略。

（四）教育督导

教育督导是一种视察、监督、指导和建议的活动，涵盖教育行政工作和学校各个方面的组织、领导、教学、管理及教育资源利用等工作。具体而言，教育督导是根据党和国家的教育方针政策并按照督导的原则和标准，采用科学的方法对教育行政工作和学校工作进行精密的观察、调查和考核，进而进行审慎的分析和评定，指出优点和缺点，提出积极的改进意见，以不断提高教育工作质量。

教育督导在教育管理中扮演着重要的角色，它可以帮助教育行政部门和学校领导及教师团队改进教育工作，促进教育质量的提高。在实施过程中，教育督导应该重视方式的科学性和严谨性，并根据实际情况进行有针对性的督导工作。同时，还需要注重形成多元化、全面化的督导评价体系，以确保督导工作的公正性和可靠性。

随着信息化和智能化的兴起，教育督导也需要不断提升智能化水平和技能，更好地适应信息时代的发展和变化。未来的教育督导需要更加注重信息技术与督导工作的融合，将先进的科技手段和多维度的数据分析引入督导工作，提高督导的时效性和准确性，推动教育质量和效益的不断提升。

（五）教育评价

教育评价是对教育事业中所涉及的各个层面，包括教育机构、教师、教材、教学方法等方面进行评估和检查的过程。多位学者对教育评价的内涵进行了界定。例如，泰勒认为，教育评价是确定教育目标达到程度的过程。而阿尔肯则认为，教育评价能够找出与教育决策相关的问题，在适当的情况下选择相应的信息指标，为决策者做出不同的决策提供依据。

教育评价在教育事业中占据重要地位，教育评价可以为教育的组织和管理工作提供有力支持。可以预见，未来的教育评价需要更多地体现科学性和可操作性。可以采用更为多元化和综合化的指标与方法，提高数据分析和信息技术应用能力。同时，教育评价也需要关注不同地区和学校的不同特点和需求，确保教育评价的准确性和公正性，持续提升教育体系的整体水平和质量。

三、教育事业管理体制

（一）教育事业管理体制的含义

"体制"最初是一个生物学上的概念，用于描述生物器官的配置形式，后来引申为国家机关、企事业单位的组织制度。在教育管理领域，教育管理体制指的是国家、社会、学校之间的相互关系及相应的管理组织方式。在部分教材中，"教育行政体制"和"教育管理体制"这两个概念被混用，事实上这两个概念是否存在本质区别主要取决于对"行政"一词的理解。如果将"行政"一词理解得比较狭隘，则这两个概念各有区别；但如果将其理解得较宽泛，则这两个概念之间不存在本质区别。

归根结底，教育管理体制（或称教育行政体制）致力于解决领导权力分配、机构设置等与教育事业管理密切相关的根本制度问题。本书未将"教育管理体制"与"教育行政体制"严格区分。教育管理体制中的核心问题在于教育事权方面的权限划分，即中央政府与地方政府、教育管理部门与学校之间权力的分配问题。

（二）教育事业管理体制的制约因素

教育管理体制的建立、完善和效用的发挥受国家政治体制的制约，受社会经济发展水平的制约，受国际改革趋势和管理主体的影响。

（1）受国家政治体制的制约。教育管理体制在不同的国家和地区存在不同的特点，但同样受国家政治体制的制约。教育管理体制与政治体制往往是相互关联的，当政治体制采用中央集权的形式时，教育管理体制也难以完全实现地方分权。

（2）受社会经济发展水平的制约。社会的经济发展水平与教育体系的发展息息相关。经济繁荣能够提供更多的资源，政府有更多的资金投入教育领域，从而提高教育机构与设备的质量。随着经济发展水平的提高，国家管理教育的组织形式也可能相应地改变。当一个国家的教育体系变得更加先进、合理并具有竞争性时，政府可能会逐步推行相应的改革，这种改革进一步促进了社会和经济的发展。

（3）受国际改革趋势的影响。全球化背景下，国际教育方面的交流和合作越来越密切，成为国家间相互借鉴、共同探讨和合作发展的重要推动力。各个国家都在努力地寻求最优的教育管理体制模式，这种探索是在经验上的交流和创新上的努力。许多国家开始在教育管理领域寻求与其他国家的合作交流，对其他国家教育管理体制的成功实践进行学习借鉴，并在此基础上进行自身的改革与创新，以期实现与其他国家的良性互动。

（4）受管理主体的影响。尽管教育管理体制受多种客观因素的影响，但不可否认管理主体也在其中发挥着一定的作用。实践表明，管理主体的不同在制度选择、具体制度的制定以及效能发挥等方面都会对管理形态造成不同程度的影响。即使在同样的社会制度下，对于教育管理体制的设计和评价标准，不同的管理者会有不同的偏好和主张，这也说明了管理主体在教育管理体制中的重要性。

（三）我国的教育事业管理体制改革

1978年，我国教育事业迈出了改革开放的历史步伐。40多年来，教育体制改革始终是教育改革的主线。党的十八大以来，我国教育改革向纵深推进，人民总体受教育机会大幅增加，人才供给能力显著增强。习近平总书记在2018年全国教育大会上强调，"坚持优先发展教育事业，坚持社会主义办学方向，坚持扎根中国大地办教育，坚持以人民为中心发展教育，坚持深化教育改革创新"，"要深化办学体制和教育管理改革，充分激发教育事业发展生机活力"。

1. 深化不同层级教育管理体制的改革。

学前教育要建立健全国务院领导、省市统筹、以县为主的管理体制，鼓励社会力量举办幼儿园，支持民办幼儿园提供面向大众、收费合理、质量合格的普惠性服务。

基础教育实行地方政府管理、以县为主的管理制度。为加快完善我国的义务教育，中央政府提出了一系列措施，包括优化教育资源配置，加速推进义务教育学校标准化建设，启动实施集中连片地区教育扶贫工程，推行中小学教师交流制度，平衡城市中小学择校问题，推进义务教育均衡发展督导评估等。省级政府应制定本省义务教育政策、规划和义务教育各项标准，统筹配置教育资源，促进省内义务教育均衡发展。县级政府除按省级政府确定的比例承担教育经费外，更重要的责任是管好、用好资金，做好义务教育实施工作。

高等教育实行中央和省级政府两级管理、以省级政府管理为主的制度。高等教育管理体制改革力求构建由政府统筹规划和宏观管理、高校依法自主办学的体制。高等教育仍应以政府办学为主，同时积极鼓励各界参与办学，以提升办学模式的多样性和经费来源的多元化。在经费投入上，除国家教育投资外，还应该鼓励企业投资、社会捐赠等多种形式的经费筹措。推进高校与地方、行业、企业合作共建，打造高等教育优质资源共享平台。探索中外合作办学模式，建设区域特色的国际教育合作和交流平台，完善相关质量保障机制，提高教育国际化水平。

2. 建立健全中国特色现代学校制度。

《国家中长期教育改革和发展规划纲要（2010—2020年）》把建设现代学校制度列为深化教育体制改革的重要内容与任务，并明确了现代学校制度的内涵："适应中国国情和时代要求，建设依法办学、自主管理、民主监督、社会参与的现代学校制度，构建政府、学校、社会之间新型关系。"

建设现代学校制度是适应我国社会发展的需要。我国现代学校制度建设包括若干基本任务。首先，构建政府、学校和社会之间的新型关系，适应国家行政管理改革要求，在明确政府和学校的职责与权力的基础上，政府需优化服务改革，扩大学校办学自主权，鼓励社会力量参与学校办学。其次，完善中国特色现代大学制度，优化大学治理结构，确保高校依法制定章程，推进高校与科研院所、社会团体、行业等开展更为有效的合作，建立更加科学规范的办学评估制度。最后，进一步完善中小学校长负责制，优化校长的选拔条件及办法，健全教职员工代表大会和家长委员会制度，吸纳社会力量参与办学与管理。

3. 加强教育立法。

改革开放后，我国教育法治建设不断加强，先后出台了《中华人民共和国义务教育法》《中华人民共和国教师法》《中华人民共和国教育法》《中华人民共和国职业教育法》《中华人民共和国高等教育法》《中华人民共和国民办教育促进法》。上述教育立法均对我国的教育事业管理体制做出了规定。此外，改革开放以来，我国还颁布了一系列指导国家教育改革和发展的重要文件，例如，1985年颁布的《中共中央关于教育体制改革的决定》，2010年中共中央、国务院印发的《国家中长期教育改革和发展规划纲要（2010—2020年）》等。上述重要文件也包含了我国教育事业管理体制改革的内容和要求。

总体而言，我国的教育立法还存在进一步完善的空间。首先，通过法律进一步规范政府、教育机构、教师、受教育者、教育投资者及社会各方面的权利和义务，加强民主监督，实行依法治教。其次，各级政府和教育管理部门要做到依法行政，逐步弱化直接管理，将我国的教育事业管理纳入规范化、制度化的轨道。最后，国家应制定统一的教育法规和政策，并允许地方进行一定的教育和税收立法，以便根据当地的实际经济和社会发展的状况来确定适当的教育发展政策。

第二节　典型案例

一、案例 1：凉山蝶变的教育力量

"扶贫必扶智"是我国在脱贫攻坚过程中坚持的重要方针，教育扶贫是扶智的基本方式。教育扶贫不仅让贫困家庭的孩子"有学可上"，更重要的是让他们"能上好学"。凉山把教育扶贫作为脱贫攻坚的治本之策，下决心"砸锅卖铁办教育"，为贫困家庭的子女提供更好的学习和成长环境。随着彝区教育振兴计划和民族地区"十五年免费教育"政策的全面实施，凉山教育事业的短板逐步得到补齐，各项教育事业取得了长足发展。

（一）凉山教育蝶变的背景

凉山，位于四川省西南部，西跨横断山脉，东抵四川盆地，北至大渡河，南临金沙江，面积 6 万多平方千米。根据凉山州统计局发布的《凉山州 2022 年国民经济和社会发展统计公报》，凉山在 2022 年底有户籍人口 543.02 万人，少数民族人口占比为58.14%，其中彝族人口占比为 55.04%。凉山气候宜人，物产丰富，资源富集，是有名的攀西"聚宝盆"的重要组成部分。

凉山是一块美丽富饶的土地，但却一度存在贫困问题。凉山所辖的 17 个县市，有11 个县（主要是彝族聚居程度较高的县）被列为国家扶贫开发工作重点县。在 2014 年的一次精准识别中，凉山的美姑县就被识别出存在 272 个贫困村，涉及 10.13 万名贫困人口，贫困村的数目居全省第三、全州第一。

（二）"吃饭型"财政"砸锅卖铁"办教育

凉山财政属于"吃饭型"，教育资金投入能力有限，但为了在 2020 年如期实现县域义务教育基本均衡发展的任务，政府下决心"砸锅卖铁"办教育。

按照"分级管理，以县为主"的教育管理体制和财政体制，所需资金按照"中央、省级补助，州级帮助，县级主体"的原则，中央、省财政给予等额补助，其余部分由各级财政承担。上级财政补助资金采取"年初预拨，年终据实结算"的方式管理。财政定额补助标准为：免除学前教育 3 年保教费，按照每生每年 450 元的标准给予补助；免费提供教科书，按照每生每年 350 元的标准给予补助。

美姑县洛俄依甘乡小学校长俄地尔良曾向记者诉说学校的旧貌与新颜。2008 年，俄地尔良到该校任教时，学校条件非常艰苦。学生因教室不够只能挤到食堂上课，部分学生还因无法住校需每天走几千米的山路上学。三四名教师只能挤在一间没有卫生间和厨房的周转房内，部分年轻教师待不了多久就走了。可喜的是，开展教育脱贫攻坚以后，学校面貌焕然一新。随着新校园的正式启用，学校目前已经拥有了红白相间的新教学楼，标准的塑胶操场，错落有致的学生宿舍和温馨的教师公寓等各种设施。

凉州先后实施了"全面改薄""学前教育三年行动计划""大小凉山彝区教育扶贫提升工程""十年行动计划""三区三州"等重大工程项目，彻底消除了中小学 D 级危房，城乡间、学校间办学条件差距进一步缩小，逐步实现县域均衡。改善办学条件的同时，凉山全面落实"十五年免费教育"惠民政策，推行加强版"两免一补"，建成了"精准到人"的教育资助体系。

曾任美姑县委书记的马小宁用几个"前所未有"来概括此次脱贫：党委、政府的重视程度前所未有，项目资金的投入力度前所未有，校容校貌变化之大前所未有，义务教育均衡成效之大前所未有，控辍保学的力度前所未有。

（三）扶贫必扶智，扶智先通语

学前教育资源紧缺，学前儿童普通话普及程度低是凉山脱贫攻坚中的一个关键问题，也是贫困"代际传递"的重要原因之一。过去，不少农村家庭采取"散养式"的早期教育模式，许多孩子到了七八岁直接进入小学，有的孩子甚至到了十一二岁才开始上学。由于不会普通话，孩子们在学校听不懂，跟不上课程，就会逐渐丧失学习兴趣。这也影响了这些孩子成年后出门工作的境遇，通常他们只能选择以体力劳动为主、技术含量低、收入不高的工种，工作中遇到问题也较难顺畅交流解决。

2015 年 10 月，凉山在全州范围内启动实施了"一村一幼"计划，将"学会普通话，养成好习惯，懂得感恩情"作为幼儿培养目标。为给未能覆盖学前教育资源的行政村和人口较多的自然村儿童提供更好的教育资源，凉山州政府通过改造村委会活动室、闲置的小学，以及租用民房等多项措施，设立了村级幼儿教学点。2018 年 5 月，依托"一村一幼"项目，国务院扶贫办、教育部和四川省政府在凉山展开了"学前学会普通话"行动，覆盖全州 17 个县市的 3895 个幼儿园（或幼教点），大大改善了26.96 万名学前儿童的教育状况。

（四）控辍保学成为脱贫攻坚的"一票否决"指标

控辍保学是凉山脱贫攻坚中的一个"老大难"问题。手脚麻利的年轻人是工厂欢迎的对象，尤其在用工荒时，企业开出的高薪足以对凉山的少年和家长形成诱惑。受多种因素影响，凉山义务教育阶段学生失学、辍学现象一直存在，其中深度贫困县小学高年级学生和初中生、流动和留守儿童失学、辍学问题较为突出。

为解决这一"老大难"问题，凉山"自揭盖子"，于 2018 年启动失学辍学问题全覆盖调查，于 2019 年初出台《凉山州控辍保学"一个都不能少"工作方案》等，全面落实"六长责任制"和"双线八包"制度，并创新采用户籍和学籍比对、移位点名等措施。同时，通过司法途径，保持控辍高压态势，2019 年全州对不送适龄儿童入学的家长提起司法诉讼 32 起。2020 年寒假期间，公安机关对组织未成年人务工行为刑事立案 5 起，刑事拘留 8 人，行政拘留 3 人。此外，凉山提出随班就读、学业补偿、就地入学、送教上门、远程教育等办法，帮助学生安心学习。多措并举下，凉山控辍保学工作成效明显。2020 年，凉山录入系统的 60972 名失学辍学学生已全部销号化解，实现 2.2 万名贫困户失学儿童全部回到学校。

（五）凉山彝区教育扶贫面临的问题

1. 义务教育发展不均衡。

彝族聚居县与安宁河流域的县市呈明显的"二元"格局，优质教育资源集中在条件较好的西昌附近，而彝族聚居县的师资力量、教学质量、办学条件都相对较差。彝族聚居县县域内、城乡间的教育发展也存在较为严重的不均衡问题。

2. 办学条件有待改善。

凉山彝区教育因历史欠账太多，一度与全国平均水平有较大差距。截至 2014 年，州内少数民族聚居区的幼儿园、小学、初中、高中学生人均校舍面积分别为 2.26 平方米、5.46 平方米、8.75 平方米、10.63 平方米，均低于全省平均水平。另外，全州有 2071 所学校（包括 955 个教学点）办学条件达不到教育部规定的基本办学标准。凉山彝区标准幼儿园大多是由闲置的小学校舍、村活动室或民房等改造而来，硬件条件差，无法满足学前教育的需要。

3. 学生流失问题较为突出。

凉山彝族聚居县不同程度地存在义务教育阶段学生流失问题，其中小学高年级和初中一、二年级学生流失最为严重，有的县初中学生流失率甚至达到了 7% 左右。此问题之所以存在，是因为有些家庭过于贫困导致学生辍学在家务农或外出打工，更因为学校教学条件差，教师数量严重不足、素质偏低、学科结构失衡，以致教学质量不高、毕业生就业困难，使学生家长对子女读书的前景失望，辍学打工成为无奈的选择。

4. 民族寄宿制学校发展难以满足需要。

寄宿制学校建设滞后，教室、学生宿舍、食堂等设施不足。由于校舍不足，大班额现象在城区学校和乡镇学校大量存在，一些学校班额甚至高达 110 余人，两三个学生挤着睡在一张床上。寄宿制学校生活补助名额总量不足，没有实现在校生全覆盖。2014 年全州在校寄宿的少数民族学生有 21.32 万人，享受寄宿制生活补助的有 14.06 万人。由于补助总量不足，许多学校只能将有限的经费分摊给所有寄宿制学生享受，因而降低了生活标准。

5. 中小学教师队伍量少、质弱、不稳定。

凉山各县市教师数量普遍不足，缺编问题突出，一些教学点不得不聘用大量代课人员。由于环境艰苦，工作任务艰巨，工资待遇偏低，住房、子女教育和就业等方面缺乏制度保障，彝族聚居地区教师"转行、进城、外调"的想法普遍，优质师资外流较多，教师招不进现象同样突出。

6. 乡土教材缺乏，双语教师缺口较大。

凉山城镇覆盖面小，广大彝区的农村幼儿在进入幼儿园之前通常不懂汉语，导致教学存在语言障碍。长期没有配齐特色浓郁、操作性强、彝族幼儿容易接受的本土教材和读物，加上凉山彝区拥有学前教育专业背景并能熟练掌握彝汉双语的师资较为缺乏，导致该地学前教育发展水平受到限制，这是凉山彝区"一村一幼"建设面临的困难之一。

7. 职业教育发展水平偏低。

受多种因素影响，凉山职业教育发展长期受限。2014 年，全州职业教育在校学生有 3.3 万人，职普比为 2.9∶7.1，远低于四川省的平均水平。当年全州初中毕业生有 55535 人，升入高中阶段的学生有 35610 人，升学率仅为 64.1%。其中中等职业学校招生 11436 人，仅占高中阶段招生数的 32.1%。2014 年开始实施的彝区"9＋3"免费职业教育计划，按每生每年 7330 元的补助标准，全省统一录取凉山 4300 名学生到州外 22 所中职学校免费就读，基本实现了四川省委、省政府提出的"全州初中毕业生都能接受以职业教育为重点的高中阶段教育"的"应读尽读"目标，但指定的招收凉山学生的 22 所中职学校实力较弱，缺少专业特色和就业优势，入学学生面临着再次选择职业，学生容易流失。

（六）凉山彝区教育扶贫存在问题的原因

1. 劳动力整体素质低。

中华人民共和国成立以前，凉山彝族地区基本没有现代意义上的教育体制和教育机构。20世纪50年代中叶以来，在国家的大力支持下，彝族地区开始大规模兴办学校，发展现代教育，经过多年的艰苦努力，虽然已培养了一批批大学生，劳动力素质得到了一定提高，但整体素质仍然偏低，无法适应新形势下脱贫致富的基本需要，主要表现在：

劳动技能简单、单一，反贫困手段有限。彝族村的经济方式、经济来源大体相同，基本上只有种植或养殖收入。大多数人只掌握简单、原始的农业和畜牧业生产技能，劳动生产率低下，挣的都是来之不易的"辛苦钱"。如果有较为完善的技术学校和职业中学教育体系，就能在一定程度上弥补这种不足，但凉山大多数县的技术学校和职业中学一度发展较为落后。

外出务工制约因素多，致富门路少。外出打工已成为四川农村贫困地区农民脱贫致富的重要途径，凉山每年也输出劳动力20多万人次，但彝族劳动力所占比例很低。究其原因，除文化知识水平低、劳动技能单一等因素外，语言交流能力偏弱以及民族风俗习惯差异等也是影响彝族地区劳动力输出的重要原因。部分受过初高中以上教育的年轻人外出打工，都主要在本县内或凉山州范围内，到州外或省外打工是少之又少的。

2. 政策不够精准。

办学经费投入不够精准。多年来，凉山彝族聚居县的财政自给率较低，教育事业发展基本靠国家扶持，而国家级、省级的部分教育项目要求地方政府给予配套经费。越贫困、越需要扶持的地方，地方财力越困难，基本无财力提供配套经费，导致许多建设项目只能被迫放弃，一些项目因配套资金拨付困难而不能落地。

实行全省基本统一的教师编制标准在一定程度上脱离了彝族聚居地区实际。由于彝族聚居地区大多山高路远、校点分散，客观上对教师的需求量较大。教职工基本编制数量与省内其他地区一致，会造成许多学校师资紧缺，教师负担过重。寄宿制学校对学生生活管理员和炊事员的需求量较大，而省内下达的附加编制较少，难以满足实际需求。

实行全国、全省基本统一的教师工资待遇标准，将教师绩效工资的资金筹措责任赋予地方政府，与彝族聚居县实际不符。由于彝族聚居县地方财政困难，教师绩效工资标准低，待遇差，教师队伍难以稳定。

中小学布局结构调整不尽合理。各县中小学的布局规划，一定程度上科学性不足、前瞻性不强。如：有的县村级小学布局因论证不充分，"拆了建、建了拆"现象突出，既造成较大浪费，也影响了边远贫困地区学生入学；有的县寄宿制学校建设规划以资金定规模，以设想定计划，一定程度上存在需求与供给不符的情况。

3. 工作机制不够精准。

部门协调机制不够完善。教育、民政、扶贫等部门各自为政，教育资源、扶贫资源未能很好地协调使用。如彝家新寨建设、移民新村建设等工程与教育发展规划沟通缺失，有的学校刚建好，村民却已整体搬迁，因而造成学校建设的浪费。

4. 贫困识别机制不够完善。

《关于支持大小凉山彝区深入推进扶贫攻坚　加快建设全面小康社会进程的意见》

如学校建设项目分配"平均漫灌"或排队实施，造成重复建设，或该建的没有建成，建成的使用效益又不高。又如对家庭贫困寄宿制学生生活补助对象识别不精准，存在平均分配的问题。

（案例执笔人：王子怡）

📖 **讨论题** --

1. 如何解决我国义务教育发展地区差异大的问题？

2. 政府在凉山地区教育扶贫中发挥着什么样的作用？

3. 义务教育"以县为主"的管理体制存在哪些利弊？

二、案例 2：杭州"星级家长执照"工程——家校社协同育人的探路者

在孩子的成长过程中，家庭教育、学校教育和社会教育的参与缺一不可。家庭作为孩子的第一课堂，其重要性尤为凸显，家长是孩子的第一任教师，父母的言行举止和培养方式在很大程度上会直接影响孩子的成长。然而，父母不是天生的教育家，父母也需要开展家庭教育方面的学习。"星级家长执照"工程是全国首创、杭州上城区先行先试的家长学习平台，推出后屡获肯定。

（一）"星级家长执照"工程的缘起

2015 年，杭州市上城区做了一次以 12000 人为样本的调查。数据显示，有 70% 以上的家长迫切想学习科学育儿的策略。上城区教育局党委书记、局长项海刚认为，大多数家长在开展育儿工作时会碰到"三缺"问题，即缺时间、缺方法、缺能力。律师需要律师资格证，教师需要教师资格证，但是家长应对育儿问题却缺少了一张特别的"执照"。

2017 年，上城区启动"星级家长执照"工程，面向 0—15 岁孩子的家长开展全方位、多形式的教育活动。通过打造全流程、自主式数字化学习的"上城范式"，推动新时代家庭教育的蓬勃发展。

上城区提出了家长必备的四项素养：明责任、乐学习、会倾听、常陪伴。一是明责任。孩子的成长教育不仅仅是教师的事情，同样也是各位家长义不容辞的责任。家庭教育可以弥补学校教育的不足，作为家长，在重视学校教育的同时也不能忽视家庭教育。二是乐学习。在家庭教育过程中，家长应自觉自愿地学习育儿经验，做到知行合一，将间接的育儿经验转化为自身的宝贵财富。三是会倾听。家长应当在合适的时间和地点，以合适的倾听姿态面对孩子，以朋友的方式倾听孩子，做孩子最好的倾听者。四是常陪伴。陪伴是父母给孩子最好的礼物。家长要注意给孩子树立良好榜样，关注孩子学习的细节，关注孩子的心理健康。

（二）"星级家长执照"工程的推进

1. 起步。

"星级家长执照"工程起步于 2015 年 1 月，是由杭州市上城区社区教育委员会基于上城区建设"四个标杆区"、一流国际化现代化城区、学习型家庭等综合因素提出，发挥移动学习优势，推进社会治理新局面的新举措。它以"星级家长执照"学习平台为载体，联动区内相关部门，最大限度调动和配置成人教育资源，面向 0—15 岁孩子的家长，开展线上与线下相结合的全方位、多领域、多形式的学习活动，创新市民学习方式，提高家庭教育质量，进而提升市民整体文化素养。"星级家长执照"工程是全国首创、上城区先行先试的"新时代全域推进家庭建设的上城样本"。

（1）成立多方合作领导小组。

推进"星级家长执照"工程，首要举措便是建立并完善了区—街道—社区立体化的三级教育网络。"星级家长执照"工程这一项目由杭州市上城区社区教育委员会联合上城区委宣传部，以及上城区文明办、教育局、民政局、卫生健康局、妇联、家长学校等单位和辖区内六个街道共同开展。

上城区组织成立了以上城区副区长为组长的"星级家长执照"工作领导小组，由上城区教育局牵头负责、区社区学院具体落实开展，在"微学通"平台上具体进行。多方多次召开"星级家长执照"建设项目会议，落实责任主体，明确成员分工，保障经费投入。

上城区聘请省、市级有关专家组成项目专家指导小组，完成项目建设的顶层设计，提高项目工作组的业务水平，确保项目顺利开展。同时，上城区引进"内部建设好、资源整合强、服务效果优"的社会组织参与运作，充分利用各种教育资源，延伸家庭教育服务平台。此外，上城区邀请省内外著名专家、特级教师、名师名校长共同打造专业课程体系，壮大专家、社工和志愿者队伍。

（2）设置科学合理的培养方案。

"星级家长执照"工程项目以家长文化与教育素养的提升为目标，致力于培养"明责任、乐学习、会倾听、常陪伴"的上城好家长。

教育家长不同于教育孩子，家长作为成人，具有各自已有的经验、学历、知识背景等，且家长的学习时间并不固定。因此，根据混合式学习理论，"星级家长执照"工程设置科学合理的培养方案，解决成人学习所遇到的困惑，解决工学矛盾，满足个性化需求，为成人学习者在时间与空间上提供多元化的选择，提升了家长学习的积极性。

（3）创新搭建混合式的学习平台。

"星级家长执照"工程将信息技术运用于家长教育领域，打造家长学习空间，形成上城家长"人人爱学习、时时在学习、处处能学习、事事讲学习"的新风尚。

"星级家长执照"工程的开展在最初的时候依托于"微学通"学习平台，在此基础上进行了推广与应用。上城区是全国社区教育示范区、全国数字化学习先行区，于2015年1月定向研发并推出了终身学习移动平台——"微学通"，该平台集微信公众号（发布信息的功能）、订阅号（自动推送）、手机App（交互功能）功能于一体，实现了线上线下相互整合，拓宽了学习领域，扩大了受众面。"微学通"学习平台针对市民的学习环境和需求，设计研发信息发布、在线学习、培训O2O、交流互动、日常管理五大功能，形成区域内课程资源开发机制和"微学通"平台多元化推广渠道。仅仅在推出的2015年，就有8万余人通过"微学通"平台进行了在线学习与互动。

2. 实施。

2017年，杭州市上城区启动"星级家长执照"工程。同年，随着学习家长的不断增多，为了更好地服务家长，平台实施了优化升级，衍生出二级平台——"星级家长执照"学习平台，完成了该平台的应用模式设计与建设，开发了上城区"星级家长执照"网络认证系统。

"星级家长执照"工程以发展非常成熟的上城社区教育数字化网上社区——E学网为后台数据库，实现了一次登录、全网通行、资源整合、数据共享。此外，"星级家长执照"工程结合后台数据分析，制定全面、系统的家长课程框架图，完善0—15岁孩子的家长所需的家庭教育知识覆盖面。根据家长在平台的学习记录与轨迹，如点播内容、测试结果等，有针对性地进行数据分析，为家长"私人定制"个性化诊断建议。

平台初建时，负责设计与运行维护的上城区教育局就筹谋在前，吸收大量社会力量参与家庭教育资源建设的过程。随着"星级家长执照"平台辐射力和影响力的扩大，越来越多的社会组织通过平台提供课程。社会组织因其具有独特的地域基因，往往能给家长和孩子带来不一样的课程体验，如宋韵文化讲座、亲子扎染课等，在学校统一教材之外，为传承地域文化也贡献了一分社会力量。值得注意的是，上城区特别强调平台开设课程的全免费、无广告，并要求社会组织上传资质证书，提交师资证明等材料。为确保承诺得到执行，平台还会向家长随机发放调查问卷以了解相关情况。

上城区还将"星级家长执照"工程的时间前移，准爸妈们在领准生证、产检的时候，就开始学习相应的优生优育知识。"星级家长执照"工程汇聚了区域内最优质的教育、医疗、文化等多方力量，让分散在各领域的家庭教育资源汇集、共享于平台，让学校教育、社会教育、家长教育形成有效合力。

针对生活节奏快的社会现状，上城区还创新建设了打通移动端、PC 端的"星级家长执照"学习平台。家长们只要有困惑，就可以随时随地在平台上搜索微课，进行学习。平台的线上线下课程已达 6000 余门，既有讲座、访谈等传统形式，也有情景剧、影视赏析等 80 后、90 后家长感兴趣的形式，并且不断迭代学习项目，满足不同家长群体的需求。家长在平台上学习可获得分数，修满 100 分并通过线上测试即可获得一个"星级家长执照"，每多修 100 分，星级相应提高一级，直至成为五星级家长。

杭州上城区"星级家长执照"工程这一全流程、自主式数字化学习的范式，是提升区域家庭教育指导服务质量的综合性项目，引导家庭教育回归育人本位，引导家长科学实施家庭教育、进行家校社协作。2021 年 6 月 30 日，浙江省教育厅向浙江省人大代表丁杭缨做出的《关于省十三届人大五次会议杭 111 号建议的答复》中提到，杭州市上城区推行"星级家长执照"工程，基于数字家长学校学习数据，对"父母持证上岗"进行了有效探索。截至 2020 年底，"星级家长执照"学习平台注册家长已超过 9.3 万名，颁发星级家长执照 4.2 万余张。2021 年，"星级家长执照"工程纳入浙政钉数字社会区县优秀门户，入选全国家校社协同推进家庭教育实践的"十张答卷"之一。

（三）家校社协同面临的挑战

当前，受社会环境、家庭背景、教育教学模式等多种因素的共同影响，家校社协同面临诸多挑战。

1. 复杂化、多样化的家庭为家校社协同育人带来挑战。

受多种社会因素影响，学生家庭结构呈现多样化特征：有经济相对稳定、父母受教育程度较高的家庭，这部分家庭普遍重视教育，家庭关系也较稳定，家庭成员之间能互相配合进行家庭教育；有新市民家庭，父母多为本地农民，为让孩子接受更好的教育买房进城，这部分家庭具备教育好孩子的想法和意识，但进行家庭教育的观念和方法相对欠缺，需要合适的家庭教育方法指导；还有部分学生的家庭经济条件有限，家长忙于生计，导致家庭教育缺位。每个家庭对孩子的教育程度有差别，学校教育很难兼顾所有学生，给家校社协同育人带来了极大的挑战。此外，来自离异家庭、单亲家庭的学生逐渐增多，家庭的变故往往使家庭教育矛盾滋生，隐患潜伏，给家校社协同育人带来挑战。

2. 教师的精力和能力不足制约着家校社协同育人的效果。

教师是家校社协同育人中不可或缺的力量。然而，尽管教师具有一些专业知识和技能，但是繁重的教学任务和行政职责常常导致他们的精力和能力出现瓶颈，对教育教学质量和家校社协同育人效果产生不利的影响。另外，还有不少教师学历不高、职前教育或入职后的培训不够到位，这也制约着家校社协同育人的效果。

3. 学校的整体规划和协同机制难以有效支撑家校社协同育人。

在如何充分发挥学校的特点、优势，与家庭、各级政府和社会组织协同合作方面，学校仍需要进行积极探索。在家庭教育指导上，学校需要系统设计，主动关怀，不断创新家庭教育指导服务的模式和方法，提供多样化的家庭教育指导服务。同时，家校社各方要厘清各自的责任，客观认识学校在专业、资源等方面的不足，以更加主动、开放的姿态，凝聚各方教育力量，建立协同育人机制，使家校社协同育人常态化开展。

（四）家校社协同面临问题的原因

1. 理论研究滞后于协同育人实践的发展和需要。

有研究指出，我国本土化的学校、家庭、社会协同育人系统理论尚未建立，相关研究还停留在工作总结、政策诠释和国外经验分析上，难以有效解决现实问题。因此，现实迫切需要加强家校社协同育人相关理论研究，以科学理论引领协同育人工作的开展，促进学生的健康成长。

2. 现实困境制约协同育人发展。

协同育人实践中存在种种现实困境。家校社之间存在着"主体协同困境、目标协同困境、内容协同困境、场域协同困境"等问题，甚至有时出现家校社力量相互排斥、彼此抵消的现象，即所谓社会上流传的"5＋2＝0"。比如，在心理危机预警和干预系统构建的工作过程中，学校普遍反映许多学生的心理危机个案均较难获得家长的密切配合，甚至有个别案例因家长的不配合导致干预工作难度加大或出现更严重的后果，这些都是家校社协同育人的现实困境。

（五）实现家校社协同育人的若干思考

家校社协同育人的实施可以分为国家层面、省域层面、市县区层面、学校层面和家长层面。

1. 国家层面。

我国已经从法律和政策的角度对协同育人制度进行了完善，为进一步构建教育发展的良好生态和育人环境提供了政策保障。比如，2020 年党的十九届五中全会通过的《中共中央关于制定国民经济和社会发展第十四个五年规划和二〇三五年远景目标的建议》，2021 年通过的《中华人民共和国家庭教育促进法》。

2. 省域层面。

国家政策出台以后，各省积极响应，出台了一系列地方性政策。比如，山东省家校社协同育人工作的实效初步显现，其经验包括建标准、建队伍、建课程、建平台、建科研、汇资源、齐发力，保障家校社协同育人工作规范化、专业化、系统化、信息化、科学化、社会化。

3. 市县区层面。

在各级法律、政策的引领下，各地市县区纷纷从制度建设、组织机构、项目推进、队伍建设等方面推进协同育人工作，呈现了丰富多彩的实践样态。

4. 学校层面。

学校是协同育人实施过程的末端，也是最关键的一个层面。学校层面的协同育人分为学校指导家长和家长服务学校两个层面，具体包括家校沟通机制和人员队伍机制等方面。学校指导家长主要通过家长会、家长学校、家长开放日等活动展开，家长服务学校主要通过家长志愿者、家委会、家长讲师团等开展。

5. 家长层面。

家庭是人生的第一所学校，家长是孩子的第一任老师。家长除了要关注孩子的学习成绩，还要多关注孩子的价值观、心理健康、行为习惯等精神方面的成长教育。特别是对于留守儿童的家长而言，要定期保持与子女的沟通，反思自己教育理念中的不合理认知，关心关爱子女，就委托照护情况向村民委员会备案，并及时了解照护情况，积极弥补自身在教育中的缺位和失责。

浙江省教育厅关于省十三届人大五次会议杭 111 号建议的答复

（案例执笔人：易宸、杨浩、徐佳辉）

📖 **讨论题** --

1. 家长"持证上岗"能否真的塑造"合格家长"？

2. 合格家长需要具备哪些条件？

3. 家庭教育的指导价值体现在何处？

三、案例 3："山河大学"背后的中西部高等教育

教育是最大的民生，教育问题是老百姓密切关注的问题之一。随着西部大开发、振兴东北老工业基地、推动中部地区崛起等战略的实施，中西部地区经济得到了快速发展，但与快速发展的经济情况不相匹配的是中西部尚待提质的高等教育资源。本案例从河南一名高考完正在填写志愿的学子视角出发，讲述了他因为分数并不理想决定复读，而家人的话点明了他所处省市竞争激烈，他在难眠的夜晚辗转反侧后观看电影获得灵感从而提出组建"山河大学"，得到众多网友支持的故事。

（一）"山河大学"引发关注

河北、山东、山西、河南的考生，在填报志愿时可能会遇到考生数量庞大和高质量大学资源偏少的矛盾。2023 年，一所名为"山河大学"的虚构高校在网上火了起来。据报道，"山河大学"源于网友的玩笑——山东、山西、河南、河北 4 个省份的 343 万名考生，每人出 1000 元，总共是 30 多亿元，就可以打造出一所综合性大学，面向"山河四省"招生。

网友们为这所虚拟大学取名"山河大学"，将杜甫视为校长。这里的"山河"不仅是山东、山西、河南、河北四省的合称，也指代了"国破山河在"中的山河，是许多寒士们安身立命之所。除了为学校命名以及制订校规校训，还有不少人才齐聚于此，致力于为这所虚拟大学设计校徽、校园卡、官方网站等。

我国高等教育资源的分配和流向一向是社会关注的重点。一方面，高校数量和质量在不同地区分布不均衡。另一方面，高等教育的供需矛盾也是存在的问题。针对这些问题，河南、河北、山西、山东等省的官员曾建议加大对当地高校建设的资源投入。这些地区的经济已经迈上了新的台阶，但存在高等教育资源分布与当地社会经济发展不匹配的现象。

（二）教育部回应

此后，在国务院新闻办公室举行的"权威部门话开局"系列主题新闻发布会上，有媒体现场提问有关"山河大学"的问题。教育部副部长吴岩表示，他们也关注到了

关于"山河大学"的情况，面对高等教育进入普及化阶段的新形势和服务经济社会高质量发展的新挑战，教育部将围绕增强国家科技竞争力、服务经济发展的重大战略，促进实现全体人民共同富裕，不断优化高等教育资源布局结构，支持中西部地区，特别是人口大省扩大高等教育资源规模，并优化类型结构和区域布局。

（三）"山河大学"背后的期待

"山河大学"只是一个虚构的概念，是一种乐观的想象。"山河大学"的出现，折射了山东、山西、河南、河北四省高等教育资源分布不够均衡的问题，也表达了这些地方学生和家长期望能够获得良好教育资源的心声。这些省份均是人口大省，高考人数的增加使得竞争更加激烈，但是这些省份缺乏与人口数量相匹配的经济发展水平，所以在教育资源上也存在差别。

"山河大学"是对高等教育资源分配和利用的思考，提醒我们应当更加关注高等教育资源公平分配的问题。政府和高校应该共同关注高等教育资源的科学规划、合理配置和差异化利用，增强高校的竞争力。应当优化高校布局，加强高校间的合作和交流，倡导理性和富有成效的网络讨论和互动，为高等教育发展提供支持。

（四）思考与启示

1. 发展中西部高等教育的重要性。

中西部地区高等教育的振兴既关系到我国社会的总体发展，也关系到中西部人民的幸福和国家的长治久安。为提升我国中西部地区高等教育的水平，国家制定出台了一系列的政策。

2013 年，《中西部高等教育振兴计划（2012—2020 年）》提出要着力提升中西部地区高等教育整体水平、全面提高高等教育质量、加快推进高等教育强国建设的重大举措。我国实施该计划正是希望通过政策引领，促进高等教育的公平，对中西部弱势地区高等教育实现补偿，从而提升中西部地区高等教育的效率，以公平促效率。

2019 年，中共中央办公厅、国务院办公厅印发的《加快推进教育现代化实施方案（2018—2022 年）》指出，要实施中西部教育振兴发展计划，提升中西部高等教育发展水平，继续实施中西部高等学校基础能力建设工程、东部高等学校对口支援西部高等学校计划，"部省合建"支持中西部地区 14 所高等学校发展。实施乡村振兴战略教育行动，大力发展现代农业职业教育，推进服务乡村振兴战略的高等农林教育改革，加快乡村振兴急需紧缺人才的培养。

2020 年，中央深改委审议通过了《关于新时代振兴中西部高等教育的意见》，强调要激发中西部高等教育内生动力和发展活力，推动形成同中西部开发开放格局相匹配的高等教育体系。同年，党的十九届五中全会通过的《中共中央关于制定国民经济和社会发展第十四个五年规划和二〇三五年远景目标的建议》提出要建设高质量教育体系，深化教育改革，促进教育公平。

中西部高等教育是高等教育高质量发展重点关注的领域。中西部高等教育作为中西部振兴的战略内生性力量以及高等教育体系的主体部分，其高质量发展直接关系到区域的全局性发展以及我国高等教育的整体性发展。中西部高等教育振兴有助于构建更加公平而有质量的高等教育形态，有助于完善融合互补的高等教育结构，有助于优化同频共振的高等教育格局，不仅关涉中西部高等教育的发展，对于高等教育的现代化也具有特殊的历史意义。

2. 中西部高等教育发展的制约因素。

中西部高等教育发展受多方面因素的制约与影响。由于自然、历史、社会等方面原因，中西部经济社会发展相对滞后，高等教育发展水平相对来说也较为落后。基于高等教育区域发展不平衡的现实问题，明晰中西部高等教育区域发展的现实挑战，才能抓住中西部高等教育区域发展的突破口。

第一，关键要素较薄弱，办学物质保障欠缺。教育经费投入、师资力量、实验室、校舍等基础设施是影响高校发展质量的重要因素，也是衡量高校办学水平的重要指标。中西部地区高等教育发展所需的关键要素较薄弱，且区域内部发展不均衡，在生均经费、师资力量、教学固定资产等方面都与东部地区存在明显差异。同时，在师资水平、教育理念和模式、教育的软性资源及育人环境等方面，区域之间、城乡之间、学校之间的差距仍将长期存在。

第二，区域内认同度低，内生发展动力不足。中西部地区部分高校的发展基础弱、底子薄，一些高校是在政策扶持下建立的，办校时间短、业界"资历"浅、缺少历史传承与积淀。因此，在区域内高校之间和高校内部师生之间不容易形成情感上的维系与文化上的认同，这在现实中主要表现为中西部地区人才流失严重、地方高校特色难显和区域高等教育内部协同性不强。

第三，部分高校办学理念相对滞后，发展主动性不强。中西部地区长期实行以政策帮扶与物质援助为主的外源式发展模式，容易使部分高校产生"等、靠、要"的依赖心理，从而弱化发展主动性，造成竞争意识不强、办学理念滞后等问题。

第四，重视物质激励，内在激励缺乏。对于贫困家庭学生的父母而言，他们在长期困顿的生活中形成了一种固有思维，反映在行为方式、习惯、生活态度和价值观等方面，突出表现为不愿意规划未来，没有实现理想的能力等。一些家长存在急功近利的观念和意识，导致新的"读书无用论"出现，学生也对将来能做什么产生疑虑，缺乏信心。生活在贫困环境中的人，容易缺少向上的动力。受教育的机会少，使得他们就业的竞争力较弱，从而使他们只能进入低收入行业，进而更为贫困。

第五，采取的措施单一，学生全面发展的程度不够。教育作为一种有目的的培养人的活动，其最终指向是人的全面而自由的发展。身处在中西部的一些学生不仅缺少资金，更缺少促进个体全面发展的教育资源。比如留守儿童和单亲家庭学生，较容易产生自卑、焦虑、抑郁、自我封闭等心理问题，而学校在此方面给予的关注不够。

3. 促进中西部高等教育发展的若干思考。

改革开放以来，党和国家对中西部的经济社会发展非常重视，制定了一系列有利于中西部经济社会发展的政策。为了推动中西部经济社会持续、健康发展，国家发布了多个推动中西部经济社会发展的规划。由于中西部地区的优质高等教育资源较稀缺，导致人才较为匮乏，服务区域经济发展的水平也不高。这一状况如果不能改变，就会影响到国家整体教育水平。

教育资源不平等的存在客观上也成为高等教育招生不公平的深层诱因。自高等教育大众化启动以来，经过几十年的发展，中国高等教育在规模上取得了巨大的发展，但优质高等教育资源的稀缺性也越发凸显。

教育公平不应该只是机会公平、条件公平、质量公平，更应该是教育资源分配的公平。经济发展离不开人才的推动和助力，而高校便是培育人才的摇篮。要重视中西部地区教育资源分配的公平，在继续加大对中西部地区教育资源财政投入的同时出台相关政策，促进优质高等教育资源向中西部地区合理分配，让高等教育发达的东部地区起到带动作用，在经济上"先富带动后富"，在教育上"发达区带动欠发达区"。优质高等教育资源的分配不均不仅会导致中西部地区人才匮乏，而且会导致东部地区人才过剩。因此，促进优质高等教育资源向中西部地区合理分配的任务迫在眉睫。

（案例执笔人：侯紫珍）

📖 **讨论题**

1. 中西部地区优质高等教育资源匮乏的原因是什么？

2. 国家应该如何解决中西部地区优质高等教育资源匮乏的问题？

3. 我们应当如何实现区域教育公平？

第九章 文化事业管理

学习目标

掌握文化事业管理的相关概念和基本内容；了解几种不同类型的文化事业管理体制。

学习重点

1. 文化的内涵和文化事业管理的基本内容。
2. 不同类型文化事业管理体制的基本特点。

第一节 文化事业管理概述

文化事业管理是人们在管理文化艺术创作、生产、流通、消费等过程中的活动。文化事业管理有广义和狭义之分。广义的文化事业管理是指各级政府及其文化行政部门对文化事业的宏观管理；狭义的文化事业管理指企事业文化单位对具体文化活动的微观管理。

一、文化与文化事业管理概念

为了解文化事业管理的基本内涵，需要对文化、文化事业、文化事业管理等相关概念进行阐释。

（一）文化

文化是一个最具人文意味的词语，最早将"文化"一词作为专门术语来使用的是英国著名人类学家爱德华·泰勒。在其 1871 年出版的《原始文化》一书中，他对文化的内涵进行了界定。在《原始文化》的开篇他就给出了关于文化的定义：文化是一个复杂的总体，包括知识、信仰、艺术、道德、法律、风俗，以及人类在社会里所获得的一切能力与习惯。

文化，一般有广义和狭义之分。《教育大辞典》将其解释为"人类在社会历史过程中创造的物质财富和精神财富的总和"。这是广义的文化概念。《现代汉语词典》将文化定义为"人类在社会历史发展过程中所创造的物质财富和精神财富的总和，特指精神财富，如文学、艺术、教育、科学等"。相比之下，该概念更倾向于狭义的文化。《辞海》中文化的定义是：广义指人类社会的生存方式以及建立在此基础上的价值体系，是人类在社会历史发展过程中所创造的物质财富和精神财富的总和；狭义指人类的精神生产能力和精神创造成果，包括一切社会意识形式：自然科学、技术科学、社会意识形态。本书更倾向于从狭义角度界定文化：文化是指人类在历史发展进程中凝结成的稳定的生存方式，核心是一个社会中的价值观、态度、信念、价值取向以及人们普遍持有的见解。

（二）文化事业

文化事业是中国特有的概念，是中国特有"事业"的组成部分，是用来不断满足人民群众日益增长的精神文化需求的纯公共物品和准公共物品的总称。

从文化管理角度，按提供文化服务是否收费以及收费标准的高低，可以将文化事业分为公益性文化事业和经营性文化事业。公益性文化事业即非营利性文化事业，是以满足社会共同的文化需要为目标的文化事业。公益性文化事业着眼于提高公众的文化素养和文化水平，给公众以一定的社会所能提供的最基本的文化精神享受，保证和维持社会生存与发展所必需的文化基础和条件。公益性文化事业的举办者不应该以营利为目的，文化服务或文化活动是同一社会中每一个成员都应该享有而且也能够享有的。为此，公益性文化事业需要有足够的财政经费保障。这类文化事业的主要活动场所有公共图书馆、博物馆、纪念馆、群众艺术馆和群众文化站（馆）等。经营性文化事业即营利性文化事业，是以满足特定群体或个人的文化消费需要为主要目标的文化产品或服务。主要关注特定群体和个人的享受需要和发展需要，满足特定群体和个人的文化消费偏好，但也是促进社会文化事业繁荣发展的基本动力。经营性文化事业的主要内容或活动形式包括娱乐业、演出业、新闻和出版、广播电视、影视音像等。人类文化发展的历史表明，文化消费需要的水平和满足程度与社会进步和经济发展是密切相关的。随着生活水平的不断提高，人民群众对美好生活的要求越来越高，文化需求更加多元化，社会应尽可能满足群众对多元文化的需求。

另外，相比于文化事业，文化产业是一个和文化事业既有联系又有区别的概念。文化产业是从文化事业中分化出来的一部分，在提出和使用文化产业概念的同时，传统的文化事业概念变成了所谓"大文化事业"概念，而传统文化事业概念中未被允许产业化的那部分，就成为与文化产业相对应的"小文化事业"概念。简而言之，在没有使用"文化产业"概念前，只有一个"文化事业"概念。在使用"文化产业"概念后，"文化事业"概念有两层意思：一是传统意义上的"大文化事业"概念，另一个是在特定环境下使用，与"文化产业"概念对应的"小文化事业"概念。文化事业和文化产业的区别表现为两点，一是就"大文化事业"概念而言，文化产业是其中的一部分，是包含与被包含的关系，就"小文化事业"概念而言，文化产业是与其对应的概念。二是文化事业具有公益性，是非营利的，所需经费由国家全部或部分提供，而文化产业则指文化中的非公益的营利部分，但无论如何，都应该把社会效益放在首位，实现社会效益和经济效益相统一。党的二十大报告也对繁荣发展文化事业和文化产业做出了明确规定："坚持把社会效益放在首位、社会效益和经济效益相统一，深化文化体制改革，完善文化经济政策。"

（三）文化事业管理

文化事业管理是各级政府及其文化行政部门和各种文化企事业单位对各项文化事业和具体文化活动的规划、组织、协调和监督。一般而言，文化事业管理包括宏观文化行政和微观文化管理两个层面。文化行政是指政府对文化事业的宏观管理，是各级政府及其文化行政部门以文化法律和法规为基本依据，以整个国家的文化事业为管理对象，对有关文化系统和文化企事业单位的事务进行决策、组织和调控的行政行为。文化行政具有宏观性、间接性和多样性的特点。文化行政的宏观性要求政府适当弱化指令性行政手段，对文化发展提出原则性要求，至于如何实现发展则交由企事业单位自己决定；文化行政的间接性要求政府只提出文化发展的目标和规模，确定文化投资的总量，监督和支持文化发展计划落实情况，而把投资分配、规划实施交由社会中介组织去处理；文化行政的多样性则要求政府多管齐下，综合运用各种手段进行管理，以法律手段和经济手段为主，辅以必要的行政手段和思想教育手段来强化管理。微观层面的文化事业管理指文化企事业单位对自身文化经济活动和文化社会活动的管理，内容主要涉及文化企事业单位的管理原则、制度、机构、人员、运行机制和对具体文化活动的组织与协调等，旨在在各种约束条件下最有效地利用各种资源，实现文化企事业单位的文化目标。

二、文化事业管理的目标与内容

（一）文化事业管理目标

文化事业管理都有着一定的目标。不同国家受其发展阶段和历史背景的影响，其文化事业管理的目标也不尽相同。总体而言，主要表现为以下方面的目标：

1. 协调目标。

有效的文化事业管理活动应该与文化艺术的创作生产规律相适应，与特定时期国家的经济社会发展水平、经济管理模式和政治体制相协调。

2. 繁荣目标。

文化繁荣是文化发展的标志，也是文化事业管理的重要目标。文化繁荣是文化的全面发展，是一种百花齐放、欣欣向荣的文化格局。

3. 创新目标。

文化创新是文化繁荣的根本动力，也是文化交流和碰撞的结果。文化创新包括表层的文化创新和深层的文化创新。

4. 效益目标。

经济效益和社会效益是文化事业管理效益目标的两个不可分割的有机组成部分，这也是由文化产品的双重属性决定的。

我国一直高度重视文化事业管理。党的二十大报告中对"推进文化自信自强，铸就社会主义文化新辉煌"做出了明确规定："全面建设社会主义现代化国家，必须坚持中国特色社会主义文化发展道路，增强文化自信，围绕举旗帜、聚民心、育新人、兴文化、展形象建设社会主义文化强国，发展面向现代化、面向世界、面向未来的，民族的科学的大众的社会主义文化，激发全民族文化创新创造活力，增强实现中华民族伟大复兴的精神力量。我们要坚持马克思主义在意识形态领域指导地位的根本制度，坚持为人民服务、为社会主义服务，坚持百花齐放、百家争鸣，坚持创造性转化、创新性发展，以社会主义核心价值观为引领，发展社会主义先进文化，弘扬革命文化，传承中华优秀传统文化，满足人民日益增长的精神文化需求，巩固全党全国各族人民团结奋斗的共同思想基础，不断提升国家文化软实力和中华文化影响力。"党的二十大报告中的这些阐述，为我国文化事业管理提供了明确的方向指引。

（二）文化事业管理内容

文化事业管理涉及面广，内容繁多。根据不同的标准可以划分为不同的类型。从工作对象看，有艺术管理、图书和文献管理、文物管理、新闻出版业管理、图书发行管理、音像品管理、广播电影电视事业管理等；从管理范围看，包括农村文化管理和城市文化管理等；从工作形式上看，有人事管理、经营管理、业务管理、市场管理、财务管理、技术管理、安全管理等。

一般而言，根据文化事业管理所涉及的领域，可以将其内容分为文化资源管理、文化活动管理、文化产业管理和文化市场管理等方面。

1. 文化资源管理。

文化资源主要包括文化景观、文化环境、文化传统和文化遗产等，管理的内容一般包括调研与保护、促进与利用、传承与发展等。

2. 文化活动管理。

文化活动管理是以文化活动的安全、秩序和效益为主的管理，管理的内容主要包括规划组织、安全检查、资源配置等，以确保文化活动的顺利开展。

3. 文化产业管理。

文化产业管理以文化产业的发展、孵化、转型升级为主，其内容包括完善政策制度、优化资源配置、推进体制创新等，以助力文化产业的健康发展。

4. 文化市场管理。

文化市场管理是以文化市场的有序发展为主的一种文化事业管理，其管理内容主要包括行业规范示范、市场改革完善、社会服务监督等。正确处理好公众文化产品需求和文化产品供给之间的关系，做好文化产品市场的管理，确保文化市场朝着良性方向发展。

另外，从政府对文化事业管理的职责角度，还可以将文化事业管理的基本内容概括为制定文化发展战略与规划、优化文化资源配置、规范文化市场行为、引导文化消费倾向、开展对外文化交流等五个方面。

1. 制定国家文化发展战略，规划国家文化事业发展。

制定文化发展战略，旨在使文化事业随着政治、经济等社会事业的发展而协调发展，使文化事业能够适应社会发展并不断促进社会的进步。从中央到地方各级政府及其文化部门，都应该制订好文化事业的发展计划，系统规划国家文化事业的发展。

2. 优化总体文化资源配置，推动国家文化产业壮大。

文化资源是人们从事文化生产或文化活动时所利用或可利用的资源。文化资源通过市场机制流通和传播是将文化资源转化为文化产业的根本途径，能够很好地实现文化资源的经济价值。然而，纯粹以市场机制来配置文化资源，必然会给文化产业带来一些负面影响。而且文化经营者的短期行为也会造成文化资源难以可持续利用。为此，需要政府研究分析各地文化资源分布情况，利用经济手段调整文化资源的流向，优化文化产业结构。

3. 规范各种文化市场行为，培育新文化经济增长点。

文化产品和文化服务一旦以商品的形式进入流通领域，就构成了文化市场。一般文化市场可分为出版市场、文艺演出市场、文化娱乐市场、文化交流市场、文物市场等。这些文化市场既是推动文化事业全面发展的重要力量，同时也向政府的文化行政活动提出了更高要求。为此，要强化市场管理，将文化市场管理纳入法治化的轨道，促进文化市场有序走向繁荣；同时，通过培育新文化市场服务来增加文化对经济社会发展的贡献。

4. 引导大众文化消费倾向，提高社会文化生活水平。

文化消费是人们为满足精神文化生活的需要而进行的消费活动。随着生活水平的提高和生活方式的变化，人们对文化消费的要求也不断提高，选择日益多元。此时尤其需要加强对文化消费领域的管理和引导，维护文化消费者的合法权益，使人们能够自觉选择健康的文化消费服务，以推动精神文明建设的健康发展和社会文化水平的全面提高。

5. 开展中华文化对外交流，维护国家文化安全。

文化是增进各国之间相互了解程度和友谊的重要手段，是国际交流的重要渠道。文化事业管理在发挥对外交流作用的同时，也面临着国家文化安全问题。文化是一个民族或国家最深层、最主要的心理支点和文明支撑。经济全球化背景下的文明冲突可能会给一个民族或国家造成一定的文化认同危机，因此，维护国家文化安全是一国政府在开展对外文化活动时尤其关注的。

三、文化事业管理体制

（一）政府指令型

政府指令型文化事业管理体制，是一种由各级政府及其主管行政部门以指令性计划和行政性手段来调节文化事业的管理体制。这种体制的主要特点是，文化事业主要由国家兴办，它在国民经济中所占的比重由政府规定并以指令性计划加以实现，政府对文化单位实行直接的、微观的和全面的控制。政府指令型文化事业管理体制是计划经济体制下的产物，在一定历史时期能发挥重要作用，其优势主要是从中央到地方形成了一个庞大而严密的、条块结合的、封闭性的文化行政网络，有利于加强对意识形态领域的领导和控制，有利于维护本国的文化安全，在一定程度上有利于推动非营利性文化组织的迅速发展和壮大。其弊端主要表现为一切权力均集中在文化行政机关手中，文化行政机关以指令性手段管理文化单位，文化单位缺乏自主权；轻视了文化产品的经济价值，文化产品的供需关系较为紧张，难以有效满足人们的精神文化需求。

（二）社会调节型

社会调节型文化事业管理体制是一种依靠社会力量调节文化事业的开放型管理体制。这种管理体制的主要特点是，政府不直接参与文化事业管理，而是通过立法、经济政策和民间文化机构与中介组织来间接管理文化事业。社会调节型文化事业管理体制具有社会主导、政府间接引导的特点。其优势主要有：第一，政府较少干预文化发展，文化单位在文化市场上自由竞争，有利于形成符合文化活动规律、多样化、多层次的文化格局，较好地满足人们的文化生活需要；第二，政府对非营利性文化单位以经济优惠政策而不是行政拨款的方式进行扶持，既减轻了政府的财政负担，又鼓励了社会各界支持文化事业的发展，有利于将更多的社会财富用于发展文化事业；第三，依靠众多民间文化机构调节文化与公众的关系，沟通文化单位之间的联系，调动地方和个人的积极性，扩大对内对外的文化交流水平，丰富社会各阶层的文化生活。该模式的不足主要是：半官方和非官方的文化管理机构较多，容易造成管理权限的重叠、混乱和工作的相互扯皮；同时，不利于在意识形态领域形成统一的意志和思想，社会凝聚力不强。

（三）多元复合型

多元复合型文化事业管理体制是一种集集权、分权和放权于一体的文化事业管理体制。这种管理体制的主要特点是，在同一个国家，对不同的文化产业或同一文化产业的不同层次采取不同的管理方式，在不同的发展时期对同一文化产业采取不同的管理方式，甚至在同一文化产业的管理体制中，也可能包含了截然不同的多元化因素。正因为如此，集权、分权、放权的多元交叉和并存，成为该模式的根本特征。其优点主要有：中央集权和地方分权相结合，有利于调动地方办文化的积极性，有利于增加对地方文化单位和文化活动的资助；国家干预与市场调节相结合，有利于高效监控需要强化调控的部门，让那些可交由市场调节的行业得到充分自由发展；集权、分权、放权并用，体现了该管理体制的灵活性，可根据实际情况适时、适度采取不同管理方式。但也正因如此，容易产生集权和分权的矛盾、放权和收权的冲突，会给管理和协调工作带来麻烦，从而导致问题的产生。

（四）政府主导型

政府主导型文化事业管理体制是后现代化国家为推动文化事业迅速发展而实行的

文化事业管理体制。这种模式的主要特点是政府以强有力的方式引导文化事业的发展。在这种体制下，文化事业虽以私人兴办为主，但政府并不是放任不管，而是采取积极引导的方式。政府高度重视文化事业，从宏观层面管理文化，而不是从微观上"办"文化，做到既让文化在开放中繁荣，又防止文化在开放中腐化，使文化发展"繁荣"而不"出格"。这种管理体制的优点主要是：政府的强力调控有助于消除文化交流中颓废、腐朽等不良外来文化的负面影响；文化管理机构的"少而精"，有利于提高管理效率。其缺点则表现为较适合国土面积较小的国家，不太适合多民族、地域辽阔的大国。

第二节　典型案例

一、案例 1："数字化"解非遗传承困境

秦淮灯会是流行于南京的民俗文化活动，又称金陵灯会、夫子庙灯会，是首批国家级非物质文化遗产，有"天下第一灯会"和"秦淮灯彩甲天下"的美誉，是中国唯一一个集灯展、灯会和灯市于一体的大型综合型灯会，也是中国持续时间最长、参与人数最多、规模最大的民俗灯会。2006 年 5 月 20 日，秦淮灯会被国务院批准列入第一批国家级非物质文化遗产名录。

（一）秦淮灯会：历史渊源及价值传承

1. 历史渊源。

秦淮灯会的历史最早可以追溯到魏晋南北朝时期。南朝时期，南京就出现了举办元宵灯会的习俗。隋朝以后，元宵佳节张灯、观灯等活动已蔚然成风，元宵灯会一朝比一朝红火，技艺高超的花灯工匠层出不穷，彩灯制作形神兼备，恢宏壮观。清代中叶，南京灯市主要集中在笪桥和评事街一带。晚清时，笪桥灯市逐渐南徙至夫子庙一带。

1949 年以后，夫子庙每年元宵节前后仍有灯市举行，但规模大小不一，"文革"期间灯会中断。1985 年，南京市恢复了一年一度的秦淮灯会。

2. 价值传承。

秦淮灯会在艺术价值、经济价值和社会价值的传承方面都发挥了积极的作用。

第一，艺术价值。秦淮灯会不仅体现了灯彩、灯会的艺术精华，也浓缩了南京人民的精神面貌、文化特色和社会价值，开阔了南京本土民间艺术生存延续的空间。第二，经济价值。每年的秦淮灯会都会吸引许多国内外游客，这促进了该地区经济的发展。文旅融合，既激活了本土民间艺术的市场，拓展了发展的空间，又带动了南京地区旅游业的发展，提升了经济效益。第三，社会价值。秦淮灯会历史悠久。自20世纪80年代以后，政府陆续拨款建设夫子庙区域，不断提升秦淮灯会的软硬件环境，使之成为南京民间文化的品牌。秦淮彩灯不仅是一种艺术，更是一种信仰。其蕴含着深厚的历史文化底蕴。

（二）秦淮灯会：红火背后的隐忧

1. 秦淮灯彩生产性保护的困境。

事实上，秦淮灯彩与其他传统的民间手工艺不同，它有一定的消费者基础，其生存根基也并没有在日新月异的现代被淘汰。在这种情况下，政府将秦淮灯彩列为非遗项目，并为其提供保护政策，其生存和发展主要受到政府、企业和艺人三个方面因素的影响。

政府、企业、艺人是秦淮灯彩生产性保护实践中不可或缺的三方主体。2014年以前，秦淮灯彩的市场主要由手艺人自行组织和管理。由于手艺人在管理等方面的专业度不高，所以不可避免地出现了一些问题。2014年，政府为解决此类问题，成立了灯彩公司，将灯彩市场的运作和举办秦淮灯会的任务全权交给了灯彩公司。虽然政府为秦淮灯彩的生产性保护提供了组织方、规范了市场的运作，但事实上由于三方主体之间沟通不当，致使政府的管理出现偏差，造成了三方主体之间的矛盾。

灯彩公司为了将秦淮灯彩打造成全国顶级的灯会，并没有在大型展灯的布置上选择与本地灯彩艺人合作。公司将一些更具艺术底蕴、更高素质的高质量人才纳入其美工团队中，负责设计每年灯会中的大型灯彩和灯组，并通过招标的形式，雇请其他地区的制作团队进行秦淮灯会中灯彩的制作。虽然秦淮灯会更加华丽和现代化，但是它脱离了秦淮灯会最质朴、最原始的特征，其他地区灯彩团队的参与，逐渐磨灭了具有南京特色的秦淮灯会的个性。

这种聘请外包制作团队的做法同时也遭到了秦淮灯彩艺人的不满，他们对脱离灯彩艺人的秦淮灯会充满了质疑。首先，其工艺和外观不符合秦淮灯彩的传统制作标准，灯彩艺人不认为现在秦淮灯会中的大型灯组是秦淮灯彩。其次，灯彩艺人对无法参与大型灯组的制作表示十分失落，自从政府采用竞标方式决定大型灯彩的制作方以来，也曾有秦淮灯彩艺人参与灯会大型灯组制作的投标，但并未成功。因为与外地工程队相比，秦淮灯彩艺人的报价不占优势，所以大型灯彩的制作也就承包给了价格较低的外地工程队。艺人们愤愤不平，认为聘用外地灯彩制作团队，而不是秦淮灯彩艺人，阻碍了灯彩艺人和秦淮灯彩的发展。

政府、企业和艺人之间的矛盾愈发激烈，从灯会逐渐延伸到了其他的地方。由于灯彩艺人在灯会中碰壁，艺人利用自己和公司的采购关系，拒绝给灯彩公司提供灯彩产品，以此示威。在这种情况下，灯彩公司的货源渠道被切断，公司急切需要自己的工厂和工人进行秦淮灯彩的生产，灯彩公司将希望寄托在秦淮灯彩的产业化发展之上，公司希望能够利用机器，批量化地生产秦淮灯彩，以此来满足市场需求，并带来可观的经济利益。但这样的生产理念严重背离了生产性保护的初衷。

2. 秦淮花灯难敌外来灯。

在夫子庙花灯的市场上，100个花灯铺位中，只有一小半铺位出售的是手工花灯，其他铺位出售的都是从浙江、扬州、广州、西安等地运来的纸折灯和塑料灯。这些外来的纸折灯是在流水线上生产的，不但成本低，而且造型各异，种类各式各样。塑料灯则只要装上电池，就既有音乐，又可以发光。与它们比起来，秦淮花灯不仅成本高了许多，而且再怎么变也不外乎是传统的那几种。许多艺人表示，大多数人买花灯纯粹图个热闹，自然是买便宜的。真正喜欢灯彩的、懂这行的人寥寥无几，秦淮花灯面对外来灯自然节节败退。

3. 扎花灯费力不讨好。

据老艺人们介绍，明清时期，秦淮花灯多达300多个品种，而现在只剩20多种了。著名花灯艺人顾业亮说："扎一个荷花灯需要忙21道工序，一年忙到头，也挣不了多少钱。我8岁就开始学扎花灯，但到了我儿子这一辈，他们都不愿意学啦！"顾业亮感叹，前几年，南京扎纸灯的约有260人，现在只剩下百来人会扎了。

江苏省非物质文化遗产秦淮灯彩代表性传承人曹真荣老先生从4岁就开始做学徒，至2007年已经扎了近60年花灯。可曹老曾为了养家糊口转行扎起了风筝。他无奈地说，并非自己不愿扎花灯，而是现在扎花灯实在不赚钱，甚至连糊口都很难了。而做风筝随时可卖，可卖的地点也很多，赚的钱比扎花灯多多了。另外，制作花灯需要很大的场地。过去，老艺人总是在四合院里铺开排场；如今，许多艺人拆迁后住进了楼房，也就不再从事这一行了。

4. 非遗传承热情也需资金帮扶。

我们在走访中还了解到，夫子庙宽1.8米的摊位，费用从1990年开始不断上涨。过高的摊位费让很多花灯艺人难以承受，如果碰上下雨更是难以保证赢利。此外，由于每年的灯会总是人满为患，有关部门从安全角度考虑，要求从正月十三开始，花灯摊位必须在下午四点之前全部清场。卖花灯因此失去了黄金时段，这对于花灯艺人来说更是雪上加霜。

秦淮灯会于2006年入选首批国家级非物质文化遗产名录。各方人士和很多市民都表示，希望这一民间艺术能够流传下去。有专家指出，秦淮花灯要摆脱目前的困境，只有走市场化道路。这就需要在传统特色的挖掘和创新上做文章。要招聘一批热心花灯艺术的年轻接班人。要把一家一户的扎花灯艺人联合起来办厂，走集约化生产的发展路子。同时，政府部门应像无锡市扶持泥人艺术那样，在秦淮花灯艺人传承、技艺创新和市场化等方面，给予更多的帮助和扶持，以使这一民间艺术走出目前的困境。

（三）秦淮灯会：政府介入推动保护举措

1. 四措并举，扎实做好灯会安保工作。

秦淮灯会在南京是一个非常受欢迎的文化活动，但是由于它的区域面积较小，而且是一个开放式的活动，人们聚集容易分散难，所以它的安全问题历来被人们所关注。南京市秦淮区系统谋划，提前做好准备，精心组织策划，周密实施，以保证灯会能顺利开展。

首先，着眼快速反应，构建高效联动应急指挥机构。秦淮区成立了灯会应急处置领导小组，对灯会期间应急处置工作进行统一安排。以夫子庙景区指挥中心为依托，成立了一个由区应急管理局、市场监管局、卫健委、文旅局、消防救援大队和公安分局等部门人员参加的"联合指挥所"。确保一旦出现危险情况，可以迅速反应，协调一致，妥善处理。

其次，加强对风险的分析判断，健全严密细致方案预案体系。严格执行风险评估制度，组织有关部门实地考察，针对历届灯会存在的问题和可能出现的风险进行细致分析，并进行深入的研究和论证。在此基础上，各板块和职能部门结合任务分工，分级分类制订方案预案，形成灯会安全保障"1＋N"的方案预案体系（1个风险评估报告＋N个应急方案预案），并组织应急处置演练，确保安全保障工作规范有序。

再次，强化责任落实，全面开展隐患排查和巡查。前置安全检查关，也就是在灯会的筹备阶段，将"防火灾、防踩踏、防跌落、防触电、防塌陷、防破坏"等作为主要内容，组织应急、消防、市场监管和城管等部门对灯会展区及周边所有单位和商家进行两轮拉网式隐患排查。灯会展示期间，以网格为单位开展安全巡查，协同消防、公安、交警等力量，实时开展交通疏导、管控、分流，确保灯会安全稳定。

最后，重视科技增效，实行重点部位风险动态监控。由于灯会景区内建筑多为木质结构，耐火等级较低，且人流较多，因此，应加强技防措施的应用，持续提高其安全性。

2. 政府对具体的保护措施进行切实指导，并逐渐引导秦淮灯彩走向生产性保护。

首先，政府通过文字和影像相结合的方式，记录秦淮灯彩的传统扎制技艺，用于存档和宣传工作。设立专门的项目小组对秦淮灯彩传承人进行采访和拍摄，记录传承人的扎灯和传承日常。2016 年，中央电视台为响应文化部关于非物质文化遗产保护的号召，对南京传统手工技艺"秦淮灯彩"国家级非物质文化遗产传承人陆有昌先生进行了影视资料的采集。

其次，南京市政府建立民俗博物馆，举办传统文化活动，以促进非物质文化遗产的传承和发展。2010 年，政府在秦淮区中山南路甘家大院中建立了民俗博物馆，也是中国首个非遗、民俗"双博馆"，除了收藏和展示功能外，民俗博物馆还常进行文艺表演，让人们更直观地了解相关文化。在民俗博物馆的秦淮灯彩展示区中，游客能够亲眼观看灯彩传承人制作秦淮灯彩的过程，对秦淮灯彩有更直观的了解。

再次，政府为灯彩传承人提供资金扶持，同时也为灯彩艺人提供展示的机会，为秦淮灯彩的发展注入能量。政府对现有的灯彩艺人实行保护措施，根据国家有关规定，每年给传承人一定的资金补助，并关注灯彩艺人的生活生产状况，对年龄较大的灯彩传承人进行定期的探访和慰问。

为了激发灯彩艺人的创作积极性，政府还定期举办一些灯彩技艺的评比活动，如"南京工匠"秦淮灯彩绝活评比等，这些活动不仅有利于秦淮灯彩的宣扬，也为秦淮灯彩艺人提供了交流技艺的平台。同时，已经成功举办了 30 多届的秦淮灯会，是秦淮灯彩面向全国乃至全世界的最大的宣传和销售的重要平台。政府为打造秦淮灯会投入了大量的人力、物力和财力，安排部门专门负责秦淮灯会的运行和秦淮灯彩市场的管理。

最后，政府鼓励民众参与秦淮灯彩的生产性保护。南京市政府强调了"非遗"保护的重要性，以及传统技艺利用生产性方式保护的合理性。鼓励和支持社会成员积极参与非物质文化遗产资源的合理利用与开发，促进非物质文化遗产保护与群众生活深度融合。近年来，教育部增加了在这方面的投入，鼓励民众积极参与并将其作为重要项目加大扶持力度。秦淮灯彩走进校园，走进社区，走进课堂，让更多的南京人认识和了解了这项优秀的本土民间艺术，激发了广大市民对参与秦淮灯彩保护的热情，营造出一种良好的氛围。

3. 十年磨一剑，"秦淮模式"整体联动。

南京秦淮特色文化产业园从 2009 年开始建设，2014 年 12 月入选全省唯一一个国家级文化产业试验园区，2020 年 12 月被列为国家级文化产业示范园区创建单位，再到获评全市唯一的"国家级文化产业示范园区"，这一路走来并不容易。这些年来秦淮特色文化产业园脚踏实地、辛勤耕耘，终于结出了丰硕的果实——文化产业园区产业发展载体总建筑面积近 200 万平方米，入驻企业 2890 家，其中文化企业 2172 家，占比 75.2%；2022 年园区文化企业营业收入超 400 亿元，较 2019 年实现 20% 左右的增长。

"经过多年精耕细作，7.3 平方公里的南京秦淮特色文化产业园，已成为发展整体联动、空间特质鲜明、产业高效集聚、示范带动明显、传统与现代交融的国际化文化产业园区，"夫子庙—秦淮风光带风景名胜区党工委书记介绍，"下一步，我们将以文商旅融合为抓手，坚持党建引领，加强顶层设计，推动资源整合，将产业园打造成展现秦淮文化产业的'窗口'、南京城市文化产业发展的'展厅'。"

4. 五措促发展，"秦淮路径"有章可循。

第一，党建引领，凝聚"秦淮力量"。建立园区党建平台，由园区管理机构党组织牵头，组建秦淮特色文化产业园党建联盟；加强意识形态管理，各子园区、特色街区负责人签订意识形态管理责任书；加强党的整体领导，让党员积极参加志愿服务，帮助小微企业走出困境；服务国家重要部署，园区管理机构加强结对共建，努力打造东西部协作示范项目；制定专门的政策，打造江苏网络文学谷、众创空间等载体。

第二，管理创新，探索"秦淮模式"。构建部省市区"四级联动"机制，在国家文旅部关心指导下，省市文旅部门与秦淮区共同实施共建发展战略；探索"十统五分"管理模式，实施"园区不同政策相同"，形成管委会、园区、企业互相信任、相互促进的格局；确立"一园一特色"发展思路，构建以文化创意为内核、科技创新为重点、休闲旅游为特色、龙头企业总部经济等为牵引的现代产业体系和优势产业集群。

第三，产城融合，提升"秦淮能级"。突出产业资源整合；突出重点项目带动，加快推进夫子庙核心区域的提升，建设门东门西、十里秦淮河水上游线等重大文旅项目；《小西湖微更新》被评为"全国都市旧改"优秀案例，项目作为全省首家，荣获 2022 年度联合国教科文组织亚太地区文化遗产保护奖创新设计奖；突出龙头文化企业培育，打造永银文化，成立国内规模最大的永银钱币研究院，2021 年企业营收超过 18 亿元；引进分布文化、墨悦科技等网文及相关企业入驻江苏网络文学谷，集聚江苏省网络文学 60% 的平台企业，签约企业网文产出量位居全省第一。

第四，文化赋能，唱响"秦淮腔调"。秦淮灯会连续举办 37 届。做强秦淮文化

IP，将园区作为一个大 IP 塑造深耕，创作《秦淮故事》系列小说，策划高品质剧目，打造"桨声灯影里的'大咖故事荟'"等流量品牌；发展数字文化产业，在夫子庙核心区域加强数字文化、智慧旅游的建设；加快文化人才的聚集，引进优秀人才，设立市级人才工作室。引入人才团队全面参与园区建设，积极推进夫子庙核心区及各子园区、街区等重点区域文商旅资源整合营销、项目策划。

第五，金牌服务，展示"秦淮形象"。整体改善园区的环境，近几年来，园区建设及基础设施环境提升总投入有数十亿元。全面提升夫子庙步行街品质；加强顶层设计，编制了《秦淮特色文化产业园区发展规划》，将文化旅游产业列入全区"4＋4"主导产业，以文促旅、以旅彰文；全面加大政策扶持。南京市出台《关于培育新业态拓展新消费促进我市文旅产业高质量发展的实施意见》等政策文件；秦淮区先后制定出台总部企业引进、创业创新、金融扶持、科技创新、文旅产业发展等专项政策，专门印发《秦淮区扶持"江苏网络文学谷"产业发展的政策措施》，对园区建设给予了高度重视。

（四）数字化与秦淮灯会的融合，利于传承与发展

1. 秦淮灯会联合时尚手游，变玩家为游客。

2023 年春节，深受年轻玩家喜爱的手机游戏《倩女幽魂》，联合秦淮灯会推出了"倩女主题国风灯会"，开创了用游戏让传统文化鲜活起来的新玩法。玩家不需要出门，只需要点击鼠标，就能够"云端"前往秦淮灯会，化身"宁采臣"和"聂小倩"在灯会上来一场梦幻邂逅。夫子庙历史文化街区的实景被植入倩女手游的数字化场景里面，让玩家在玩游戏的同时，也能欣赏秦淮的繁华风光。

"灯会好美，我要和朋友们一起去夫子庙打卡""我也想去灯市邂逅一下漂亮小姐姐"……许多玩家在玩过游戏之后，从外地专门跑到夫子庙景区线下实景打卡。行走在景区中，偶尔还能看到一些身穿华丽古装、梳着发髻的女子，牵着年轻男子的手，走在花街上，欣赏着金陵的美景，或是坐在秦淮古舟上，欣赏着秦淮河上的点点星光，穿越"六朝烟月金粉之地"，欣赏着无尽的美景。

夫子庙景区也把游戏中的元素搬到了线下，融合进现实街景中，给了来打卡的玩家一个很大的惊喜。比如，在"MO 音琵琶街"上，打造了国风手机游戏沉浸式新年花灯主题街区，设置了贯穿整条街区的 3 组"倩兔似锦"主题灯组，并把游戏中金陵城的"玉兔迎春"灯组完美复刻到线下，神秘的"倩女"剪影、活泼可爱的"玉兔"等造型花灯，吸引了众多玩家和游客。玩家还可以前去街区内 9 家网红店铺集章、打卡、猜灯谜、收集祈福签，通过体验各种年俗活动来"通关"。

2023 年是兔年，所以"玉兔迎春"也成了秦淮灯彩的一个主题，国潮兔、卡通兔、科幻兔等各式各样的兔子形象让人眼花缭乱。秦淮灯彩携手《梦幻西游》手游，精心设计的"神兔"灯组，也在夫子庙北牌坊和南京水平方上首次亮相。"神兔"化身为高大的生肖守护神，为秦淮灯会添上了亮丽的一笔。

此外，主办方还招募了 5 对因游戏结缘的玩家，为他们定制了一场别开生面的画舫游秦淮河的明制婚礼。新人们从全国各地赶来，齐聚秦淮河畔，在数万游客的注视下，完成了他们的婚礼。在讲好秦淮婚俗故事的同时，中华传统文化之美也得到了有效体现。

2. 灯会携手游戏，特制文创衍生品销售喜人。

景区以街区商户的特点为依据，与游戏属性相结合，推出了相关定制产品，展开销售，更好地促进了文、旅、商的融合发展，让景区及街区的夜间经济重获新生。

手捧一杯"倩兔似锦"文创咖啡，香浓的气息扑面而来，杯身上绘有"倩女"游戏系列人物头像，此外还有"临别乘风起"桂花乌龙咖啡、"行侠仗义就喝玫式"饮品、"天地为何物　龙潭和幽谷"饮品、"倩兔似锦　橙香如意"饮品等。

秦淮灯会期间，夫子庙景区推出了倩女主题的"国风咖啡"，整条街区一共有 4 家咖啡店结合自身饮品特色，加入游戏元素，设计了不同特色品类的文创咖啡、特调饮料。比如 MO 音琵琶街上的"转角麦多咖啡"，因为品类较多，游戏粉丝纷纷去探店，小红书 App 上的知名博主也推荐了，销量非常好。到了晚上，一些酒吧也推出了倩女主题的特调饮料，别有风味。

走在街上，除了倩女国风主题灯组，还有热闹非凡的国潮古风花灯年货市集。琳琅满目的秦淮荷花灯、兔子灯等新年花灯，非遗糖画等传统非遗年俗，令人眼花缭乱。这里的"福气兔"灯笼，是由一群富有创意的青年设计师，结合非遗绒花技艺理念设计，并提取了春节鞭炮和红花等新年吉祥元素，通过手工编织而成的，每一只灯笼都是独一无二的。"福气兔"灯笼与传统纸灯和塑料灯不同，它具有很深的文化内涵，更具古风特色，而且很实用，只要把它的木头杆子拔掉，就能把它放在家中，作为夜间照明用的灯具。

另外，为增强互动性，街区还推出了游戏徽章集结、古风投壶体验、涂鸦体验等，让穿着汉服的"小哥哥""小姐姐"们跨"时空"相聚，感受传统文化的韵味。

3. 灯彩产品的数字化传承创新。

近年来，随着时代的发展和审美的改变，秦淮灯会中展出的灯彩作品也不断地进行着变革和创新，具有"科技感"的作品越来越多，但采用灯光互动艺术装置或互动媒体设计的作品却很少见。

夫子庙景区"秦淮·戏院里"常年陈设的秦淮灯彩大型灯组是室内环境的重要组成部分，街区内安装了大面积裸眼 3D 屏呈现中国风动态视频内容，营造出极强的灯会氛围，且科技感十足。

秦淮灯会作为承载着丰富社会记忆的文化遗产，须不断注入新的时代内涵，拓展新鲜的表达形式。在政府、传承人、专家学者以及众多爱好者的共同努力下，通过数字化保存非遗灯彩资源并实现研究共享，通过数字化艺术再现传统技艺。随着互联网技术的不断发展，运用数字化传承创新传统文化的方式必将有更大的空间等待我们去探索。

"数字化"解非遗传承
困境案例分析

（案例执笔人：秦溢聪、吴翠莲）

📖 **讨论题** --

　　1. 分析导致非物质文化遗产难以传承的主要原因。

　　2. 非物质文化遗产的传承与发展面临着哪些困境？

　　3. 在数字化时代下，传承与发展非物质文化遗产有哪些途径？

二、案例 2：旧貌换新颜：安桥头村"文化赋能"驱动乡村振兴

2021 年，在浙江高质量发展建设共同富裕示范区的大背景下，浙江省委、省政府做出了建设未来乡村的重大决策部署，这是对"千万工程"和美丽乡村建设的再深化、再提升，是打造共同富裕现代化基本单元"金名片"的内在要求。2021 年，绍兴市把"先行村"培育作为新时代美丽乡村建设的最新方向和"未来乡村"新形态。经过一年的努力，首批 8 个单位先行先试、率先破题，以市场化理念系统谋划村庄发展，挖掘自身独特资源禀赋，拓展延伸产业、文化、生态价值，激活村庄"造血"功能，形成了一批生动的先行实践样本，积累了大量可借鉴、可复制推广的先行发展经验。

在唱响乡村振兴"共富曲"的道路上，以安桥头村为例子的绍兴乡村正以厚积薄发的"胆剑精神"，逢山开路，遇水架桥，努力走出一条具有绍兴辨识度的乡村"先行"路径，为全省推进"两个先行"提供绍兴样板，贡献绍兴智慧。

（一）渊源有自来

"我生长于都市的大家庭里，从小就受着古书和师傅的教训，所以也看得劳苦大众

和花鸟一样……但我母亲的母家是农村，使我能够间或和许多农民相亲近，逐渐知道他们是毕生受着压迫，很多苦痛，和花鸟并不一样了。"在晚年的一篇序文里，鲁迅先生讲述了外婆家和自己写作的渊源。鲁迅的小说《社戏》中有这样一个片段："那地方叫平桥村，是一个离海边不远，极偏僻的，临河的小村庄；住户不满三十家，都种田，打鱼，只有一家很小的杂货店。但在我是乐土：因为我在这里不但得到优待，又可以免念'秩秩斯干幽幽南山'了。"这个平桥村就是位于绍兴市越城区孙端街道的安桥头村。

鲁迅的外曾祖父鲁思卿，是清朝嘉庆年间的进士，曾任京城四品官员，外祖父鲁希曾则在咸丰元年考中举人，也曾任京城官员。鲁迅之母鲁瑞，1857 年生于"朝北台门"。鲁迅外婆的故居，就位于安桥头的朝北台门。这是一处两进三开间的宅院，因大门朝北而俗称"朝北台门"。宅院的外墙底部有三层石板，当地俗称"三板石萧墙"，是官宦之家地位的象征。

按照鲁镇的习俗，女孩子出嫁后，在没有当家之前，一般都会在夏间回娘家消夏。童年的鲁迅，就经常陪着母亲回外婆家做客，并与安桥头的孩子结下深厚的友谊。在《社戏》中，可以感受到鲁迅在此的生活乐趣。无论是跟小伙伴钓虾，还是一同去赵庄看社戏，或是从老六家偷罗汉豆吃，鲁迅回忆起这段往事，感叹道："真的，一直到现在，我实在再没有吃到那夜似的好豆，——也不再看到那夜似的好戏了。"

不管是鲁迅的弟弟——周作人和周建人，还是鲁迅研究领域的一些学者，都认为"平桥村"的不少形象就出自安桥头村。小说中的"平桥村"不到 30 户人家，而现实中的安桥头村即使在 2003 年并入两个邻村之前，也有约 300 户人家。数量何以如此悬殊？ 75 岁的村民鲁阿良有自己的解释："因为鲁迅先生写的就是'朝北台门'的周围，确实也就 30 户的样子。"

鲁阿良的祖父与鲁迅同辈，是表兄弟。"我爷爷的爷爷叫鲁安久，和鲁希曾是堂兄弟。"鲁阿良介绍说，鲁安久排行第四，人称"鲁四老爷"，因此，鲁迅叫他"四外公"，小时候也会去"四外公"开的酒坊里玩。"我小的时候，许广平还到'朝北台门'来过，和鲁迅的表弟媳妇见面。那个老人我们叫她'宝宝婆婆'，独自住在台门里。"

不过，鲁迅作品也给鲁阿良带来过一丝紧张。小学时，学校组织大家看电影《祝福》，小孩子看得津津有味，回家后绘声绘色地说给祖父听，老人家越听越不对劲。"我爷爷说，'祥林嫂'的命运和他家原来一个女工很像。"

（二）故乡变迁

鲁阿良身材魁梧、红脸膛、大嗓门，年轻时曾是采石场工人，后来去了当地派出所的联防队，最后回乡做了十多年的村干部。回顾村庄的变迁，他说："安桥头村的日子在改革开放以后，一天一天地好起来。我是改革开放以后，45 岁加入了中国共产党。后来，我有个孙子当兵了。这是我最高兴的两件事。"

"安桥头村有 700 多户人家、2000 余名村民，约三分之二姓鲁。现在村民年均收入 3 万多元。但是在改革开放前，还有不少'倒挂户'，就是说，辛苦一年还要倒欠集体钱。"安桥头村党总支书记宣明德说。虽然安桥头村一直顶着"鲁迅外婆家"的名号，但早年的发展并不顺利。改革开放以后，安桥头村的村民家家户户都办起自己的小作坊，起初做网线袋、编草苑、孵豆芽。自 1995 年起，大多数村民外出经商、开工厂，如义乌小商品市场、武汉汉正街等地，都有安桥头村的人，最远的跑到了东北和新疆。2003 年，村集体经营性收入仅 5 万元，到 2017 年也不足 20 万元。

2017 年，绍兴开始全面推行"五星达标、3A 争创"行动。其中，安桥头村被选为典型，积极打造 3A 级景区化建设示范村。"单看自然风光，相较于其他地方，安桥头村并没有优势。"宣明德认为，要想获得差异化发展，必须充分发挥"鲁迅外婆家"的优势，将其资源加以整合。

于是，村里按照《社戏》中的水乡古戏台打造了祝福广场，并在旁设立了游客中心和停车场。从 2018 年起，安桥头村开始在农历的腊月廿五举办鲁迅外婆家祝福文化节。到那时候，村里到处挂起红灯笼，贴上大福字，每次能吸引四五万名游客。"有村民包了汤圆去卖，3 天卖了七八百元，还有村民摆摊卖臭豆腐，也卖了 1000 多元。"宣明德说。而鲁阿良要在祝福文化节上担任主祭人，他被戏称为"鲁四老爷"。他介绍说，当地的风俗是腊月二十"掸尘"——打扫卫生，腊月廿三祭灶，然后就可以动刀杀鸡宰鹅了，腊月廿五就可以"祝福"了，一直办到廿八。大户人家用"五牲"——猪、羊、鸡、鹅、鱼，一般家庭用"三牲"——猪、鸡、鱼。

"作为安桥头村的一分子，我同村干部一起亲历了安桥头村一年来的变化。让人感受最深的，不是村庄面貌的巨变，而是全村干部群众精神面貌的巨大变化。"孙端街道安桥头村驻村指导员裘建霞感受颇深，"我们更深切地感到，抓党建与促乡村振兴，绝不是'两张皮'、两条路，只要抓对了路子、走对了方向，就一定能让村庄的发展驶上快车道。"

"要把产业振兴作为乡村振兴的重中之重。"宣明德深有感触。随着"千万工程"持续推进，安桥头村发展路径明晰起来：以文化赋能乡村振兴，依托江南水韵原貌，建设宜居宜业和美乡村。

从 2018 年起，安桥头村着力提升村容村貌，改善村内环境，构建文学场景打卡地、艺术乡村诗意栖居地、田园童趣体验地等特色旅游目的地。2020 年，鲁迅美术学院的研究生创作基地落户安桥头村。以鲁迅经典作品为灵感来源，学生们通过绘画、雕塑、动漫等艺术形式呈现创作成果，吸引了不少游客。

（三）柳暗花明

从 2021 年开始，宣明德明显感觉到，安桥头村站到了发展的十字路口。"虽然'鲁迅外婆家'有了点名气，前来参观的人也不少，但平日里，也就'朝北台门'可以看看，最多不过 30 分钟就看完了，留不住人。"宣明德感慨，村里人也不知道该怎么办。

办法总比困难多，没过多久，绍兴市确定了首批 13 个"乡村振兴先行村"培训单位，向全国招募运营团队，旨在形成具有一定赢利能力的乡村业态，让村庄发展更具生命力，而安桥头村就名列其中。孙端街道办事处主任助理倪钢表示，他们正围绕"鲁迅文化"，着力打造新的文旅品牌。"未来，我们将开发深度文化旅游，打造特色民宿，同时，进一步做好研学游，争取让更多游客愿意来、留得下。"宣明德说。清华大学的学生社会实践基地也落在安桥头村。学生们除了在村里开展社会实践活动，还为安桥头村设计了一座古朴雅致的文化礼堂，与村中环境相得益彰。村干部黄丽说："大学生来到村里，为乡村注入了新鲜活力，还带来了许多好点子。"在学生们的倡议下，文化礼堂里定期举办普法讲座、宣讲"枫桥经验"等内容，"大家法律意识强了，矛盾少了，文明乡风越来越浓。"黄丽说。

"村里来了大学生，就是不一样。"村民樊大根喜欢往老年学堂跑，"这里有书法培训班，还有越剧班、舞蹈班，课程丰富，不单是我，大伙儿都愿意来。"如今的安桥头村，文旅融合发展成了新亮点。望乡楼、闰土的瓜田、梦回平桥公园等景观，让游客可以近距离接触水乡生活；迅哥菜园给了游客体验田园生活的场景。

村民的文化生活也越来越丰富了。婀娜多姿的旗袍走秀、婉转悠扬的越剧演出、诙谐幽默的鹦哥戏……每到周末，社戏大舞台上总是节目不断，村民在台上演得热闹，游客在台下看得开心。"我们这个戏台，周周有节目。"村民陈女士参加了越剧班和舞蹈队，日子过得有滋有味。

安桥头村搭上文化旅游的"顺风车"，在村口开出了饭店、米酒馆等新馆子。"有村民做了乌豇豆糕，6 天卖了近 2000 元，还有村民摆摊卖干菜饼，一个节假日卖了上千元。"宣明德介绍，村里人尝到了文旅融合的甜头。

"随着'千万工程'深入推进，村里的文旅产业发展越来越好。"宣明德说，2022 年 9 月，从鲁迅故居到安桥头村的公交旅游专线开通，来自上海、杭州、宁波的游客更多了。2022年"五一"假期，安桥头村累计接待游客3万人次，相关收入近20万元。

2022年11月，安桥头村第一届"水乡社戏节"活动成功举办，陈女士和姐妹们也参与其中，还原了儿时鲁迅去赵庄看戏的热闹场景，观众游客把广场围得水泄不通。2022年底，孙端街道请来了第三方运营团队，小映盒乡村数字影院开业了，聚焦于服务村社商业的"最后一公里"，同步院线最新影片，提供电影放映、图文借阅、生活快消品售卖等一站式休闲娱乐服务。此外，清华大学乡村振兴工作站浙江越城站落户在村里，鲁迅长孙、鲁迅文化基金会会长周令飞在此开设工作室，大众书局等商家落户成功……这些都为安桥头村的"升级"打下基础。

为了使广大村民更好地参与到安桥头"鲁迅外婆家"的建设中，安桥头村集中向20多户村民租赁闲置房屋进行整体开发，将闲置农房有效盘活。此外，村里还将村民自己晾晒的干菜、虾干，还有村民自己制作的年糕、米酒统一进行了包装，做成农创产品，在各景点陈列售卖，以此来提高村民的收入。

安桥头村主动向直播经济靠拢，村党总支书记宣明德积极参与带货直播活动，宣传介绍"鲁迅外婆家"文创产品和农产品，并且通过邀请鲁四老爷的后代、老党员鲁阿良直播推介安桥头村等来打开安桥头村的知名度。这几年，孙端街道抓住建设美丽城镇的契机，通过对村庄运营模式的创新、对鲁迅文化进行基因解码，进一步擦亮了"鲁迅外婆家"金名片，一系列具有孙端文化标识的工程、业态、活动陆续呈现。

（四）热土

站在安桥头村，古朴的河埠头依次排列，远处的横江和直江蜿蜒而流，微风拂过，大片碧绿的禾苗随风而动，一派水乡田园风光。而另一边，现代美学造型的新中式建筑错落有致，各种鲁迅文学场景打卡地引得游客纷纷驻足。一个具有独特文化基因、传统与艺术完美融合的新型乡村呼之欲出……

故乡是起点，也是终点。

"我是主动挤进来，想为家乡做点事。回到祖父的外婆家，一边安享晚年，一边工作。"周令飞是鲁迅长孙，也是鲁迅文化基金会会长，他以安桥头村村民的身份，在"2022'同心·越城'大会"上道出了心里话。2021年，周令飞工作室正式落户安桥头村。在他的引荐支持下，鲁迅美术学院在安桥头村设立了动漫创作基地，师生团队扎根村庄，重温鲁迅的童心与乡愁，用文化赋能乡村振兴。聚焦《故乡》《阿Q正传》《社戏》《祝福》等主题，一批以鲁迅笔下人物为原型的动漫创作成果陆续亮相，颇受年轻人喜爱。

在安桥头村生活了一辈子的鲁阿良,从未想过自己的村子会变得这么有文化味,"来参观的游客非常多。我会和游客讲讲祖辈的故事,让更多的人了解'鲁迅外婆家'的相关文化。"

安桥头村周边的皇甫庄村有鲁迅的舅舅家。多年来,皇甫庄村投入大量资金,对本村的历史文化资源进行深入挖掘,重点对鲁迅外公外婆的墓地进行了整修,并整改道路,提升绿化;传承包公殿习俗,在每年的农历六月十六举办孙端民俗旅游节;同时,还建设高规格文化礼堂,在内部设家宴中心、大型会议室、村史馆和农家书屋,将文化活动集于一体,丰富了村民的精神生活。

这里曾是鲁迅心中的"乐土",是让鲁迅魂牵梦绕的外婆家。如今,这里是能让大家找到"童年味"的热土,是想再回去一趟的"外婆家"。

(五)成效

村庄风景变"活"了。随着"雪地捕鸟""闰土刺猹"等8个经典文学场景的落地,"鲁迅外婆家"也变得可感可触。小映盒影院、大众书局北新书站、田园咖啡等9个商家带来了现代气息。

乡村人气变"旺"了。吸引清华大学乡村振兴工作站、鲁迅美术学院传媒动画学院、绍兴市作家协会等前来进行文艺创作。游客也慕名而来。乡村人气倍增,仅"鲁迅外婆家"朝北台门日均接待游客就超过300人次。

共富氛围变"浓"了。村集体创办绍兴故乡物业服务管理有限公司,以物业服务为切口打开村集体增收新路子。村民开起外婆家土菜馆、"故乡"便利店等。村民自产的鱼虾干、大米、藕粉等特色农产品,经运营团队统一设计包装已经实现线下预订销售。乡村影院、农家书屋等新兴业态,吸引了大量的创业人才。

(六)宏图

下一步,绍兴市越城区将重点推进以下几方面工作:

一是将安桥头村和皇甫庄村列入水上旅游专项的规划中,研究水上游线落地可行性,串联鲁迅外婆家和鲁迅舅舅家,依托清华大学乡村振兴工作站,开展更多文创产品的研发与推广,打造集衣食住行、岁时节令及日常生活于一体的民俗风情体验区域,让市民与游客在"鲁迅外婆家"体会绍兴原汁原味的乡土文化。

二是迭代升级数字安桥头村场景,为文旅开发和持续引流提供支撑,持续"盘活"村级集体和村民闲置用房,优化布局配套文旅要素和业态,引导和鼓励村民主动参与文旅建设,开发钓小龙虾、摘罗汉豆和拔甘蔗等项目,还原鲁迅作品里的场景。

三是持续深化"鲁迅文化+",重点打造"水上社戏节""祝福文化节"等乡村旅游节事，依托传统媒体和新媒体平台矩阵讲好乡村旅游故事。通过旅行社，将鲁迅外婆家与鲁迅故里、鲁镇这三大景区串联起来，形成"三点一线"的鲁迅文化风情主题游路线，规划景点之间的旅游接驳车，实现"串珠成线"，为游客提供更多的便利。

（七）结语

通过安桥头村的例子，我们认识到在乡村文旅结合模式的建设中，需要根据区域的乡土特色，结合自身实际，开展乡村振兴建设工作。充分挖掘当地的优势资源，根据当地文化资源和旅游资源的情况发展特色旅游产业，为乡村地区设计比较适合的文旅产品和销售方式，提升乡村旅游吸引力，借此带动乡村地区整体经济发展，确保乡村地区抓住文旅融合带来的机遇，实现共同富裕。

旧貌换新颜：安桥头村"文化赋能"驱动乡村振兴案例分析

（案例执笔人：赵杨婕、杨双洁、郑弦韵）

📖 讨论题

1. 安桥头村利用文化赋能乡村振兴的途径是什么？

2. 安桥头村的文化管理对其他村有什么借鉴意义？

3. 为了使安桥头村持续地更好地发展，你有什么建议？

三、案例3："梦娃"送吉祥，传递中华传统文化

公益广告是一种通过媒体传播正能量和爱心的广告，旨在呼吁社会关注公益事业，提高公众的社会责任感和公益意识。为弘扬中华优秀传统文化，传播社会主义核心价值观，中宣部宣教局和中国网络电视台创作了"梦娃"系列动画公益广告，从"国是家、善作魂、勤为本、俭养德、诚立身、孝当先、和为贵"等7个方面诠释了社会主义核心价值观。"梦娃"系列动画公益广告以形象生动、感人至深的方式，向公众传递正能量和爱心，引导社会各界关注儿童健康成长和教育问题，积极参与儿童公益事业。

"梦娃"被纳入"图说我们的价值观"动画视频推广展播计划，全国34个上星综合频道，每天按5—12次的频次播出，核心价值理念随着"梦娃"萌动可爱的形象植入受众心中，受众欣然接受并自觉反省、践行。同时，人们自发通过微信、微博等平台进行广泛传播，形成自觉传播社会主义核心价值观的行为。自2018年启动以来，"梦娃"系列动画公益广告已经成为中国公益广告领域的重要品牌之一，受到公众和社

会各界的广泛关注与支持。

本案例旨在通过对"梦娃"系列动画公益广告的深入分析和研究，探讨其设计和制作、传播和效果等方面的情况，以期更好地了解公益广告在传递中华传统文化方面发挥的作用和意义，为公益广告的推广提供借鉴和启示。

（一）"梦娃"初印象

"梦娃"系列动画公益广告以天津泥人张作品"梦娃"形象为依托，采用动画人物为形象代言人，整个广告充盈着浓郁的生活气息。这个憨态可掬的泥娃娃形象逐步走进了人们的视野，并通过电视、广播、网络等多终端载体得到广泛传播，成为公益广告中的一道亮丽风景线。

"梦娃"形象在中华传统文化中寓意深远，代表了人们对美好生活的向往和追求，代表了中华传统文化中的"童真""和谐""美好"等价值观。在公益广告中运用"梦娃"形象，不仅能够吸引人们的注意力，还能够传递出一种积极向上、美好生活的信息。

"梦娃"的原创者林钢表示，创作"梦娃"只是想传达出对未来美好的向往，而"梦娃"的原型则是林钢在20世纪80年代初采风时遇到的一个四五岁的小女孩。2000年左右，林钢开始正式创作"梦娃"，后来"梦娃"被选中用于公益广告，"梦娃"的身高被提高到50厘米，要求做工更加精细。放大后，"梦娃"的脸部结构、眼神、微笑表情都需要着重刻画和雕琢，头发的雕琢也更加写意。

通过"讲文明树新风——中国梦·梦系列"公益广告，"梦娃"的身影出现在公园、文化广场、公共汽车站、机场、商场等地，成为公益广告的"代言人"，引发了社会各界的热烈反响。"梦娃"的形象不仅在公益广告中得到了广泛应用，还被运用在各种文化活动中，成为一种文化符号和文化品牌。

（二）"梦娃"为什么这样红

时至今日，"梦娃"传唱的童谣仍被观众津津乐道，"梦娃"宣扬的价值理念依然浸润人心。这样一个小巧的泥娃娃，怎会有如此大的魅力？

1. 匠心独创，有"颜"值。

"梦娃"是一个萌动可爱、活灵活现、有个性有神采的形象，给人留下了深刻的印象。"梦娃"形象最初出现在"中国梦·梦系列"公益广告中，她的表情率直烂漫，眼神梦幻纯真，充满了对未来生活的憧憬和期待。这种"梦"的特质，一下就抓住了观众们的心。她的独角辫俏皮可爱，丹凤眼笑眯眯的，双手交叉于膝上，歪头蹲坐谦恭宁静，这些特点都让她成为一个独特的形象。"梦娃"的创作灵感来源于一个农家小姑娘，她端坐在炕沿，向窗外安然凝望。

2. 童谣传唱，有"言"值。

"梦娃"系列动画公益广告的成功之处在于它通过简短的 45 秒广告片，生动地诠释了社会主义核心价值观，让观众在欢快的旋律和别出心裁的主题配词中，深刻领悟到了"国是家、善作魂、勤为本、俭养德、诚立身、孝当先、和为贵"这 7 个主题所蕴含的深刻内涵。同时，"梦娃"动画形象可爱、灵动、乖巧，让人们在视觉上得到了愉悦的享受。此外，"梦娃"系列动画公益广告的传播效果也非常显著。广告片在各大电视台、网络平台上广泛播出，同时还在各大公共场所、学校、社区等地得到宣传，越来越多的人了解和认同"中国梦"理念。广告片的传播速度之快、范围之广、效果之好，不仅让"梦娃"系列动画公益广告成为经典的宣传片，更让"中国梦"理念深入人心，成为全民共同追求的目标。

3. 动画筑梦，有价值。

"梦娃"系列动画公益广告的成功之处在于它将社会主义核心价值观与"中国梦"主题相结合，通过动画的形式，将传统文化与现代元素融合。广告宣传配词紧扣社会主义核心价值观，采用童谣编制，朗朗上口，让观众在欢快的旋律中深刻领悟"国是家、善作魂、勤为本、俭养德、诚立身、孝当先、和为贵"这 7 个主题所蕴含的深刻内涵。

总之，"梦娃"系列动画公益广告以其独特的创意、精湛的制作和深刻的内涵，成功地传递了社会主义核心价值观和"中国梦"理念，成为一部具有深远意义的宣传片。它不仅在宣传中传递了正能量，更在文化传承中发挥了积极作用，为推动中国特色社会主义事业的发展做出了积极贡献。

（三）"梦娃"体现的中华文化内涵

1. 国是家：从家到国——中国人特有的家国情怀。

中国社会以家庭为中心的文化衍生出了一整套思维和生活方式，包括"舍己为家"和"保家卫国"这种"家国同构"的社会传统，包括"修身、齐家、治国、平天下"这种把个人追求与社会目标统一起来的儒家信念。由个人而家庭，由家庭而社会，由社会而国家，由国家而天下是中国人特有的社会价值逻辑。未有我之先，家国已在焉；没有我之后，家国仍永存。多少沧桑付流水，常念家国在心怀。社会主义核心价值观就在我们的心中，就在家国之中。

2. 善作魂：与人为善——君子之道也。

社会主义核心价值观，在个人层面的第四个价值准则，是友善。"友善"这个词，应该拆分成两部分来看："友"是友好，表现友好，这是行为要求、是表面现象；而"善"是善良，心怀善意，这是心理要求、是内心态度。如果只强调表面的友好而不顾内心真情实感，就容易沦为伪善；而如果只强调内部的善心而不谈如何外化于行，就容易产生隔阂和误解。所以，"出于善意的友好"，这才是"友善"这个词对人际关系的完整诠释。

3. 勤为本：靠着一双手——奔向中国梦。

天道酬勤，多劳多得，以勤为本，以劳为荣，每个人都应该靠自己的知识和本领来获取财富和实现自己的社会价值。勤劳致富不仅是一种经济要求，也是一种精神追求，它不仅可以带来物质财富，还可以带来精神上的满足感和成就感。在现代社会中，勤劳致富已经成为一种普遍的价值观，它鼓励人们通过自己的努力和创造来实现自己的梦想和追求。同时，勤劳致富也是社会发展的基础。

4. 俭养德：节俭养德——引领社会新风尚。

当前，节俭养德全民节约行动正在各地广泛开展，得到社会各界的积极响应。节俭仍然是当代中国社会坚守的主流价值观，是全体社会成员传承中华优秀文化、涵养时代风尚的精神载体和行为方式。在大家的共同努力下，崇清尚俭已经有了好势头，我们应该加倍珍惜，更加努力，用"微"行动的涓滴之水汇流成河，聚起激浊扬清的正能量，促进社会风气有一个新的、更大的转变。

5. 诚立身：做人讲良心——诚信走天下。

诚信自古是中华民族的传统美德，"诚信"的原则和精神，是促进社会主义市场经济健康发展的道德基石，它不仅对促进社会稳定繁荣、引导社会风气、"医治"社会"精神疾病"具有重要作用，而且对加强社会成员的个人道德涵养，提升全民族的素质，培养有知识、有作为、讲道德、守法纪的公民具有重要作用。随着经济全球化进程的加快，国与国之间交往频繁，诚信是国际贸易往来的基础，更是当前形势下国家"一带一路"建设中倡导的"合作共赢"得以实现的前提。

6. 孝当先：百善孝为先——孝文化亦是家文化。

"夫孝者，德之本也，教之所由生也。"家庭是社会的基本细胞，是人生的第一所学校，一切的德性都从孝敬父母中涵育，一切的善行都从孝敬父母上起步，这就是中国人极为重视孝道的根本原因。中华圆梦、大道易行，"孝文化"传播任重道远。

7. 和为贵：家以和为贵——国以和为兴。

"礼之用，和为贵"出自《论语》。孔子的"礼"，既指"周礼"（礼节、仪式），也指人们的道德规范。"和"意为调和、和谐、协调。意思是，按照"礼"来处理一切事情，就是要使人和人之间的各种关系都能够恰到好处，都能够调解适当，使彼此都能融洽。

（四）结语

"中国梦·梦系列"公益广告以"中国精神、中国形象、中国文化、中国表达"为宗旨，将中国最传统、最本土的艺术形式和时代精神很好地融合在一起，传统文化精神"善、勤、俭、诚、孝、和"是中国老百姓耳熟能详的价值观，也是千百年来世代相传的中华民族美德。将社会主义核心价值观与当代流行文化巧妙结合，利用社交媒体的交互性达到精确投放，成功开发"梦娃"衍生产品，找准与时事契合的点，及时调整更新传播内容等，这些经验对于如何提升公益广告的传播效果具有一定的参考价值。"梦娃"系列动画公益广告把社会主义核心价值观的"富强、民主、文明、和谐，自由、平等、公正、法治，爱国、敬业、诚信、友善"等词语和传统的文化精神相结合，吸收了中华传统文化中最富表现力的文化精神，形象地向广大人民群众讲述了"中国梦"的内涵，亲切自然，获得了良好的效果。

在讨论"梦娃"这种文化形象时，我们需要思考的核心问题是如何在现代社会中更好地传承和发扬"梦娃"文化。这不仅需要公共文化管理部门加强保护和管理，也需要我们每个人的努力和参与。我们需要加强对"梦娃"文化的了解和认识，注重家庭和孩子的重要性，加强审美教育和文化素养培育，从而更好地欣赏和理解传统文化和艺术。同时，我们也需要加强对"梦娃"文化的市场开发和管理，让"梦娃"文化得到更好的传承和发扬。除此之外，我们还需要思考如何平衡传统文化和现代文化、如何加强对"梦娃"文化的保护和管理、如何加强对"梦娃"文化的研究和挖掘，以及如何加强对"梦娃"文化的宣传和推广等问题。通过深入探讨这些问题，我们可以更好地了解和认识"梦娃"文化，促进"梦娃"文化的传承和发扬。让我们一起思考如何更好地传承和发扬"梦娃"文化，让它在现代社会中继续发扬光大。

"梦娃"送吉祥，传递中华传统文化案例分析

（案例执笔人：沈宇栋、许贝贝、李晨豪）

讨论题

结合"梦娃"系列动画公益广告的案例，讨论下面两个问题：

1. 中国特色社会主义在当今社会该如何更好地传播？

2. 文化事业管理如何与中华优秀传统文化结合？

第十章　卫生事业管理

🖼 学习目标

掌握卫生事业的定义及特点，了解卫生事业管理的必要性及影响因素；了解不同类型的卫生管理体制。

📖 学习重点

1. 卫生事业的特点。
2. 不同类型卫生管理体制的比较。

第一节　卫生事业管理概述

一、卫生与卫生事业的概念

（一）卫生与公共卫生

卫生，有卫护生命之意。作为万物之灵的人类总是不甘于命运，人类孜孜不倦地探索长寿之谜，以生命为代价的漫长经验的凝结就是医学。简单地说，医学就是卫护生命之学，其关注的基本问题是疾病与健康，这就意味着，卫生就是防治疾病和保护健康。一般而言，卫生概念有广义和狭义之分。广义的卫生指与人类健康有关的全部业务活动及制度建立工作，而狭义的卫生则主要指疾病的预防和治疗。

1920 年，耶鲁大学教授查尔斯·温斯洛最早对公共卫生进行了界定：公共卫生是通过有组织的社会的努力来预防疾病、延长寿命、促进健康的科学和艺术。其中，所谓的社会的努力包括改善环境卫生、控制传染病、提供个人健康教育、组织医护人员提供疾病的早期诊断和治疗服务、建立社会体制，保证社区中每个人都能拥有维持健康的生活标准以实现其生来就有的健康和长寿的权利。温斯洛做出的定义在 1952 年被世界卫生组织所接受，并沿用至今。随着现代社会的快速发展，人们对公共卫生的认识和实践也有了重要的变化。21 世纪以来，传染病和慢性病给人类带来的各种痛苦，促使人们开始对生命的质量展开更深层次的思考。

我们现在所谓的"卫生"，实际上是"公共卫生"的简称。因此，本章中所提及的卫生事业也就是公共卫生事业。

（二）卫生事业

卫生事业是我国公共事业的组成部分，是国家和社会在防治疾病、保护和增进居民健康等方面所采取的各种措施的总称。在我国，卫生事业的内容主要包括医疗、卫生、医药、医学和药学研究、突发事故救护等。医疗是指临床医学所涉及的、医疗机构以治病为主要内容的业务活动。作为卫生事业组成部分的卫生是狭义的卫生，主要指疾病的预防，尤其是以流行疾病的预防工作为主要内容的业务活动。医药是指以防病、治病、保健为主要目的的药品研制业务活动。医学和药学研究是指专门的研究机构对病理、药理及临床治疗技术的研究活动。突发事故救护指专门的救护机构对突发伤病进行的救助和护理工作。

二、卫生事业管理的概念、目标与内容

（一）卫生事业管理

卫生事业管理是各个层次卫生行政和卫生业务管理活动的总称，是人们为实现卫生组织的决策目标，根据卫生事业的性质、特点，通过组织协调和控制达到最佳效能所进行的活动。卫生事业管理是科学配置卫生资源以实现卫生政策目标的过程。直接涉及的学科有管理学、卫生经济学、政策科学、流行病学、卫生统计学、运筹学以及各门医学学科等，间接涉及的学科有社会学、政治学、经济学和哲学等；管理的主要领域包括卫生机构、医疗保障制度、卫生立法、健康教育、医政、卫生防疫、妇幼卫生等。根据卫生事业活动的直接目标，可以将其分为公益性管理和经营性管理两个类别。其中公益性卫生事业管理是以满足社会共同需要为目标的公共卫生活动管理，其直接目的是要保证社会公众的基本健康、提高公共卫生质量、提高社会的整体生活质量。而经营性卫生事业管理是以满足部分社会成员特定需要为目标的医疗卫生活动管理。随着公众的生活水平的不断提高，人们会追求更高水平的、个性化的、多样化的医疗卫生事业产品和服务。

（二）卫生事业管理的目标

人人享有基本卫生服务不仅是保证卫生公平性，满足社会成员医疗卫生基本需求的重要体现，也是国家施政的重要目标。党的二十大报告提出了"推进健康中国建设"目标，为增进民生福祉，提高人民生活品质奠定了基础。

《中华人民共和国国民经济和社会发展第十四个五年规划和 2035 年远景目标纲要》中的"全面推进健康中国建设"部分指出，把保障人民健康放在优先发展的战略位置，坚持预防为主的方针，深入实施健康中国行动，完善国民健康促进政策，织牢国家公共卫生防护网，为人民提供全方位全生命期健康服务。主要包括构建强大公共卫生体系、深化医药卫生体制改革、健全全民医保制度、推动中医药传承创新、建设体育强国、深入开展爱国卫生运动等。

1. 构建强大公共卫生体系。

改革疾病预防控制体系，强化监测预警、风险评估、流行病学调查、检验检测、应急处置等职能。建立稳定的公共卫生事业投入机制，改善疾控基础条件，强化基层公共卫生体系。落实医疗机构公共卫生责任，创新医防协同机制。完善突发公共卫生事件监测预警处置机制，加强实验室检测网络建设，健全医疗救治、科技支撑、物资保障体系，提高应对突发公共卫生事件能力。建立分级分层分流的传染病救治网络，建立健全统一的国家公共卫生应急物资储备体系，大型公共建筑预设平疫结合改造接口。筑牢口岸防疫防线。加强公共卫生学院和人才队伍建设。完善公共卫生服务项目，扩大国家免疫规划，强化慢性病预防、早期筛查和综合干预。完善心理健康和精神卫生服务体系。

2. 深化医药卫生体制改革。

坚持基本医疗卫生事业公益属性，以提高医疗质量和效率为导向，以公立医疗机构为主体、非公立医疗机构为补充，扩大医疗服务资源供给。加强公立医院建设，加快建立现代医院管理制度，深入推进治理结构、人事薪酬、编制管理和绩效考核改革。加快优质医疗资源扩容和区域均衡布局，建设国家医学中心和区域医疗中心。加强基层医疗卫生队伍建设，以城市社区和农村基层、边境口岸城市、县级医院为重点，完善城乡医疗服务网络。加快建设分级诊疗体系，积极发展医疗联合体。加强预防、治疗、护理、康复有机衔接。推进国家组织药品和耗材集中带量采购使用改革，发展高端医疗设备。完善创新药物、疫苗、医疗器械等快速审评审批机制，加快临床急需和罕见病治疗药品、医疗器械审评审批，促进临床急需境外已上市新药和医疗器械尽快在境内上市。提升医护人员培养质量与规模，扩大儿科、全科等短缺医师规模，每千人口拥有注册护士数提高到 3.8 人。实施医师区域注册，推动医师多机构执业。稳步扩大城乡家庭医生签约服务覆盖范围，提高签约服务质量。支持社会办医，鼓励有经验的执业医师开办诊所。

3. 健全全民医保制度。

健全基本医疗保险稳定可持续筹资和待遇调整机制，完善医保缴费参保政策，实行医疗保障待遇清单制度。做实基本医疗保险市级统筹，推动省级统筹。完善基本医疗保险门诊共济保障机制，健全重大疾病医疗保险和救助制度。完善医保目录动态调整机制。推行以按病种付费为主的多元复合式医保支付方式。将符合条件的互联网医疗服务纳入医保支付范围，落实异地就医结算。扎实推进医保标准化、信息化建设，提升经办服务水平。健全医保基金监管机制。稳步建立长期护理保险制度。积极发展商业医疗保险。

4. 推动中医药传承创新。

坚持中西医并重和优势互补，大力发展中医药事业。健全中医药服务体系，发挥中医药在疾病预防、治疗、康复中的独特优势。加强中西医结合，促进少数民族医药发展。加强古典医籍精华的梳理和挖掘，建设中医药科技支撑平台，改革完善中药审评审批机制，促进中药新药研发保护和产业发展。强化中药质量监管，促进中药质量提升。强化中医药特色人才培养，加强中医药文化传承与创新发展，推动中医药走向世界。

5. 建设体育强国。

广泛开展全民健身运动，增强人民体质。推动健康关口前移，深化体教融合、体卫融合、体旅融合。完善全民健身公共服务体系，推进社会体育场地设施建设和学校场馆开放共享，提高健身步道等便民健身场所覆盖面，因地制宜发展体育公园，支持在不妨碍防洪安全前提下利用河滩地等建设公共体育设施。保障学校体育课和课外锻炼时间，以青少年为重点开展国民体质监测和干预。坚持文化教育和专业训练并重，加强竞技体育后备人才培养，提升重点项目竞技水平，巩固传统项目优势，探索中国特色足球篮球排球发展路径，持续推进冰雪运动发展，发展具有世界影响力的职业体育赛事。扩大体育消费，发展健身休闲、户外运动等体育产业。

6. 深入开展爱国卫生运动。

丰富爱国卫生工作内涵，促进全民养成文明健康生活方式。加强公共卫生环境基础设施建设，推进城乡环境卫生整治，强化病媒生物防制。深入推进卫生城镇创建。加强健康教育和健康知识普及，树立良好饮食风尚，制止餐饮浪费行为，开展控烟限酒行动，坚决革除滥食野生动物等陋习，推广分餐公筷、垃圾分类投放等生活习惯。

（三）卫生事业管理的内容

卫生事业管理一般包括卫生行政管理、卫生规范管理和卫生经营管理几方面。具体而言，卫生行政管理的主体是国家卫生行政部门，客体是整个卫生系统及其活动。管理的目标是贯彻执行卫生政策，主要包括制定卫生政策，建立医疗卫生保障制度，实施区域卫生规划，组织和提供基础医药研究，以及设置必要的管理机构等。为保证医疗卫生服务的正确、准确和及时，既需要广大卫生技术人员秉持严格的科学精神，又需要有严格的科学规范管理。卫生规范管理是标准化活动的一部分，而标准化是卫生规范管理的主要途径，标准化的目的就是要获得最佳秩序和最佳状态。卫生规范管理包括医疗卫生产品的标准建立和认证，医学、医药、器械的技术规范和操作规程的建立和执行等。卫生经营管理是以政策为目标、以医学规范为行为准则的管理，主要包括医药市场监管、经营资质认定、卫生医疗价格和药品价格的确定等。在卫生系统，各医疗卫生及科教单位的管理，主要适用卫生经营管理。就对效率的追求而言，卫生经营管理与一般经营管理是一致的，但卫生事业单位不能完全按照市场中的一般经济主体的行为方式行事，必须遵守卫生政策和医学规范。

三、卫生事业管理的体制

根据政府和私人在医疗卫生体系中的作用、范围，可以将世界各国卫生管理体制分为政府导向型、社会导向型和市场导向型几种类型。

（一）政府导向型

政府导向型卫生管理体制的特点，主要表现为政府直接控制和经营卫生服务机构，并为其提供经费。这种模式强调，医疗是公民权利的组成部分，国家有义务提供全面的健康服务。以英国和加拿大为典型代表。英国的国家医疗服务体系由各级公立医院、各类诊所、社区医疗中心以及养老院等医疗机构组成联合体，政府则承担了建立医疗制度、提供医疗费用、经办医疗机构、雇用医务人员、提供医疗服务等一系列职能。该模式的核心原则是按需要提供医疗服务，而不是按支付能力提供医疗服务；目的是为全体居民消除生病的后顾之忧，其模式的主要特点是福利性和公平性。政府导向型管理体制的优点主要是政府的持续投入，卫生保障有力，而且卫生保健惠及全民。但其局限性也比较明显，政府的持续投入使得国家财政不堪重负，同时因为医院是公有的，受当地卫生局的直接管辖，缺乏自主权，导致医疗供给效率不高、服务质量下降等。

（二）社会导向型

社会导向型卫生管理体制的特点是，政府和社会共同来承担卫生领域的组织与管理职能，但政府主要起规范作用，提供间接管理和控制。采用这种管理体制的国家，以德国为典型代表。德国是世界上最早实施社会保障制度的国家，有足够的法律保障，拥有相对发达和完善的医疗保险体系，实行的是一种强制性、以社会健康保险为主、辅之以商业保险的医疗保险制度。法定医疗保险对一定收入以下的人有强制性要求，保险费由雇员和雇主平均分摊，法定医疗保险的参保人享受的是无差异的医疗待遇，投保人缴纳保险费的多少主要取决于他的经济收入，而享受的医疗保险服务不因缴纳保险费的高低而有区别，充分体现了社会医疗保险的公平性。社会导向型管理体制的优点主要是以立法形式动员全社会力量办卫生，卫生经费的使用效率比较高，充分发挥了非政府组织的筹资作用。但也存在着收纳保险费的增长速度赶不上医疗保险费用支出增长速度的"入不敷出"，政府投入不足导致医院费用上涨，以及私人医疗保险的优先治疗权引发的医疗服务不公等矛盾和问题。

（三）市场导向型

市场导向型卫生管理体制主要以美国为典型。这种管理体制以商业保险为主体，包括两种类型和三个层次。两种类型是指：一类是由私人或社会组织举办的商业医疗保险，包括营利性和非营利性；另一类是由政府承办的社会医疗保障，包括对老人、残疾人的医疗照顾计划和针对贫困、失业和伤残者的医疗资助计划。三个层次是指：第一，由雇主提供的、针对有工作和中等收入的中产阶级的私人医疗保险体系；第二，美国联邦政府提供的公共医疗保障体系，包括医疗照顾计划和医疗资助计划；第三，由州、市和县医院等州及地方政府卫生机构提供给低收入、失业、无保险者的医疗服务保障（救助）系统。这种卫生管理体制的优点是能够充分利用市场的高效率，以及能够创造最大限度满足人们需求的服务项目；同时，医疗市场种类繁多，可以满足居民的不同层次需要。局限性主要是医疗费用开支庞大，卫生服务缺乏公平公正性。

第二节　典型案例

一、案例 1：医保谈判"灵魂砍价"——坚守共赢惠民

医疗保险是社会进步、生产发展的必然结果。反过来，医疗保险制度的建立和完善又会进一步促进社会的进步和生产的发展。2021 年底，国家医保局谈判代表张劲妮针对脊髓性肌萎缩症的相关药物和药企进行了一次深入人心的"灵魂谈判"，经过 8 轮谈判、一个半小时交锋，治疗罕见病的药品成功从 70 万元降到 3.3 万元。这场精彩的谈判是我国建立医疗保险制度以来最大规模的一次"对战"：150 个谈判药品中，共有 97 个药品谈判成功，价格平均降幅达 60.7%。"每一个小群体都不应该被放弃⋯⋯"张劲妮的"砍价金句"，也一度引发众多网友关注。

从 2022 年 1 月 1 日开始，全国各地的脊髓性肌萎缩症患者陆续用上昔日的"天价药"。面对此次医保谈判，我们应当思考政府及卫生组织在医保谈判中发挥的作用有哪些，以及对于我国的卫生事业管理有着怎样的促进作用。

（一）方兴未艾：医保谈判进入民众视野

2017 年，国家医保部门开始探索建立《国家医保目录》动态调整机制，并对独家品种开展医保谈判。这是实现有效减轻居民就医费用负担，切实缓解"看病难、看病贵"的近期目标，以及建立健全覆盖城乡居民的基本医疗卫生制度，为群众提供安全、有效、方便、价廉的医疗卫生服务长远目标的需要，更有助于消除当前的药价虚高问题。医保谈判不是作秀，它的核心是让"物美价廉"的药品进入医保目录，融入老百姓的日常生活，做到真正惠利于民。

在中国，基本医保是药品和医疗服务最主要的支付方。只有进入医保目录的药品，医保才能报销。因此，及时将新上市的好药以合理价格纳入目录，直接关系到患者的用药可及性、医保基金的可承受力和产业创新的回报。

医保谈判是针对独家品种的准入制度。对于独家品种，由于买方（医保）和卖方（企业）都是独家，缺乏多个买方和卖方的市场定价博弈。因此，需要通过全面的信息披露和循证谈判，最大程度展示药品相关信息，降低双方的信息不对称，进而形成合理价格，实现患者、企业、医保的多方共赢局面。所以，国家医保目录对于独家品种

而言可以说是"逢进必谈",不仅需要科学评审药品的综合价值,还要测算药品的合理价格。

2019—2021 年,国家医保局累计将 433 个临床价值高、经济性良好的新药、好药调入目录,将 183 个独家药品通过谈判新增进目录,让更多救命救急药物纳入目录。其中新增了很多抗肿瘤药,这些新型抗肿瘤药覆盖了包括胃癌、肺癌、乳腺癌、卵巢癌、淋巴癌、肝癌、肾细胞癌、结直肠癌、骨髓瘤、神经内分泌瘤、前列腺癌等在内的多个癌种,更好地满足了癌症患者的基本用药需求,也促进了医药产业的创新发展。2021 年 11 月,中国药学会和中国医疗保险研究会发布《中国医保药品管理改革进展与成效蓝皮书》,称近 3 年谈判药品平均降幅为 56.7%、60.7% 和 53.8%。据初步估算,与谈判前市场价格相比,通过谈判降价和医保报销,患者累计减负近 1700 亿元,受益患者近 1 亿人次。

(二)望药兴叹:天价药值得予以关注

根据《中国 SMA 患者生存现状白皮书》,脊髓性肌萎缩症(SMA)在新生儿中发病率约为 1/6000—1/10000。普通人群中,每 40—50 人就有 1 人是致病基因携带者。据估算,国内约有 SMA 患者 2 万—3 万人。它可以导致严重的肌肉无力,不进行治疗甚至会危及生命。"可怜天下父母心",每一个患者的父母都希望用尽全力为孩子打造犹如正常人般的体魄,但现实却不容乐观。全球仅有 2 款可以治疗 SMA 的相关药物。一种是 2016 年 12 月于美国获批上市的诺西那生钠,在中国上市后一针费用高达 70 万元,而且需要每年注射。另一种是在 2019 年 5 月经 FDA(美国食品药品监督管理局)批准注册的基因治疗药物 Zolgensma,终身只需注射一次,但售价折合人民币超过 1000 万元,被称为"世界上最贵的药"。在很长一段时期内,该病并无有效的治疗手段和用药选择,疾病管理仅限于症状控制、呼吸支持、营养支持等辅助治疗方法。面对严重的疾病,SMA 患者只能与家人一同期待奇迹的发生。

由于罕见病药物价格高且患者需长期治疗,减轻患者的经济负担、提升药物的可及性是患者治疗道路上关键的一环。北京市美儿脊髓性肌萎缩关爱中心(简称:美儿 SMA 关爱中心)邢主任介绍说,根据 SMA 患者生活质量调研结果,经济负担依旧是影响患者接受治疗的主要原因。

转机出现在 2021 年底,诺西那生钠注射液经过国家医保局和企业的 8 轮谈判,最终进入国家医保目录,于 2022 年 1 月 1 日起实施。此次谈判被称为"灵魂砍价"名场面。

（三）灵魂砍价：坚守人民生命至上

2021 年 11 月 11 日，诺西那生钠药品谈判正式开始，国家医保局谈判代表、福建省医保局药械采购监管处处长张劲妮带领国家医保局团队与渤健亚太区谈判代表展开了长达一个半小时的谈判。谈判中，渤健方代表 8 次申请停止谈判进行内部商讨，最终国家医保局谈判代表成功将 70 万元一针的天价药品降价至 3 万多元。

其中，医保制度和医保谈判机制无疑发挥着重要的作用。医保谈判是指国家医保局的专家与药企进行谈判，以协商药物价格，从而使药物价格降低，减轻患者的经济压力。在谈判过程中"以价换量"是医保价格谈判的总方针，即通过带量采购来推动药价大幅下降。具体情况如下：

企业第一轮报价中，给出的价格是 53680 元每瓶，而张劲妮回答道："希望企业拿出更有诚意的报价，每一个小群体都不该被放弃。"她还给出了一个颇具"诱惑力"的条件——"如果这个药能进入医保目录，以中国的人口基数、中国政府为患者服务的决心，很难再找到这样的市场了。"随后，谈判企业离席进行了第一次商讨。商讨过后，企业代表给出的报价降到了 48000 元每瓶。

张劲妮坦言，2021 年对中国的医保基金来说实际是一个非常困难的年份，疫苗费用占了医保基金支出非常大的比例。"所以我们对国家医保局今年仍然有勇气开展医保谈判工作，确实体会到了人民健康至上的非常大的决心。"张劲妮的话让企业代表再次离席商讨。这次他们把价格降到了 45800 元，而张劲妮给出的答复是："很困难，希望企业再努努力。"

谈判企业第三次离席商讨后，带回了 42800 元的价格。这次张劲妮回答："相信企业感到很痛，但离我们能进一步谈，还有一定的距离。"

谈判企业又经历了第四次、第五次离席商讨，价格降到了 37800 元每瓶。但这显然还没有达到医保局理想的价位。张劲妮笑着说："谈判桌上我们作为甲方，这么卑微，真的很难。"但谈判组对价格的底线是不能让步的。"调整空间是 0。""真的很艰难，我觉得我刚才眼泪都快掉下来了。"当企业在第六次、第七次商讨后将报价降到了 34020 元时，张劲妮的答复是："觉得前面的努力都白费了，我真的有点难过。"经过谈判组的集体商议，张劲妮给出了 33000 元的报价，企业代表第八次离席商讨，确认报价。一个半小时的漫长谈判，随着"成交"二字，终于落下帷幕。每瓶药的成交价比最初的报价少了 2 万多元。

（四）精诚所至：不懈努力带来曙光

"特效药能进医保我们真的很高兴，像我们在南宁就医，3.3 万元的价格经过医保报销后，我个人只需负担 3000 多元，我们这种打工阶层基本也能出得起。"居民陆先生说，他每 4 个月就带着孩子来妇幼保健院注射一次诺西那生钠。作为广西唯一的中国 SMA 诊治中心联盟单位，诺西那生钠注射液被纳入医保后，广西壮族自治区妇幼保健院一共接诊了 50 例 SMA 患者，患儿年龄从 2 个月到 12 岁不等。在纳入医保前，该院仅有 2 例患者注射过该药。"这些患者有些是有严重的脊柱侧弯，失去了行走的能力。经药物治疗，患者的运动能力都得到了改善。"自治区妇幼保健院遗传代谢中心实验室罗主任表示，接受用药治疗和康复训练的孩子，不管是在医疗救助上还是在社会关系上，都得到了很大的改善。

（五）谈判成功：背后的民生密码

在专家评审阶段，医保部门组织临床专家、药学专家、药物经济学专家，还有医保管理等方面的专家，从安全性、有效性、经济性、创新性、公平性等不同维度对申报药品进行评审，通过评审，对符合医保用药保障需求的药品纳入谈判范围。对于获得谈判资格的药品，医保部门组织企业按照统一模板，提交测算资料，主要包括：药物基本信息，相关安全性、有效性、经济性等信息，以及企业对药品的意向价格还有相应的佐证材料。

医保部门要组织药物经济学、医保管理等专家，从药品成本效果、预算影响、医保基金负担等不同角度开展综合测算。通过科学测算，形成医保基金能够承担的最高价，也就是谈判团队信封里的底价，作为谈判专家开展谈判的依据和底线。

在测算过程中，专家们充分借鉴药物经济学指南和国际最新技术方法，充分考虑我国医保定位和市场环境等多方面的因素。同时，根据工作方案，会逐一与相关企业充分面对面沟通，尽最大努力掌握信息、掌握数据，使测算更具科学性、合理性、规范性，为谈判顺利开展奠定坚实基础。

最后，医保部门组织专家与企业进行现场磋商，谈判成功的，当场确定谈判价格，纳入药品目录。谈判不成功的，说明医保基金能够负担的最高价格与企业的报价可能还有一定的差距。

在通过"灵魂砍价"推动创新药降价的同时，还需要促进行业健康可持续发展。医保谈判不是道德审判，而是一个技术和商业命题，创新药定价也不是越低越好，需要我们将价格控制在医保认为的合理范围内，以保证企业在研发创新上的资金、技术等投入，引导、激励创新迸发更大的活力。价格谈判方案推出简易新增适应证的规则和非独家药品竞价谈判等创新机制，可谓适逢其时。部分新增适应证的创新药有望不用重新谈判，而是直接纳入医保。尽管与重新谈判相比，价格降幅略有收窄，但其在

"保基本"基础上，对"促创新"给予了更大力度的支持，让创新价值大、临床效果优、具有成本优势的大型药企在激烈谈判中取得竞争优势。这对于激发企业创新动能来说，无疑是一大利好。

不可否认，更多创新药经过谈判获医保准入，迅速造福于患者，但医保价格谈判并非一定靠"灵魂砍价"。"灵魂砍价"具有强烈的个性化色彩，与谈判专家本人的能力和素质高度绑定。换言之，同一药品谈判，不同的谈判专家可能达成不同的成交价格，同样是"灵魂砍价"，难免有价差的存在。因此，除了专家的"灵魂砍价"，医保谈判更需呼唤"机制砍价"，在公开透明的前提下，依靠严谨客观的大数据成果和药品比价分析，构建科学的成本测算模型，形成药品谈判的合理底价，最大限度压缩人为操作空间，并将其规范化、制度化。通过建立长效机制，将越来越多的高价药、"贵族药"，谈成平价药、"平民药"，最终可实现国家、百姓、药企多方共赢。

（六）结语

随着医保谈判常态化，创新药进入医保目录的速度加快，但还需对药物有效性、安全性、经济可及性和患者是否需要长期用药进行多维度综合考量。当前，医保价格谈判的总方针为"以量换价"，从药品出厂价与零售价实际差额看，药品仍有很大的降价空间。如何进一步降低患者用药负担，提高国家医保基金用药科学性、公平性，也是有关方面下一步的努力方向。

医保谈判"灵魂砍价"：
坚守共赢惠民案例分析

（案例执笔人：周愉童、黄子倩、蒋程华）

📖 **讨论题**

1. 政府及卫生组织在医保谈判中发挥了怎样的作用？

2. 医保谈判面临的阻碍及其原因？

3. 政府如何更好地进行医保谈判？

4. 此次医保谈判对卫生事业管理的发展有何意义？

二、案例 2：线上医疗有温度，人民幸福有质感

《"健康中国 2030"规划纲要》指出，要把健康摆在优先发展的战略地位，更好地满足人民群众不断增长的健康需求。近年来，我国人口老龄化程度大幅度提升，慢性病增长趋势加快，人们越来越关注健康问题。

与健康息息相关的问题催生了巨大的医疗健康潜在需求，经济的增长、人均收入的增加促使人们对生活质量和健康的要求不断提升，在此趋势下，许多互联网医疗企业纷纷发力，参与模式众多。

创新为先、快速迭代的互联网业态，已经成为全社会公共卫生管理的"神助攻"。互联网为医疗信息的传播提供了高效的平台，实现了快速传递相关信息，提高了民众的健康意识。线上医疗等方式为患者提供了更加便捷的医疗服务。总之，互联网平台为我们提供了重要的支持和保障。

（一）材料 1

1. "微平台"架起村民医疗"连心桥"。

浙江省湖州市吴兴区浮霞社区推出线上医疗服务平台，方便居民就医。居民可以通过平台在线预约医生、咨询医疗问题，并享受线上问诊、药品配送等服务。浮霞社区线上医疗平台与多家医院合作，提供丰富的医疗资源。居民可以选择心理咨询、普通科、中医科等不同专科的医生进行线上沟通，节省往返医院的时间和精力。浮霞社区线上医疗平台采用了先进的远程影像系统，可以实现医生对患者的远程诊断。患者可以将自己的影像资料上传到平台上，医生通过远程审查，给出诊断和治疗建议。平台开设了健康知识专栏，内容包括常见疾病的预防、养生保健、健康饮食等。居民可以通过阅读这些文章，提高自身的健康意识和生活质量。浮霞社区线上医疗平台全天候提供服务，居民可以随时在线咨询医生，解决健康问题。同时，平台还提供线上复诊服务，患者不必频繁往返医院复诊，便捷又安心。

浮霞社区通过发起"互助友爱、余药共享"活动，即通过社区群这个微平台了解药物储备情况，进行药物的相互补给，互帮互助。曾经静悄悄的居民微信群变得活跃了，平日里不甚熟络的邻居，在群里交流治疗经验，分享防疫知识，联络物资调配，架起了一座互联网之桥，增进了邻里之间的交流。

在该活动中，胡师傅的表现尤为突出，胡师傅是当地的一个出租车司机。2023 年 2 月 17 日，他在社区街头拿着 3 盒退烧药，将它们发放给急需的居民。而他送出的药并不是家里多余的，而是他特意跑了几十家药店买来的。深受胡师傅的鼓舞，社区里越来越多的市民自发地送来家里富余的药，让胡师傅继续免费送下去。这期间，胡师傅的车甚至成了一个"共享医箱"，为急需用药的人们送去了温暖。

有了社区群这个"微平台"，居民参与社区事务的方式也随之发生了改变。年轻人通过微信群深度参与了邻里互助，积极关心社区事务，对社区有了更多的了解。可以将这些微信群作为平时社区活动发布、志愿者招募的平台之一，吸引更多年轻人参与社区治理。在不久的将来，越来越多的居民，无论年龄大小，无论工作是否繁忙，都可以通过社区微信群来关心社区事务，大家参与居民自治的程度也会不断提高。除此之外，社区群的管理也应该趋于规范，因为如果社区群不进行适当管理，久而久之就可能会出现广告、负面信息满天飞的情况。

2. 社区效仿"齐心力"。

陕西省西安市灞桥社区卫生服务中心兰医生接诊了一名反复咳嗽、咳痰伴有憋喘的患者，他通过远程影像平台与西安医学院第二附属医院专家连线，进行远程会诊，检查结果立即上传，获得了专家的指导和建议。这是灞桥区基层医疗机构利用"互联网＋医疗"服务群众的一幕，也是灞桥区卫生健康局加强信息化建设、推进医疗资源下沉，惠及基层群众的服务缩影。

近年来，灞桥区卫生健康局采取有力举措，深入推进紧密型医共体建设，以区域检验中心平台、区域影像中心平台、数据交换中心平台建设为切入点，不断提升基层卫生健康服务能力，积极推进"互联网＋医疗"，通过信息化、数字化手段提高基层卫生便民惠民服务水平，促进辖区医疗健康服务体系高质量建设。近年来，灞桥区卫生健康局充分依托"三医联动平台"，持续开展家庭医生签约、远程诊疗（在线复诊、远程会诊、双向转诊）、远程影像、远程心电、云巡诊车体检、远程培训等，建立了区、街、村三级远程医学平台，群众到社区卫生服务中心、村卫生室就诊，即可享受上级专家远程会诊服务。该平台已覆盖辖区 6 家公立二级医院、8 家社区卫生服务中心和 177 家村卫生室。"三医联动平台"便民惠民措施的实施，使基层医疗卫生服务能力得到了极大提升。

说起"移动家医"，打开"健康灞桥"App，全区签约居民的姓名都赫然在目，每名居民的姓名后面都有彩色的"老""高""糖"标签，居民健康状况一览无余，家庭医生可以通过签约团队、签约医生来快速筛选辖区居民。在灞桥区，奔走于大街小巷、深入居民家中的家庭医生早已实现"装备升级"，装着体温计、绷带和棉球的医疗箱升级成"智慧健康一体机"，智能一体化心电图机、血氧仪和血糖仪等设备集于一体，群众足不出户就能进行健康查体。检查结果通过平台实时上传，与居民健康档案进行整合，极大地提升了服务效率，提升了群众满意度。

这些就医体验的改变都得益于智慧医疗的建设。灞桥区卫健局在建立医院管理信息系统、公共卫生信息系统、家庭医生信息系统、检验数据中心的基础上，进一步开发移动签约服务功能，实现入户即时签约、移动随访，实施健康档案"随身带"项目，开放全区 80 万人健康档案。居民通过关注"健康灞桥"公众号，即可实时查询个人健康档案及就诊信息；通过"家庭医生"居民端，签约居民可以查看、更新个人健康档案、随访信息，并可将自测血压、血糖等数据录入系统，生成监测图，改善居民体验，提高签约居民的依从性和健康意识。

灞桥区卫生健康局还引导辖区医疗卫生机构推出"拓展智慧门诊方便患者就医"等 10 项举措，为患者提供预约挂号、线上缴费、自助取号、检验检查结果打印等全功能智慧化服务，同时通过建设区域检验中心数据平台，全力推动临床检验结果互认，实现医疗机构与独立检查检验机构间结果互认，极大方便了患者就医。

3. 社区线上医疗"成气候"。

社区运用线上医疗是指社区通过互联网技术和远程医疗平台，为居民提供健康咨询、疾病诊疗、药物咨询等医疗服务的一种形式。通过在线咨询、视频会诊、远程监测等方式，居民可以随时随地与医生进行远程交流，获得专业的医疗咨询和诊疗服务。社区线上医疗主要功能包括健康咨询、疾病诊疗、药物咨询等。居民可以通过远程医疗平台向医生咨询健康问题，如日常保健、饮食、运动等，医生会根据居民的情况给出相应的建议和指导。同时，居民也可以通过线上医疗平台进行疾病的诊疗，医生可以通过视频会诊等方式进行初步的疾病诊断，并给出相应的治疗方案和建议。此外，居民还可以通过线上医疗平台咨询药物相关问题，如用药剂量、不良反应等，医生会给出专业的用药建议。

社区线上医疗的应用场景非常广泛。首先，对于一些常见病、慢性病患者，社区线上医疗可以提供便捷的诊疗服务，居民无须到医院排队等候，可以直接通过线上咨询获得医生的诊疗建议。其次，对于一些偏远地区的居民，社区线上医疗可以克服地理限制，让他们享受到城市医疗资源，提高医疗服务的覆盖范围。再次，对于一些特殊人群，如老年人、残疾人等，社区线上医疗可以提供更加便捷和贴心的医疗服务，减少他们因出行不便而造成的困扰。最后，社区线上医疗还可以为健康管理提供支持，居民可以通过远程监测等方式，实时了解自己的健康状况，及时采取措施进行干预，提高健康管理的效果。

社区线上医疗的优势主要体现在以下几个方面：首先，社区线上医疗可以提供更加便捷和高效的医疗服务，居民无须排队等候，可以随时随地进行医疗咨询和诊疗。其次，社区线上医疗可以降低医疗服务的成本，居民无须支付交通费用和住宿费用，减轻经济负担。再次，社区线上医疗可以节省医疗资源，减少医院的负荷，提高医疗服务的效率。最后，社区线上医疗可以加强居民与医生的沟通和交流，提高医疗服务的质量和居民的满意度。

综上所述，社区线上医疗是指社区通过互联网技术和远程医疗平台，为居民提供医疗服务。它具有健康咨询、疾病诊疗和药物咨询等功能，可以满足居民的医疗需求。随着互联网技术的不断发展和普及，社区线上医疗将在未来得到更广泛的应用，为居民提供更便捷、更高效的医疗服务。

（二）材料2

2022年12月14日，在国务院联防联控机制新闻发布会上，国家卫健委医政司司长焦雅辉介绍，近期发热门诊的诊疗需求增加较快，供需矛盾比较突出。但是，普通门诊和住院的医疗服务需求增速比较缓慢，现在相应医疗资源使用率处于安全可控的区间。针对发热门诊的诊疗需求比较突出、增长比较迅速的情况，国家卫健委采取了一系列措施。

1. 扩大医疗资源和医疗服务的供给。

我国已经建立全民医保制度，医保参保率持续增长多年后稳定在高位，截至2020年底，我国全口径基本医疗保险参保人数达13.61亿人，参保率95%以上。近年来兴起的"大健康"观，正在推动医疗保障政策目标从"病有所医"的全民医保走向"病有良医"的全民健康。正如《"健康中国2030"规划纲要》中指出的，要坚持健康优先原则，将保障和促进人民健康作为工作的出发点和落脚点。2021年7月实施的《浙江省医疗保障条例》第六条指出，公民不仅有依法参加基本医疗保险的权利和义务，还应当树立和践行对自己健康负责的健康管理理念，主动学习健康知识，提高健康素养，加强健康管理。"病有良医"是新时代民生幸福的必然追求，而医疗保障的高质量发展前景则为"病有良医"的实现提供了可行性。

各地要培养造就一大批各类专业人才队伍，不但包括"良医"队伍，还包括医保经办管理队伍和长期护理等其他服务人才队伍。要不断完善多层次医疗卫生人才引进和培养体系。建立符合医疗行业特点的人才培养和使用机制，建立科学的人才激励和绩效考核制度，健全医务人员职业发展规划体系。实施医学领军人才、优秀学科带头人、优秀中青年卫生技术人才等系列人才培养计划，形成结构合理的人才梯队。要打造高层次人才引进工程；树立柔性引才引智理念，善于利用外脑，积极采取兼职、聘用、技术合作、带学生、讲学、人才租赁等方式灵活引进国内外优秀人才；给予人才相应的工作平台和比较丰厚的生活待遇，既引才还留才。

2. 推动分级诊疗。

一方面，在城市以医联体为载体，在农村以县域医共体为载体，推动实施医疗服务工作的分级诊疗工作。让城乡三级医疗卫生服务网以及医疗机构落实各自的功能定位。基层主要是实施健康监测，特别是重点人群的健康监测和健康管理；二级医院提供技术、人力各方面的技术支持保障，满足一般诊疗的需求；三级医院重点满足急危重症患者的诊疗需求。通过分级诊疗，构建合理有序的就医秩序。

3. 大力推动互联网医疗服务。

因为缺乏专业知识，普通民众和专业机构之间存在严重的信息差，在之前传统的求医问药模式下，患者和医疗资源不能准确匹配，往往费时费力又费钱，还耽误病情。如今，新兴互联网科技正在给传统医疗带来巨大助益。

现如今，很多患者仅在线咨询医生，就可以满足问诊需求。其实，问题症结并不复杂，主要是受限于医疗资源的分布差异、普通民众缺乏专业的医疗知识和信息等。关键在于，进行专业指引，链接优质资源，为多层次需求人群提供差异化补充。这需要很强的资源整合能力和互联网服务思维。互联网医院作为一种创新的医疗服务模式，通过运用互联网和信息技术，将线上线下医疗资源有效整合，实现诊前、诊中、诊后全程一体化医疗服务，为患者提供更加便捷、高效、精准的医疗服务体验。

通过互联网医疗，根据诊疗方案以及居家治疗指南，为出现症状的问诊患者开具相应处方，通过线下第三方配送平台提供相应的药品。同时，国家卫健委也要求医疗机构提供 24 小时线上咨询和用药指导，以及分时段预约诊疗的服务。通过这种方式，削减医疗机构瞬时就诊高峰，减少人员聚集，降低广大人民群众到医院线下就诊发生交叉感染的风险。

4. 优化就医流程。

不断优化发热门诊、普通门诊，以及住院就医的流程。为广大人民群众到医疗机构看病就医提供更大便利。同时，国家卫健委要求医疗机构互联网医疗服务平台进行适老化改造，简化网上预约流程，通过语音录入、增加人工服务等，便利老年人的互联网医疗服务。同时，也增加家人代为预约诊疗或者互联网问诊的渠道和选择。现在多地都有针对性地推出了一系列便利老年人的举措，如上海开展了"养老院＋互联网医院"的建设，方便养老院中的老年人选择互联网医疗服务。四川大学华西医院的互联网医院也进行了适老化改造，通过人脸识别、人工智能辅助、语音录入、增加人工服务座席等方式，方便老年患者使用互联网医疗服务。互联网医院打通了服务接诊终端、社区、家庭、基层医疗卫生机构、药店等，创新了诊前、诊中、诊后核心服务流程，实现了初诊、分诊、转诊、复诊全场景应用，实现了优化医疗资源配置、提高医疗服务效率、提升百姓就医体验的目的。

焦雅辉还建议，在身体允许的情况下，老年人也可以就近选择到家附近的社区卫生服务中心就诊。社区卫生服务中心也可以在医联体内为老年人提供远程医疗服务。希望通过多措并举，不断地拓展服务渠道，丰富服务手段，更好地满足广大人民群众特别是老年人看病就医的需求。

（三）机遇与挑战

1. 机遇。

信息技术的推进，促进了线上医疗的迅猛发展，给卫生事业管理在拓展医疗服务范围、提升医疗服务效率、提供个性化医疗服务和健康管理、强化大数据和人工智能在医疗中的应用等方面提供了新的机遇，让"互联网＋医疗"更为普及。

第一，拓展医疗服务范围。"互联网＋医疗"可以打破地域限制，为偏远地区的患者提供及时的医疗服务。远程医疗和在线诊疗使得医疗专家可以远程为患者提供诊断和治疗建议，减少患者因交通等原因造成的时间和成本开销。第二，提升医疗服务效率。通过互联网技术，医疗机构可以实现电子化和自动化管理，提高工作效率。例如，预约挂号、检查结果查询等过程可以在线完成，减少排队和等待时间。第三，提供个性化医疗服务和健康管理。"互联网＋医疗"可以为患者提供个性化的医疗服务和健康管理。通过移动应用程序和可穿戴设备，患者可以随时监测自己的健康状况，并与医生分享相关数据，实现个性化的治疗和预防。第四，强化大数据和人工智能在医疗中的应用。"互联网＋医疗"使得医疗机构可以更好地收集和分析医疗数据。通过大数据和人工智能技术，实现疾病风险预测，形成个体化治疗方案，进行药物推荐，等等，以提升医疗质量和效果。

总的来说，"互联网＋医疗"为医疗行业带来了更多的机遇，可以提高医疗服务的质量和效率，同时满足患者对便利和个性化医疗需求。这些机遇也为科技企业和医疗机构提供了更多的合作和发展空间。

2. 挑战。

虽然线上医疗的发展速度较快，但也存在一些不规范的现象，如医疗服务乱象、医疗数据泄露等。面对这些问题和挑战，需要从提高线上医疗服务的质量、加强线上医疗与线下医疗的衔接、推动线上医疗的标准化和规范化等方面进一步强化管理。

随着互联网医院实践的不断深入，互联网医院将走出单纯的咨询问诊、预约挂号等诊疗环节，拓展至为患者或健康人群提供健康方案这一新兴领域。药企、药店、保险公司等利益相关方也将被纳入互联网医院范畴。因此，应加强线上医疗的标准化和规范化建设，建立健全医疗服务标准和规范，加强医疗数据的保护和管理，保障患者的医疗安全和隐私。线上医疗应当提高服务质量和效率，加强线上线下医疗的衔接，推动线上医疗的标准化和规范化建设。未来，线上医疗将更加注重智能化技术的应用，推动医疗服务的全球化和社交化，为患者提供更加便捷和优质的医疗服务。随着科技水平的提高，一体化服务格外受欢迎，多地强调"最多跑一次"。线上医疗与线下医疗是相互补充的关系，两者应当相互融合，实现无缝对接。线上医疗应当加强与线下医疗的衔接，建立良好的转诊机制和医疗协同机制，实现线上线下医疗资源的有机整合，提高医疗服务的水平和效率。依托互联网技术，加强智能化技术的应用。线上医疗将更加注重智能化技术的应用，如人工智能、大数据、云计算等技术，以提高医疗服务的效率和质量，使得医疗服务更加精准和智能化。此外，随着人们对医疗服务个性化和定制化的需求增加，线上医疗平台也逐渐提供了更加多元化的服务，如在线开具处方、远程监测等，满足了人们对医疗的多样化需求。智能化技术也可以为医生提供更加准确的诊断和治疗方案，同时也可以为医疗机构提供更加精准的医疗管理和资源调配。随着技术的不断进步和人们对个性化医疗需求的增加，线上医疗将会得到更大的发展空间，并为人们的健康提供更加便利且多样化的选择。

（案例执笔人：李碧莹、陈怡燃、仇淑涵）

📖 讨论题

1. 线上医疗是否会给老年人带来不便？

2. 线上医疗是否会影响线下服务质量？

第十一章　体育事业管理

📷 **学习目标** ---

　　理解体育的内涵和功能，了解现代体育活动的分类；掌握体育事业管理的定义、目标和基本内容；了解体育事业管理体制的类型、发展和创新。学会进行体育事业管理案例分析。

📖 **学习重点** ---

　　1. 体育事业的内涵。

　　2. 体育事业管理的基本内容。

　　3. 我国的体育事业管理体制和创新。

第一节　体育事业管理概述

　　体育是人类生活的有机组成部分，也是一种复杂的社会现象。随着社会结构转变和经济形态的发展，体育扮演着多种多样的角色，既关乎人们的身体健康，也关系着社会经济发展。随着国际交往的扩大，体育事业发展的规模和水平成为衡量一个国家、社会发展程度的一项重要标志，成为国家间外交及文化交流的重要手段。体育可分为大众体育、专业体育、学校体育等，包括体育文化、体育教育、体育活动、体育竞赛、体育设施、体育组织、体育科学技术等诸多要素。体育事业管理就是对体育相关领域内活动和事务的组织协调、统筹规划和服务监督。

一、体育与体育事业

（一）体育与体育事业的定义

1. 体育。

体育与我们的生活密切相关。整个古代社会，我们可以找到许多"体育活动"的影子，但并没有出现"体育"这一概念。古希腊时期关于体育的基本术语有"竞技""训练""体操"等。中国古代与体育有关的术语主要有"射御""尚武""游息""角力""讲武"等。现代意义上的"体育"一词，经历了从"体操"到"体育"的演变过程。

一般认为，体育的概念可以分为广义和狭义两种。广义的体育与"体育运动"概念基本相同，是指以身体与智力活动为基本手段，根据人体生长发育、技能形成和机能提高等规律，促进人的全面发展，以提高运动能力、改善生活方式与提高生活质量的一种有意识、有目的、有组织的社会活动。广义的体育包括身体教育、身体锻炼和竞技运动三方面。狭义的体育即身体教育，是通过身体活动，增强体质，传授锻炼身体的知识、技能、技术，培养道德和意志品质的有目的有计划的教育过程。它是教育的组成部分，是培养全面发展的人的一个重要方面。

从公共事业管理的实践出发，本书采用体育的广义概念，即体育是以身体活动为媒介，以改善个体身心健康、实现人的全面发展为目标的社会实践活动。

2. 体育事业。

体育事业的概念也有广义和狭义之分，主要区别在于体育活动经费的来源，以及活动的性质和目的是否具有公益性。广义的体育事业概念，是整个社会主义制度下的体育，既包括国家财政出资举办的部分，也包括产业化的部分，是公益性事业和非公益性事业的结合。狭义的体育事业则仅指由国家财政经费或社会兴办的体育事业单位、场馆、设施及其活动，一般不以营利为目的。

随着我国社会经济发展和政府改革的深入，体育事业也发生了变化。首先，政府对体育事业的财政支持已无法满足群众日益增长的体育需求；其次，体育事业受到寻求社会服务事业市场化浪潮的影响；最后，部分体育事业逐渐具有准公共物品或私人物品的性质，不再是单纯的纯公共物品。考虑到我国体育事业的实践和改革，本书将体育事业界定为以满足人民群众的公共体育产品需求，以国家财政为主要投资主体，呈现公益性质的体育活动。

与体育事业相关的，还有体育产业，如何处理体育事业和体育产业的关系是我国体育事业改革的难点。狭义的体育产业主要指以营利为目的，为社会公众提供体育产品和服务的产业活动，以及与活动相关联的产业活动。当前我国的体育产业以竞赛表演类和休闲健身类为主。体育产业的出现、形成和发展与体育事业改革密不可分。长期以来，我国的体育事业是社会公共事业的一部分，由政府向社会提供全方位的体育服务。但伴随社会经济的发展，人们对体育活动的需求日益增长并趋于多元化，仅靠政府的资源就显得不足，传统体育事业中部分开始出现生产经营的特性和产业的特点，体育产业应运而生。

体育产业对体育事业的发展具有推动作用，在市场经济中，大部分体育事业功能的实现须以其载体——体育文化产品走向市场为前提，才可能实现社会效益。在这种情况下，体育产业并不违背体育的社会属性，还能提高各类体育资源的配置效率和体育服务供给水平。同时，体育产业的发展需要依托场馆，立足体育本体，而且必须顺应我国体育事业发展实际，避免简单地将体育产业化等同于体育市场化，保证公共体育服务的公益性不被削减，保障公民享有公共体育服务的权利，做到体育事业与体育产业协同发展。因此我们在研究体育事业管理时，不可避免地也要将体育产业管理纳入研究视野。

（二）现代体育活动的分类

在现代社会，随着社会的进步、经济的发展，尤其是科学技术的日新月异，公众对体育活动的要求日益提高，体育活动的内容日益丰富，样式也日趋繁多，其中的诸多活动与经济的联系日益紧密，或已成为经济活动的一部分。从体育管理的需求出发，可以结合各种体育活动的目的和功能，将现代体育活动大致分为公益性体育活动和营利性体育活动两大类别。

1. 以满足社会公共需要为主要目标的公益性体育活动。

人的需要一般可分为三大基本类别，即生存需要、享受需要和发展需要。而现代体育活动与人的三大需要都有不同程度的联系。在一个国家或社会中，身体健康是每一个公民承担社会义务所需的前提条件，也是个体生存和发展所必需的。身体健康的实现，除公共卫生产品的提供之外，最重要的就是身体锻炼活动的进行。因此，提供和保证基本的身体锻炼活动就成为社会的公共需求，也是公民的基本权利和义务。相应地，现代社会中也存在这样一类体育活动，即生产和提供体育产品不以营利为目的，而是以满足社会成员的基本体育活动需要为目标，着眼于提高公众的体质，帮助公众增长体育知识等。

上述的体育活动通常被称为公益性体育活动或大众体育活动，其基本内涵是指一个国家或社会中，每一个公民都应该享有而且能够享有的体育生活，是以大众为活动主体、以满足社会共同的体育需要为主要目标的体育活动。现代社会的公益性体育事业活动，主要是通过设立公共体育设施，如公共体育馆及社区的基本体育设施等来进行的。

另外，在现代的体育竞技活动中，由于其活动水平体现着一个国家或地区的社会经济发展水平、科学技术水平，进而也展现着一个国家或地区的地位或尊严，寄托着一定的民族情感和地域性归属感，因而当竞技活动在国家间或地区间展开时，代表一个国家或地区的运动队参加活动，也就成了一种共同需要。

2. 以满足个人需要为主要目标或具有营利性的体育活动。

在现代社会中，随着经济的发展，人们对身体的锻炼提出了更个性化的要求，体育消费已成为现代社会生活消费的有机组成部分。在现代经济发展尤其是科学技术水平提高的前提下，面对公众体育需求的多元化，还存在以满足一定的群体或个人的体育消费需要为主要目标，并主要关注个人的享受需要和发展需要层面的体育需求的体育活动。由于主要是针对个人体育消费，因而这类体育产品具有较明显的商品性和营利性，并形成了相关的体育市场。

由于人们的收入水平、文化水平、体育偏好，以及年龄、民族和具体的个人体质状况等体育消费条件和体育消费能力各不相同，相应地，不同人群的体育消费需求发展的层次与水平、体育消费投资方向与模式也各不相同，从而不仅形成了体育生产和体育市场的多样性，而且使这类体育活动有较强的自身发展能力。

这类以满足个人体育需求为主要目标的体育活动可分为两类：

一是各种面向公众的体育健身俱乐部、运动俱乐部等。这类活动中，公众根据自己的需求有选择地进入俱乐部或参加相应的俱乐部的活动，如健身俱乐部、各种球类运动或田径运动俱乐部、游泳俱乐部、登山探险俱乐部等。这些俱乐部往往拥有相应的运动场馆等，在这些俱乐部开展的体育活动中，公众是体育活动的主体。这些俱乐部实际上有两种类型：一类以营利为目的，是体育企业性质，提供的是接近私人产品的体育消费；另一类是相对于职业体育俱乐部而言的业余俱乐部，成员以自愿的方式按兴趣参加，实行会员制，其提供的体育消费即为标准的俱乐部产品。此外，还有一些体育企业是以提供活动场馆来开展有偿性体育服务的。

二是职业体育活动。这类活动的主要承担机构是职业体育俱乐部。职业体育俱乐部本身就是一个企业，以营利为目的，按照企业要求进行管理和运作，这也是体育产业化的主要表现形式之一。职业体育活动针对公众不同层次的需求提供高水平的体育消费，竞技性和以取胜为目标是其活动的核心和灵魂。职业运动员是职业体育活动的承担者，如同演艺活动中的演员。

此外，现代社会中还有一些半职业性的体育俱乐部。这些俱乐部的资金主要由企业或社会捐助。俱乐部主要依托大学、企业等建立，有计划地对业余运动员进行训练。这些体育活动虽有锻炼身体的目的，但更接近于职业体育活动。

（三）体育事业产品的准公共性

体育事业产品总体上是具有准公共性的产品，其准公共性与教育和文化事业产品的准公共性有相似之处，表现在以下两个方面：

1. 具有非排他性和消费竞争性。

在一定范围内，一个人消费体育产品时，并不排斥其他人同时消费，体育产品具有非排他性。但是，这一非排他性是有限度的。当消费者人数增加到一定数量时，必然需要增加场地设施即增加成本，或者必须限制参与人数。

体育事业产品的竞争性，表现在：随着消费者的增加，总成本也必然增加，相对于公众不断增长的体育需求，体育事业产品的供给能力是有限的。在体育事业产品供给能力有限的情况下，必然产生需求竞争。体育事业产品还具有层次性、多样性的特点，许多消费项目是在满足公众基本体育消费需求的基础上，针对不同层次和不同内容的文化需求进行生产的。

2. 具有外部收益性。

体育活动由于自身的特点，具有明显的外部性。这一外部性表现在以下方面：

第一，体育活动尤其是公益性体育活动，在满足全体社会成员的体育消费需要的同时，提高了全社会成员的身体素质与健康水平，它是社会发展必不可少的基本条件之一。

第二，不同层次、不同内容的体育活动的开展，也会推动体育产业与体育市场的发展，从而促进国民经济增长。

第三，全面发展不同层次的体育事业，提高了国家或地区的体育运动水平。一方面，能给予公众高水平的完全不同于文化艺术享受的另一种感性艺术享受；另一方面，能振奋民族精神、增强国家与民族的凝聚力，塑造良好的国家形象，提高国家声誉，扩大国际影响。

二、体育事业管理

（一）体育事业管理的内涵

体育事业管理是指以政府为核心的社会公共组织为了推动体育事业的发展，依法对体育事业相关的公共事务进行制度规范、计划制定、资源调配等活动的过程。具体来说，我国体育事业管理的主要政府机构是国家体育总局，主要的社会公共组织有各种运动项目协会。体育事业的管理对象包括群众体育、竞技体育、体育教育、体育科技、体育产业等，其中群众体育和竞技体育是我国体育事业发展的两大重点领域。

公共事业管理强调管理对象的公共性，因此，公共部门对体育事业的管理主要是对体育事业中涉及公共利益、满足公共需要的部分进行管理，例如对群众体育基础设施的修缮维护和对代表国家荣誉参赛的竞技队伍的管理指导等。

（二）体育事业管理的目标

体育事业管理的总目标是实现体育强国，即全面建成社会主义现代化体育强国，让体育成为中华民族伟大复兴的标志性事业。这一总目标是 2019 年 9 月国务院办公厅印发的《体育强国建设纲要》提出的。《纲要》指出，要充分发挥体育在全面建设社会主义现代化国家新征程中的重要作用。

体育强国这一总目标下还有实现全民健身、促进经济发展等子目标。这是因为体育事业的建设是涵盖多领域的，包括通过群众体育的建设提高人民健康水平，通过体育产业的发展推动经济转型升级，通过体育文化的发展增强国家凝聚力和文化竞争力等。体育强国这一目标也是分阶段逐步实现的，因为在社会发展的不同阶段，体育事业也会面临不同的发展问题和机遇。在"十二五"时期，我国体育事业发展目标强调夯实体育发展的社会基础。而在"十三五"时期，我国体育事业发展目标强调深化体育重点领域改革，促进群众体育、竞技体育、体育产业、体育文化等各领域全面、协调、可持续发展。

（三）体育事业管理的主体与方法

1. 体育事业管理机构与职能。

（1）政府机构。

我国体育事业管理的主体是政府的体育行政部门，即国家体育总局和各级政府的体育局。国家体育总局设有群众体育司、竞技体育司等 12 个机构，水上运动管理中心、冬季运动管理中心等 42 个直属单位。国家体育总局的主要职责有研究体育发展战略，统筹规划群众体育、竞技体育、青少年体育发展等。各级政府的体育局的职责是负责各地区体育事业各方面的发展。

（2）社会体育组织。

社会体育组织包括体育协会和体育社团。其中体育社团主要是由体育运动的爱好者自发组建的小型组织，体育协会比体育社团规模更大且更有组织性。体育协会有两种类别：一类是按运动项目分类的单项运动协会，例如篮球协会、足球协会、乒乓球协会等；另一类是按行业分类的行业运动协会，例如金融体协、煤矿体协、前卫体协等。这些协会按照协会章程进行赛事组织、规则制定等管理活动。

2. 体育事业管理的方法。

（1）政府管理体育事业的方法。

政府管理体育事业的原则是依法行政，以法治体。1995 年 8 月 29 日，第八届全国人大常委会第十五次会议通过《中华人民共和国体育法》，标志着中国体育工作开始进入依法行政、以法治体的新阶段。

政府对体育事业的管理方法有拟订计划、制定政策、监督指导等，例如 2020 年 1 月 17 日，国家体育总局令第 25 号公布《体育赛事活动管理办法》，完善了我国体育赛事活动管理制度，使体育赛事能更公平有序地开展。

为了更好地发挥社会的力量，政府也会采取授权委托的方式让社会公共组织对体育项目进行更专业化的管理，例如 2017 年 3 月 31 日，国家体育总局办公厅下发《关于篮球改革试点有关事项的通知》，将国家体育总局篮球运动管理中心承担的业务职责从 4 月 1 日起正式移交给中国篮球协会，让中国篮球协会全面主导中国篮球事业。

（2）社会体育组织对体育事业管理的方法。

社会公共组织对于体育事业的管理方法主要是在遵守国家法律制度的基础上制定并遵循组织的规章制度。以中国篮球协会为例，2017 年 2 月 23 日，中国篮球协会第九届全国代表大会审议通过了《中国篮球协会章程》。在该章程中，中国篮球协会确定了协会的业务范围，并在会员管理、人事安排、工作程序、财务资产、赛事管理等各方面制定了具体运行规则。

（四）体育事业管理的基本内容

对总体上具有准公共性的体育事业产品而言，政府主要行使宏观行政管理职能，介入体育市场，通过制定体育事业产品相关的公共政策，形成现代体育事业管理的基本内容和框架。

1. 制定体育事业发展战略规划。

编制规划是政府和公共事业管理机构职能的重要体现，基本目的包括：（1）追求体育事业在规划内的发展，包括体育事业规模、结构、质量和效益的协调发展；（2）分阶段、有步骤地突破制约体育事业发展的体制性障碍，形成与市场经济相适应、与社会发展相一致的开放的运行机制。

2. 提供公共体育产品，满足大众体育需求。

大众体育消费需求是社会公众的共同需求。这类体育产品的最合理的生产方式是公共生产，而且是公共提供。当然，公共提供可以完全免费，也可以收取一定费用作为场馆维护和提供服务的成本补充。

在有效的宏观管理的条件下，某些大众体育产品也可以由私人生产，如交由一定的社会体育协会或体育俱乐部负责，政府对这些协会或俱乐部进行必要的补贴，即采取私人生产、混合提供的方式。

3. 规范和监督非共同需要的体育产品市场。

这类体育产品主要用来满足公众个性化的、在基本需求得到满足后的体育消费需求，产品表现形式是更个性化的个人体育消费活动和职业体育活动。最合理的方式是由市场提供。即主要交由市场决定，政府只按有关的法律法规对这一体育市场的运行进行外部监督。

4. 生产和提供国家运动队或地区运动队所需体育产品。

由于现代体育竞技活动尤其是国家间和地区间的体育比赛的存在，为代表国家或地区的运动队提供的体育产品，成为现代体育事业产品中外部收益比较突出的产品之一。在综合管理模式下，这类体育产品的生产，视情况可以采取不同的生产方式。在国家运动队层面上，可以采取由相关体育协会投入一定费用或吸纳一定社会资金的方式进行运作，而其他的运动队则应以公共生产为主、以市场投入为辅。至于提供方式，这类体育产品通常主要由市场提供，有时也可以混合提供。

5. 制定并完善体育政策法规体系。

体育政策、法规是在一定的背景下用来满足大众体育需求和解决体育发展中的实际问题的行动方略，以促进和保障体育领域内活动的有序性和公平性。体育政策由体育行政部门来制定，实现体育资源分配方式的变化及由此产生的权力和利益的再调整。此外，政府还须监督体育政策的执行，并依法对违规体育行为（如违背体育公平竞争，侵害他人权益，造成体育浪费，对社会各界造成恶劣影响等）的管理主体进行处罚。

政府还通过制定和完善支持体育事业发展的经济政策，如体育彩票的发行政策、民间资本投资兴办体育企业的减税政策等，来体现政府财政投入的公益性和引导性，以满足大众对公共体育产品和服务的需求。

三、体育事业管理体制

（一）体育事业管理体制的含义

体育事业管理体制是体育管理的机构与设置、权限划分、运行机制等方面的体系和制度的总称，是实现体育总目标的组织保证。一个国家的体育事业管理体制是由其政治、经济体制决定的，而体育事业管理体制又决定了体育组织的运行机制。体育事业管理体制具体地表现为负责体育事业的领导机构和组织之间的隶属关系、责任范围以及它们制定并实施的各种有关规章制度和措施。体育事业管理体制还表现为这些组织和机构的运行方式、管理方法和控制手段。

由体育事业管理体制的含义，不难看出体育事业管理体制包括：国家的体育管理权的确立与划分；中央、地方设置的体育管理机构的权限；中央、地方设置的体育机构之间是否呈现一定的隶属关系；国家对体育的管理总体上采用集体管理还是分散管理；等等。体育管理体制主要反映政府与社会体育组织之间的关系。在这些问题中，核心问题是中央政府与地方政府，体育管理部门与社会体育组织围绕体育事权方面的权限划分。

（二）我国体育事业管理体制的建立与改革

1. 中国体育事业管理体制的建立。

中华人民共和国成立后，体育的性质和地位发生了根本变化，体育成为社会主义建设事业的组成部分，被列入政府的工作规划。"国家发展体育事业""国家培养青年、少年、儿童在品德、智力、体质等方面全面发展"等条款被载入宪法，体育被列为与德育、智育并重的学校教育的组成部分，体育成为全社会的需要和人民生活不可缺少的部分。20世纪50年代我国基本构建起了体委实施行政领导，中华全国体育总会及其会员实施具体管理，国防体协实施专项管理的体育事业管理体制，基本形成了国家办（体委）、部门办（各行业系统）、单位办（机关、企业、厂矿、学校）相结合的体育发展模式。

2. 20世纪80年代初："社会化导向"的改革。

20世纪80年代初，我国选择了以竞技体育为先导带动体育事业全面发展的战略，把体育改革的重点放在克服过分集中于国家办体育，特别是集中于政府体育行政部门办体育的弊端，以社会化为导向，深化体制改革，重点抓运动技术水平的迅速提高，重新强调了体育工作的社会分工，旨在恢复在政府体育行政部门的统一领导下，国家办、部门办、单位办相结合的体育发展模式。

3. 20 世纪 90 年代："市场取向"的改革。

20 世纪 90 年代，在确立社会主义市场经济体制改革目标之后，国家体委提出了体育事业管理改革的总目标是改变原来在计划经济体制下单纯依赖国家和主要依靠行政手段办体育的高度集中的体育事业管理体制，建立与社会主义市场经济体制相适应，符合现代体育运动规律，国家调控，依托社会，有自我发展活力的体育体制和良性循环的运行机制，形成国家办与社会办相结合，集中与分散相结合的格局，建立具有中国特色的社会主义体育新体制。国家体委对改革提出了具体要求：

第一，进一步改革体育行政管理体制，加强宏观调控能力。

第二，加快运动项目协会实体化步伐，建立具有中国特色的协会制。

第三，以产业化为方向，增强体育自我发展能力。

第四，在积极培育国内体育市场的同时，努力开拓国际体育市场，加强国际商业性体育交往，使我国体育产业朝着集团化、市场化、国际化的方向发展。

第五，完善激励机制和约束机制，推动配套改革。

4. 21 世纪初："奥运战略引领"的改革。

在 21 世纪的前 10 年内，我国的体育事业管理体制改革的总目标是：建立与社会主义市场经济体制相适应的，符合体育发展规律的体育体制和运行机制，初步形成有中国特色的社会主义体育组织体系。国民体质主要指标在经济发达地区达到中等发达国家的平均水平，在经济欠发达地区达到发展中国家的平均水平，竞技体育的优势项目有所拓展，总体实力进一步增强，体育社会化、科学化、产业化、法治化程度明显提升，为在 21 世纪中叶基本实现体育现代化打下坚实基础。

为了实现 21 世纪体育改革和发展的目标，必须坚持以下基本方针：坚持体育为人民服务，为社会主义服务，把增强人民体质、提高国民素质作为体育的根本任务；坚持普及与提高相结合，坚持群众体育与竞技体育协调发展，努力探索群众体育和竞技体育的发展规律，全面提高我国体育的整体水平；坚持以改革促发展，努力推进体育体制的改革和运行机制的转变，重视体育制度的创新；切实把体育事业的发展方式从行政型转为社会型，坚持依法行政、以法治体、保障体育事业健康有序地运行。

5. 北京奥运会至今："体育强国"的建设。

2008 年，我国在北京成功举办第 29 届夏季奥运会，中国队取得了举世瞩目的成就，以 51 枚金牌居金牌榜首，成为奥运历史上首个登上金牌榜首的亚洲国家。奥运会的成功证明了改革开放后我国优先发展竞技体育事业所带来的成功，然而，过于偏重竞技而轻视群众体育的问题也在逐渐暴露出来。国民体质监测显示我国的国民体质，尤其是青少年体质在逐年下降。只做金牌大国并不能成为体育强国，群众体育也必须得到重视。我国的体育发展进入了重新重视群众体育的后奥运时代。

（1）北京奥运会的成功举办。

奥运会是世界上水平最高、知名度最广的竞技体育赛事，成功地举办奥运会能够彰显一个国家的综合实力，提升承办国家的国际影响力。我国于 1991 年开始成立奥运会申办委员会。虽然在 2000 年由于各种原因申奥失败，但是我国没有放弃申奥工作。2001 年 7 月 13 日，时任国际奥委会主席的萨马兰奇先生在莫斯科宣布：北京成为 2008 年奥运会主办城市。据统计，北京市民对第 29 届夏季奥运会在北京举办的支持率高达 90% 以上。北京是有史以来申奥城市中民众支持率最高的城市。

北京奥运会于 2008 年 8 月 8 日在北京开幕，历时 16 天，共有 11438 名运动员参加。这些运动员来自 204 个国家及地区，共创造 38 项新世界纪录及 85 项新奥运纪录。

北京奥运会的举办十分成功，很多人都对北京奥运会做出了极高的评价。国际奥委会前主席萨马兰奇说："北京奥运会是所有奥运会中最好的一届奥运会。在未来应该很少有国家可以做到这种程度。这不光是我个人的看法，同时也是绝大部分媒体和国际奥委会的官员们的看法。"

（2）体育强国建设纲要。

第 29 届奥运会在北京成功举办，盛大的开幕式以及中国队取得的金牌数量均体现了我国飞速增长的综合国力，大大提升了我国的国际形象，促进了我国竞技体育的大发展。由于北京奥运会的影响，群众的健身意识得到了提高。

2019 年 9 月，国务院办公厅印发了《体育强国建设纲要》，提出了我国体育事业发展的新目标："到 2050 年，全面建成社会主义现代化体育强国。人民身体素养和健康水平、体育综合实力和国际影响力居于世界前列，体育成为中华民族伟大复兴的标志性事业。"

第二节 典型案例

一、案例1：贵州"村BA"——体育赋能乡村振兴

一场来自贵州的篮球赛火遍全国，村民们亲切称其为"村BA"。乡风文化赋予热爱，热爱成就美好生活。2022年贵州省"美丽乡村"篮球联赛在台盘村圆满举办，现场氛围火热接地气。如今，贵州"村BA"持续火热，各族同胞、各界名人纷纷到现场打卡助力"村BA"，体育和旅游融合发展助力乡村振兴和乡风文明建设。

2023年6月7日，农业农村部办公厅和体育总局办公厅联合印发关于举办全国和美乡村篮球大赛（村BA）的通知。该赛事文件一经发出，就受到全国广泛关注。"国家要在全国举办'村BA'了！"乡村篮球联赛最开始源于贵州省黔东南苗族侗族自治州台盘村，由于NBA和CBA赛事的知名，村民们亲切地称其为"村BA"，关于贵州"村BA"的故事从2022年底正式开始。

（一）"天亮文化""吃新节"赋予篮球热爱

贵州省黔东南苗族侗族自治州台江县台盘村仅有村民约1200人，多为苗族，篮球文化在这里历史悠久。村民们打篮球可以从早晨打到凌晨，再从凌晨打到天亮，这也就是当地所谓的"天亮文化"。村民们吃完晚饭就抬着自己家凳子去现场观赛了，有的看到凌晨才回家睡觉。在篮球场上，村民们忘却了时间，打篮球到第二天才回去休息，这种对篮球的热爱已经超乎大部分人的想象。

每年的农历六月初六，是台江苗家农事节日——吃新节。在台江苗族地区，吃新节是一个非常重大的节日，流行于全县各乡镇的所有苗族村寨。施洞、台盘、革一、老屯的苗族吃新节体现"文化融合"的特色，台拱、排羊、南宫、方召的吃新节体现"纯苗"韵味。苗族吃新节称为"努嘎西"（意为吃新米）或"努莫"（意为吃卯），而农历的六月初六，是台盘地区吃新节的开端。吃新节时间各地不一，有的在农历六月的第一个或第二个卯日过，谓"吃卯"；有的在农历七月、八月的丑日、亥日过，谓"努嘎西"。"努莫"以孕穗的秧苞为祭品，"努嘎西"以新产香糯为祭品。过节这天，被邀请的客人穿上盛装，挑肩糯米饭、肉、鱼、鸡、鸭等礼品，赶着斗牛来到主人村寨过节，主人以公鸡、鱼肉祭供田神和祖先，主客饮酒庆贺，次日开展各种比赛和娱

乐活动。集会的内容有打篮球、斗牛、赛马、斗雀、跳芦笙、"游方"、田径赛、对歌、踩鼓等。节日这天，男女老少带着节日酒菜，来到篮球场、斗牛场、芦笙坪上参加活动，举行野餐，出嫁的女儿也要同女婿和孩子回来与亲人团聚。

"台江县有 9 个苗族支系，逢年过节，十里八村各自办赛，相互参赛、观赛，"47 岁的村民杨光炳说，"据说在 1950 年，村里就有篮球场。农忙晒谷子，农闲打篮球，人气一直不低。"村民自主办赛，是吃新节篮球赛的传统，吃新节也是台盘村"村 BA"的摇篮。台盘村还成立了篮球协会，岑江龙是会长，他带着年轻人担起组织工作：有人对接报名球队，有人采购体育用品，有人担当裁判，有人现场解说，有人负责计分，有人维持秩序。在群众的力量下，篮球赛事的举办也变得容易起来。群众的热爱与支持是当地篮球赛火热的重要原因之一。

（二）贵州省首届"美丽乡村"篮球联赛成功举办

贵州省首届"美丽乡村"篮球联赛由贵州省体育局主办，贵州省篮球协会、各市（州）体育部门、各县（区、市）人民政府、贵州省体育产业发展有限公司共同承办。此次比赛约 3 万人参赛、在 80 余个县（市）开展了 5501 场比赛、覆盖 456.75 万群众，覆盖面是非常广的。本次赛事以体育助力乡村振兴为着力点，以村镇为主战场，广泛号召年龄 22 周岁到 45 周岁的本地乡镇居民参赛。通过乡镇赛、县区赛、市州半决赛、省级常规赛和总决赛的竞赛模式，打造五级联动的全省群众性体育赛事品牌。

贵州省通过体育文化杠杆，调整"以赛办赛"的传统路径，努力撬动农村一、二、三产业融合发展，拓展"体育＋"新业态，激发乡村振兴新动能，增添民族文化新活力，呈现出以赛促健、以赛促文、以赛促旅、以赛促销、以赛促产、以赛促兴的良好态势，推进全民健身事业迈上新台阶。联赛后续的"村 BA"省级常规赛预计开展 16 场比赛，总决赛预计开展 4 场比赛，共有 100 余名裁判员执裁，144 名运动员、27 名领队、教练等运动队官员参赛。伴随着终场哨响，在人们的热烈欢呼声中，贵州省首届"美丽乡村"篮球联赛在黔东南州台江县台盘村落下帷幕，这表明贵州省首届"美丽乡村"篮球联赛在台盘村圆满举办。

比赛现场氛围火热，央视新闻、人民日报、新华网、澎湃新闻等多家大型媒体进行了现场赛事直播与报道，贵州"村 BA"在全国彻底火了。几万人的球赛现场，人们激情高昂地为球员呐喊助威，有的村民铁盆敲破了，嗓子也喊哑了，就图一个欢乐。有的村民甚至扛上了自己家的梯子，直接站在梯子上观赛，现场的氛围热浪一波接一波。

"村 BA"赛事活动效仿职业联赛，中场休息时有穿插芦笙舞、反排木鼓舞、苗族飞歌、侗族大歌等民族歌舞表演。不仅如此，让人印象最为深刻的是群众参与投篮拿农家特产礼品和万人一起"蹦苗迪"，成功刮起了新时代的"最炫民族风"。而黄牛、山羊、小香猪、麻鸭、鲟鱼等农特产品是决赛奖品，非常接地气。更有特色的是，台盘村篮球赛有"气氛组"，在主持人的引导下呐喊助威，各种喝彩声此起彼伏，令人万分振奋。台盘村的"乡村篮球"作为乡土体育文化代表传播到了全国各地，点燃了全民的篮球激情。

（三）各民族像石榴籽一样紧紧抱在一起

2023 年农历六月初六，贵州再一次迎来了吃新节盛会，"村 BA"赛事如期举行，来自全国各地的游客齐聚台盘村，享受这一场场篮球盛会，体验这多元的民族风情。这一次的盛会，于 2023 年 7 月 15 日开幕，赛组委邀请了青海互助队、山西啦啦队等全国各地民族队参赛和进行民族特色表演。央视著名主持人撒贝宁也来到现场，他和群众站在一起互动，体验民族风情并参与其中，一起"敲盆"呐喊、"蹦苗迪"，并代表台盘村参加篮球比赛。NBA 篮球巨星巴特勒携手中国品牌李宁来到现场，为台盘当地小学赠送球鞋，助力小运动员的篮球梦。还有 NBA 球星马布里、央视总台体育评论员于嘉、歌手苏醒等嘉宾现身台盘"村 BA"球场，与广大观众、球迷、球员互动，给"村 BA"带来一场场精彩绝伦的篮球文化盛宴。文化既是民族的，也是世界的，体育也一样。

为了让群众更好地观赛，2023 年赛组委对"村 BA"的观众席和球场进行了扩建，并制作了观众席护栏，保障观众的安全。"球场的各项改造全是村里开会定下的，我们就在安全性和舒适性上做加法，新增看台、球员休息室、沐浴间、媒体接待室等设施，观众容纳量由原来的 1 万多名提升至 2 万多名。"台江县文旅局体育中心主任张斌说。不管是当地居民还是外地游客，观赛均不收门票，当地停车也不收取任何费用，并且提供所有能够想得到的服务，包括夜市摊位、停车场、住宿地等。"参赛队员必须是本地农村户口，有在本地务农的，有做小生意的，还有外出务工、特意赶回来的。"岑江龙说，球场仍然不收门票，裁判也多是村民，啦啦队依旧表演民族特色舞蹈，解说员在普通话和方言之间不断切换。

台盘村党支部书记张寿双介绍，吃新节篮球赛期间，村里规划近 500 个摊位，接待游客 40 万人次，实现旅游综合收入 2154 万元。办比赛、迎客流、促增收，村里的餐饮、住宿，在"村 BA"走红前就已经发展起来。张寿双说，2021 年台盘村人均收入超过 1.3 万元，"比赛带来的收入占大头"。村里还开设了"村 BA"官方线下体验店，店里展示或公益售卖当地民族服饰、当地农特产品、"村 BA"球服、"村 BA"纪念吉祥物等。民族、体育和旅游相结合，打造不一样的"村BA"体育文化IP。

（四）有一种力量叫"村BA"

纯粹的体育，百姓的体育，接地气的体育是最让人向往的，"村BA"中，让网友大呼接地气的"村味"很浓：中场休息时"篮球宝贝"精彩绚烂的民族特色歌舞，观众投篮互动发放的精美银饰品，比赛奖品黄平黄牛、榕江塔石香羊、从江小香猪等独具魅力的特产迅速火爆"出圈"。也正是因为"村BA"的这种接地气，人们可以无限靠近、体验少数民族的特色文化，这是群众所赋予的力量。

当台盘村"村BA"现场观众席上一面面五星红旗迎风飘扬时，所有人都相信，这是"村BA"的力量，它是催生人们热爱体育、热爱祖国，以及促进民族团结的土壤。2023年6月20日，贵州台盘村"村BA"现场，小旗手挥舞五星红旗，万人齐唱《歌唱祖国》。2023年7月21日，"村BA"现场五星红旗飘扬，唱响苗语版《我和我的祖国》，人们的爱国情怀永存心中，引发众网友感慨，甚至热泪盈眶，这就是"村BA"的力量。

想要打造好"村BA"这个IP，需要保护好它的"乡村风味"，张寿双相信，"村BA"还会带来更多机遇："村里希望以此为契机，办好篮球赛，也计划跟周边村镇联合，发展旅游项目。村里体旅融合的想法也得到了地方的认可。县里有说法，要积极探索建设乡村体育旅游综合体，培育乡村文化、体育休闲、赛事旅游等，加强体育文化与旅游的融合发展。"台江县体育中心主任张斌说："要想办法把'村BA'的招牌'打'出去，把台盘村的致富路'赛'出来。"

如今，从发源于台江县一地的"土味"篮球赛，到全国范围内的乡村篮球赛，"村BA"在万众瞩目中迎来了"全国版"，农业农村部办公厅和体育总局办公厅联合印发关于举办全国和美乡村篮球大赛（村BA）的通知，要求参赛人员以农民为主体，由基层选拔赛、大区赛、全国决赛层层递进，"村BA"再次成为全民热点话题。篮球赛由地方推广到全国，体育事业发展助力乡村振兴。中国女篮前队员郑海霞谈中国篮球的发展时说："全国的各个农村、各城市、各县市，篮球的可挖掘性增多，让更多的小朋友参与进来。随着'村BA'的成长，中国的篮球发展会越来越好，会走向世界，未来可期。"党的二十大报告指出，中国式现代化是全体人民共同富裕的现代化，是物质文明和精神文明相协调的现代化。"村BA"的发展无疑为中国式现代化的实践增添了生动的注脚，它是一种力量。

据多家新闻媒体报道，包括广东、福建、浙江等在内的全国各省多地都在举办当地本土风味的"村BA"篮球赛，在不同程度上拉动了经济的发展，推动着各地的乡风文明建设。相信在中国这片炽热的土地上，"村 BA"作为运动精神的载体能够让篮球文化茁壮成长，让百姓能够体验纯粹的体育热爱，增加对美好幸福生活的期待与向往。

（五）思考与启示

党的二十大报告提出"加快建设体育强国"。作为三大球运动之一的篮球，是推进体育强国建设的一支重要力量。新时代篮球运动被赋予竞技、健身、教育、外交、文化、商业等多重属性，成为人民群众追求美好生活的重要载体。乡村体育赛事的举办，既是展现风土人情、地域文化的窗口，也为乡村发展带来新契机。乡村体育的持续火爆，是乡村生活幸福安康的生动体现。乡村体育的广泛开展，源自村民对体育文化日益增长的需求。乡村体育的丰富内涵，也为乡村发展注入鲜活动力。

1. 乡村离不开体育，体育离不开乡村。

"村 BA"的举办是农村自发、村民首创，展现了新时代农民的精神风貌和体育风采。贵州小寨村的"村 BA"实际上已有多年的传统，村里参与篮球运动的人数占到全村总人数的 70%。在长期的发展中，篮球已经成为当地村民生活方式的一部分，从早上到凌晨，都能见到村委会门口打球的老少村民。"村 BA"的发展证明，乡村不缺乏文化资源、不缺少开发潜力，只要能有效地发掘并利用这些文化资源，便能激发出乡村社会无尽的活力和创造力。"村 BA"的火爆也证明了，村民具有创造、享受精神文化成果的能动性，可以在社会中唤起广泛的共鸣。"村 BA"中展现的积极、开放、进取的村民形象，以及热烈、亲切、独特的乡村魅力，恰恰是"村 BA"强大生命力的源泉。

在"村 BA"篮球赛的门票问题上，台盘村村民们出奇地默契：篮球场要露天开放，不收取门票，不做商业外租。球场修缮扩建完成之后，篮协张贴出《台盘"村 BA"修缮工作公告》，明确"严禁资本介入和恶意炒作"。参赛球员要求 22 岁以上，农村户口，还不能是企事业单位编制员工，比赛解说操着"贵普"、方言、苗语无缝转换，比赛奖品是当地的土特产，香米、活鸭、活鱼还有苗族非遗礼盒，土得够味，土得实在。年龄、职业和能力不是"村 BA"评判一个人能否当球员的标准，是否发自内心地想打球才是。赛事组织不根据外在条件限制人，参赛球员心怀热爱而战，这才是真正的体育精神，体现了纯粹的体育内涵。

"村 BA"也启示我们，农村文化建设、村风民风滋养，绝非朝夕之功，绝非简单输入，而是需要在田野上、村庄中找回文化发展的内生动力。这可以是体育，可以是艺术，可以是音乐，可以是舞蹈，可以是文学，可以是一切生长在广袤大地深处的文化的花朵。

"村 BA"的成功，不仅展现了乡村生活的活力，也让我们看到了中国的乡村是充满希望的地方，还表明乡村体育运动大有可为。村民们发自内心的热爱，正是发展民间体育的要素之一。因此，可借助"村 BA"的全网热闹势头，鼓励各地因地制宜，发展各种乡村体育运动项目，比如足球、游泳、龙舟、拔河等。引导村民合理利用闲暇时间，积极参加体育锻炼，倡导积极乐观、健康文明的新乡村生活，这也是乡村文化建设的重要部分。扎根于乡村土壤的"村 BA"，看似有些粗粝，却拥有蓬勃的生命力。让大众看到了充满生机活力的乡村面貌，看到了乡村文化发展的自信内核，这正是"村 BA"受到广泛关注的原因所在。在乡村振兴战略中，文化建设是非常重要的一环，传承和发展乡村文化，具有极其深远的重要意义。各地可以借鉴"村 BA"的成功经验，举办具有地方特色的创新文化活动，在丰富村民业余生活的同时，也可提升乡村文化软实力，增强文化自信心。

"村 BA"既是村民的文化盛宴，也是经济振兴的宝贵机遇。体育能够带来集体认同和团队精神。一方面，以"村 BA"为代表的乡村体育活动营造了浓烈的集体氛围，促进了乡村社区共同体的复兴，强化了村民的凝聚力、密切了彼此的连接。对村民来说，"村 BA"构成了他们共同的文化体验和集体记忆。另一方面，"村 BA"吸引了广泛的社会关注，势必将形成一股全社会关心关注宜居宜业和美乡村建设的浓厚氛围，为全面推进乡村振兴凝聚新的力量。随着互联网热度的不断发酵，网络人气逐步转化为振兴底气，广大村民也从乡村体育的发展中得到了实惠。

2. "村 BA"背后的社会治理。

2022 年，中国篮协主席姚明获邀现场感受"村 BA"氛围时曾幽默地表示："一票难求，我不确定我能拿到票。"不到一年的时间，乡村篮球鲜活的生命力只增不减，盛况空前。火爆的场面不只在现场，在社交媒体和转播平台上，全国各地的球迷、网友都在围观"村 BA"的盛况，向往这里淳朴的风情和体育故事。村民主动自愿搬迁，腾位给球场建设；广告赞助不要，欢迎免费法治宣传；几万人的活动安保，零安全事故发生……乡村体育赛事的火爆，为黔东南苗族侗族自治州基层自治、法治、德治"三治合一"的社会治理提供了强有力的支撑。

在"村 BA"爆火之前，台江县篮球运动氛围就十分浓厚，当地有"逢节必比赛、比赛先篮球"的习俗，有的比赛进行到次日凌晨，从天亮打到天黑，鲜有观众离场。但在"村 BA"出圈后，原有的球场就因游客增多而不够用，需要进行改建扩建。这时，由各村寨选出的"寨老"和基层社会治理"一中心一张网十联户"中的联户长组织的"院坝会"起到了关键作用，他们坚持全过程人民民主，坚持民事民议、民事民管、民事民办，村寨的事村寨人说了算，自然就没有纠纷和矛盾。

不仅如此，台盘村村民还通过自主协商，与时俱进地把篮球相关条款写进台盘村村规民约，出台《台盘村篮球管理村规民约》，增强权威性和约束力，确保赛事井然有序，并形成"抽签选摊位""不哄抬物价""不收门票""停车不收费"等村民共识，"以赛促建、以赛促治"，营造和谐、诚信、安定、有序的办赛环境。

和以往的普法宣传形式不同，在"村BA"和"村超"比赛期间，当地以开展"和美城乡法治教育普及行动"为契机，以法护赛，以赛宣法，通过创新宣传载体，将法律知识融入山歌、快板、歌舞等表演，并在表演中穿插法律知识有奖问答，增强了法治宣传的鲜活性、生动性，极大地提高了群众学法的积极性。

3. 政策扶持，乡村体育迎春天。

"村BA"一路崛起绝非偶然。这个乡村土生土长的体育赛事拥有深厚的群众基础，众多农村老百姓热爱、痴迷于体育运动。中国篮协主席姚明曾说过，类似于"村BA"的比赛，全国很多省市都有，这些比赛实际上有着几十年的发展历程。在不少地区，农村篮球根基强大，氛围热烈。

中国乡村篮球版图十分广阔，中国篮协发布的《中国篮球运动发展报告》显示，中国篮球人口约1.25亿，篮球是集体球类第一运动。其中，篮球运动在中国城市、城镇和农村的城乡分布差异不明显，农村人口占比40.8%，基数较大。庞大的乡村篮球人口正是乡村篮球一路走红的基础。而作为中国篮球的塔基部分，乡村篮球也为顶层篮球建设带去更丰富的人才储备，形成更强的发展潜力与后劲。

"村BA"是中国群众体育自下而上踊跃发展的一个成功案例。不只是篮球，在乡村有更多运动项目被群众热捧，足球、龙舟等运动都拥有庞大的参与人群。端午假期时，在贵州省黔东南苗族侗族自治州榕江县，乡村足球"村超"之火也被点燃，范志毅等足坛名宿也开始关注乡村足球动态。这背后所展现的是广袤中国乡土中所蕴藏的体育活力。

在乡村体育露出尖尖角的背景下，越来越多的政策也开始面向中国乡村体育。2023年6月，国家体育总局等多部门联合印发了《关于推进体育助力乡村振兴工作的指导意见》，提出了要推动乡村体育高质量发展，建立乡村体育发展新格局，更好地发挥体育在促进乡村振兴中的重要作用，到2035年，让乡村体育健身和运动休闲成为普遍生活方式、在全国培育100项以上"最美乡村体育赛事"等发展目标。

（案例执笔人：万旭东）

参考文献

【第一篇　理论篇】

［1］徐双敏.公共事业管理概论［M］.3版.北京：北京大学出版社，2020.

［2］宋元武.公共事业管理概论导引与案例［M］.北京：经济科学出版社，2017.

［3］娄成武，李坚.公共事业管理概论［M］.北京：中国人民大学出版社，2006.

［4］朱仁显.公共事业管理概论［M］.2版.北京：中国人民大学出版社，2009.

［5］王高玲.公共事业管理专业导论［M］.南京：东南大学出版社，2014.

［6］刘志欣，孙莉莉，吴磊，等.公共事业管理：制度、运行与实践［M］.北京：清华大学出版社，2017.

［7］李坚，陈德权.公共事业管理概论［M］.北京：首都经济贸易大学出版社，2007.

［8］安世银.公共管理理论［M］.北京：经济科学出版社，2008.

［9］韩承鹏.公共事业管理教程新编［M］.上海：复旦大学出版社，2021.

［10］张再生，等.公共管理前沿：理论与实践探索［M］.天津：天津大学出版社，2015.

［11］刘亚娜.公共事业管理概论［M］.长春：吉林大学出版社，2011.

［12］李正明.公共事业管理教程［M］.北京：机械工业出版社，2006.

［13］崔运武.公共事业管理［M］.上海：复旦大学出版社，2013.

［14］组织行为学编写组.新编组织行为学［M］.北京：中央广播电视大学出版社，2006.

[15] 泰勒. 科学管理原理[M]. 马风才，译. 北京：机械工业出版社，2013.

[16] 陈传明，鲁明泓. 管理学：原理与方法[M]. 5 版. 上海：复旦大学出版社，2009.

[17] 滕世华. 公共治理理论及其引发的变革[J]. 国家行政学院学报，2003（1）：44-45.

[18] 石宇良. 公共事业绩效管理[J]. 中国行政管理，2008（1）：37-39.

[19] 泰勒. 原始文化[M]. 连树声，译. 上海：上海文艺出版社，1992.

[20] 顾明远. 教育大辞典[M]. 上海：上海教育出版社，1998.

[21] 赵绪生，王士龙，刘鑫. 传统文化与时代精神[M]. 西安：陕西师范大学出版总社有限公司，2015.

【第二篇　案例篇】

[1] 王鹏飞. 论北京农村空间的商品化与城乡关系[J]. 地理学报，2013，68（12）：1657-1667.

[2] 韩国春，秦学武. 秦皇岛历史文化名人资源与旅游开发[J]. 兰台世界，2008（17）：46.

[3] 陈凤娣. 文化 IP 赋能乡村产业融合发展的内在逻辑与路径思考[J]. 福建论坛（人文社会科学版），2022（5）：29-38.

[4] 朱凌君. "有文化"的乡村[N]. 解放日报，2021-11-24（9）.

[5] 刘洁，石珊珊. 让文化产业为乡村振兴赋能[N]. 中国社会科学报，2023-06-15（2）.

[6] 时家贤，赵耀. 文化产业赋能乡村振兴的机制与路径[J]. 社会科学家，2022（12）：65-70.

[7] 朱凌君. "鲁迅热"再起，绍兴能做什么[N]. 解放日报，2021-09-29（14）.

[8] 王淑娉. 以创新推动乡村全面振兴[N]. 人民日报，2022-06-30（9）.

[9] 王佳. 鲁迅故乡，是传承更是机遇[EB/OL]. （2022-10-09）[2023-09-01]. https://baijiahao.baidu.com/s?id=17461733804450678317&wfr=spider&for=pc.

[10] 杨群，李端英. 中国大学生篮球联赛发展研究：现状、演进、热点与前沿[J]. 湖北体育科技，2021，40（4）：355-359.

[11] 李克良，张瑶，解长福. 我国篮球文化研究的热点与趋势[J]. 哈尔滨体育学

院学报，2023，41（1）：74-80.

［12］刘排，杜志伟. 中国男子篮球职业联赛球员异化行为审视及治理路径［J］. 沈阳体育学院学报，2023，42（1）：94-100.

［13］孙志，白新蕾. 新时代我国篮球文化研究综述与展望［J］. 体育科技，2022，43（6）：65-67.

［14］王家梁. "村超""村 BA"爆火背后：探寻黔东南州基层社会治理"三治"密码［N］. 法治日报，2023-08-02（2）.

［15］苗丽静. 公共事业管理新论［M］. 北京：清华大学出版社，2014.

［16］《教育学原理》编写组. 教育学原理［M］. 北京：高等教育出版社，2019.

［17］吴志宏，冯大鸣，魏志春. 新编教育管理学［M］. 上海：华东师范大学出版社，2008.

［18］罗尔斯. 正义论：修订版［M］. 何怀宏，何包钢，廖申白，译. 北京：中国社会科学出版社，2009.

［19］崔运武. 公共事业管理［M］. 上海：复旦大学出版社，2013.

［20］刘国瑞. 新发展格局与高等教育高质量发展［J］. 清华大学教育研究，2021，42（1）：25-32.

［21］刘义兵，陈雪儿. 中西部高等教育高质量发展的内涵、体系与路径［J］. 中国电化教育，2022（1）：36-41.

［22］周雨婷，姚石. 中西部高等教育的内生式发展问题与推进策略［J］. 重庆科技学院学报（社会科学版），2023（3）：86-93.

［23］RAFTERY A E, HOUT M. Maximally maintained inequality: expansion, reform, and opportunity in Irish education, 1921-75［J］. Sociology of education, 1993, 66（1）: 41-62.

［24］SAMUEL R L.Effectively maintained inequality: education transitions, track mobility, and social background effects［J］. American journal of sociology, 2001, 106（6）: 1642-1690.